용선생 교과서 한국사

교과서

사회평론

용선생 교과서 한국사 2 | 조선 후기부터 현대까지

1판 1쇄 발행   2020년 1월 2일
1판 10쇄 발행   2024년 7월 22일

글	송용운, 정윤희, 이지혜, 한슬기, 김세림, 이상민, 정지은
그림	뭉선생, 윤효식
감수	전국초등사회교과모임
캐릭터	이우일
어린이사업본부	이승필
편집	김형겸, 오영인
마케팅	윤영채
경영지원	나연희, 주광근, 오민정, 정민희, 김수아
디자인	Kafieldesign
조판 디자인	최한나
사진	북앤포토

펴낸이	윤철호
펴낸곳	(주)사회평론
전화	02-326-1182
팩스	02-326-1626
주소	03993 서울시 마포구 월드컵북로6길 56 사평빌딩
용선생 클래스	yongclass.com
출판 등록	1993년 10월 6일 제10-876호

© 사회평론, 2020

ISBN 979-11-6273-077-5 63900
ISBN 979-11-6273-141-3 (세트)

• 이 책 내용의 일부나 전부를 다시 사용하려면 저작권자와 사회평론의 동의를 받아야 합니다.
• 잘못 만들어진 책은 구입하신 곳에서 바꾸어 드립니다.

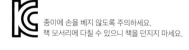

종이에 손을 베지 않도록 주의하세요.
책 모서리에 다칠 수 있으니 책을 던지지 마세요.

저자 소개

글 송용운 | 사회평론 역사연구소 연구원

연세대학교에서 경제학을 공부하고, 같은 학교 대학원에서 한국사(고려 시대사)를 전공했습니다. 명지대학교 등에서 강의하면서 '교육'에 대해 고민하기 시작했습니다. 『용선생의 시끌벅적 한국사』, 『용선생 만화 한국사』, 『용선생 처음 한국사』(이상 공저)를 썼습니다.

글 정윤희 | 사회평론 역사연구소 연구원

연세대학교 대학원에서 한국사(조선 시대사)를 전공하고, 『한국대학신문』 기자로 활동했습니다. 아이들이 역사를 통해 삶의 지혜를 길러 나갈 수 있도록 쉽고 재밌는 역사책을 만들고 있습니다. 『용선생의 시끌벅적 한국사』, 『용선생 만화 한국사』, 『용선생 처음 한국사』(이상 공저)를 썼습니다.

글 이지혜 | 서울 미동초등학교 교사

우리 아이들이 '오늘이 행복하고 내일이 기대되는 어린이'로 자랄 수 있도록 노력하고 있습니다. 더 나은 세상을 만드는 시민 양성에 관심을 갖고 서울교육대학교 대학원에서 사회과 교육을 전공하였습니다. 어린이 역사교육 방법을 계속 연구하고 있습니다.

글 한슬기 | 효명중학교 역사 교사

연세대학교에서 한국사와 사회학을 공부하고 여의도고등학교에서 교직 생활을 시작하였습니다. 학생들과 당대를 살아간 이들의 고민까지 함께할 수 있는 수업을 만들고자 노력해 왔습니다. 중학교 학습서인 『셀파 역사 중 1-1』(공저)를 썼습니다.

글 김세림 | 연세대학교 박사 과정

연세대학교 대학원에서 한국사(현대)를 전공했습니다. 만인만색연구자네트워크에서 시민강좌팀 팀장을 맡고 있고, 대학에서 강의하며 '역사를 재미있게 말하는 법'을 고민하게 됐습니다. 요즘은 다양한 사람들의 이야기를 발굴하기 위해 각지를 발로 뛰고 있습니다.

글 이상민 | 연세대학교 박사 과정

연세대학교에서 역사학을 공부했고, 같은 학교 대학원에서 한국사(한국 중세사)를 전공했습니다. 수준 높은 역사 글쓰기는 어떻게 할 수 있을까에 대해 고민하며 연구 중입니다.

글 정지은 | 동국대학교 박사 과정

홍익대학교에서 경영학을 공부하고, 외국 친구와의 만남에서 '올바른 역사 교육'에 대한 고민을 갖게 되었습니다. 제대로 된 역사를 다음 세대에게 전달하는 사람이 되고 싶다는 생각으로 동국대학교 대학원에서 한국 고대사를 공부했습니다. 『용선생 처음 한국사』(공저)를 썼습니다.

그림 뭉선생

2006년 LG·동아 국제 만화 공모전 극화 부문 당선으로 작품 활동을 시작하였습니다. 『우주를 여는 열쇠』, 『용선생 만화 한국사』, 『용선생 처음 한국사』 등을 그렸습니다.

감수 전국초등사회교과모임

전국 초등학교 선생님들이 모여 활동하는 교과 연구 모임입니다. 역사, 사회, 경제 수업을 연구하고, 학습 자료를 개발하며, 아이들과 박물관 체험 활동을 해 왔습니다. 『용선생의 시끌벅적 한국사』, 『옹주의 결혼식』, 『서찰을 전하는 아이』, 『역사로드 한국사』 시리즈, '웅진 사회학습만화 Think' 시리즈의 감수를 맡았습니다.

캐릭터 이우일

이 책의 캐릭터는 이우일 작가가 그린 『용선생의 시끌벅적 한국사』의 그림입니다.

안녕, 난 용선생이야! 역사반에 온 걸 환영해!

교과서가 쉬워지는 용선생식 강의

오늘부터 선생님은 사회 교과서의 한국사 내용을 쉽게 설명해 줄 거야. 사회 교과서는 어렵다고? 걱정 마! 수업을 다 듣고 나면 사회만큼 재미있고 신나는 시간도 없을걸! 그러면 이 책을 100% 활용하는 방법을 알려 줄게. 역사반 친구들도 도와줄 거야.

선생님이 강의한 본문은 꼼꼼히 읽어 줘. 중간중간에 나오는 **빨간색 글씨**는 전체 내용을 이해하기 위해 필요한 중요한 말이야. 또 '☆**시험에 꼭 나와!**', '✔**서술형 단골 문제야!**' 표시는 특별히 눈여겨보길 바라. 내가 여러 시험 문제들을 분석해서 그 가운데서 단골 문제로 나오는 부분을 표시해 둔 것이거든. 학교 **단원 평가** 문제나 **한국사 능력 검정 시험**, 그리고 중학교 **학업 성취도 시험**에서도 자주 등장하는 문제들이니까 꼭 기억해두자.

신분제에 금이 가기 시작하다

모내기법이 널리 보급되자 사람들의 생활에도 변화가 생겼어. 전보다 적은 일손으로도 넓은 땅을 농사지을 수 있게 됐잖아. 그러자 지주들은 더 많은 수익을 내려고 땅을 늘려 나갔고, 농민들은 땅에서 쫓겨나는 일이 많았어. 지주에게 땅을 빌려 농사짓던 농민들은 이제 땅을 빌리기마저 힘들어졌지. 지주들이 자기 마음에 드는 사람한테 땅을 골라서 빌려줬거든.

"남의 땅을 빌려 농사짓는 것도 이젠 하늘에 별 따기구먼. 어쩔 수 없이 나는 도시로 나가 할 수 있는 일을 찾아보겠네!"

이들은 한양과 같은 도시로 가서 난전이 되거나 봇짐을 지고 전국을 돌아다니면서 물건을 파는 보부상이 되었어. 또 배가 드나드는 포구로 가 짐을 날라 주는 짐꾼, 기술을 익혀서 필요한 물건을 만들어 파는 수공업자, 광산에서 일하는 일꾼이 되기도 했지.

양반을 중심으로 한 신분제에도 변화가 일어났어. 전란으로 나라의 살림이 부족해지자, 조정에서는 공명첩을 발행하기 시작했어. 공명첩이란 이름 쓰는 곳이 비어 있는 관직 임명장이야. 누구든 나라에 기부금을 내면 관직을 준다는 뜻이었지. 물론 행정 업무를 보고 봉급을 받는 실제 관직은 아니었어. 이름뿐인 명예직이었지. 그럼에도 경제적 여유가 있는 상민은 돈을 내고 공명첩을 샀어. 공명첩이 있으면 양반 행세를 할 수 있었기 때문이야.

▲ 공명첩

상민들은 공명첩 외에도 양반이 되려고 갖은 수를 썼어. 어떤 사람은 돈을 주고 양반 집안의 족보에 자기 이름을 끼워 넣기도 하고, 가난해진 양반 가문의 족보를 아예 사들이기도 했어. 또 어떤 사람은 다른 지역에 가서 양반 행세를 하기도 했어.

반면 형편이 어려워진 양반도 많았어. 관직의 수는 한정되어 있는데, 양반의 수는 점차 늘어나니 관직을 얻지 못한 양반이 많아진 거야. 이렇게 중앙 정계에서 밀려난 양반들은 지방에서 겨우 세력을 유지하거나 아니면 상민과 다름없이 농사짓고 품을 팔아 생계를 이어 나가야 했어.

신분 제도의 변화를 겪은 것은 양반과 상민들만이 아니었어. 가장 아래에 있던 노비들의 상황도 조금씩 바뀌었어. 주인에게서 도망쳐 노비 신분에서 벗어나려는 사람들이 늘어났지. 주인들은 어떻게 해서든 그들을 잡아오려고 사람을 쓰기도 했어.

주인들은 시간이 지날수록 노비를 부리는 것보다 돈을 주고 사람을 쓰는 게 더 낫다고 생각하게 됐어. 노비에게 농사일을 맡기는 것보다 농민에게 땅을 빌려주고 곡식을 받는 게 수익도 높고 관리도 훨씬 수월했던 거야. 이런 사정은 관청에서도 마찬가지여서 19세기 초에는 아예 공노비를 없애기로 결정했어. 조선의 신분제 전체가 흔들리고 있던 거야.

용선생의 포인트
전란 이후 조선의 신분제가 흔들림.

안녕,
난 관두기라고 해.
발음 조심해!
깍두기 아니야.

이해를 돕는 정보 박스와 이미지 자료

역사반 막내지만 한자만큼은 내가 최고지. 한자를 잘 아니까 우리말에 대해서도 잘 알게 되더라고. 그래서 선생님 강의에 간혹 어려운 말이 있으면 내가 옆에 사전을 만들어 놨어. 초록색으로 표시된 낱말은 조금 어려운 말인데, 바로 옆에 내가 만든 사전이 있을 거야. 읽는 데 참고하길 바라.

나는 본문 옆에 있는 글도 꼼꼼히 읽어. 어려운 **낱말과 개념 풀이**는 물론이고, 역사 인물과 중·**고등학교 수준**의 깊이 있는 역사 이야기도 담겨 있더라구. 누나, 형들 책에 나오는 이야기라는데 난 오히려 어렵지 않고 재밌던데!

내 이름은
허영심이야.

나는 아름다운 것에 눈이 먼저 가더라. 너희들 커다란 **사진**부터 작은 **지도**까지 다 챙겨 본 거야? 모두 각종 시험에 잘 나오는 중요한 자료이니 낯설지 않도록 꼼꼼히 봐야 해. 사진과 지도를 보고 있으면 당시 상황이 어렵지 않게 한눈에 들어와. 게다가 **그림**들은 또 어떻고. 그냥 재밌기만 한 그림이라고 생각하면 큰 오산이지. 잘 보면 사건의 핵심을 찌르는 삽화들이거든. 이런 삽화들 때문에 본문 내용도 더 기억에 잘 남는 것 같아.

난 왕수재야.
왕재수가 아니라
왕수재라고!

중학교 교과 과정까지 대비한
역사 노트와 실력 다지기

책을 읽으면 내용이 정리되어야겠지? 그래서 이 몸이 중요한 부분만 쏙쏙 뽑아 깔끔하게 필기를 했어. 〈왕수재의 역사 노트〉를 보면 본문에서 읽은 내용을 머릿속에 잘 정리할 수 있지. 본문을 다 읽고 나의 역사 노트까지 봤다면 이제 어떤 문제가 나와도 끄떡없을 거야!

나는 나선애야.
역사반 최고의
지식을 자랑하지.

수재의 역사 노트까지 읽었단 말이지? 그렇다면 내가 내는 퀴즈들도 한번 풀어 볼래? 나는 중요 문제들만 가려 뽑아 실력 다지기 코너를 준비했어. 〈나선애의 실력 다지기〉에는 학교 단원 평가에 자주 나오는 문제부터 한국사 능력 검정 시험뿐만 아니라 중학교 학업 성취도 평가와 대학수학능력평가까지 다양한 문제가 실려 있어. 물론 우리한테 맞게 말을 조금 바꿔서 말이야. 어려워 보인다고? 걱정마! 용선생님의 강의를 꼼꼼히 읽고 도전한다면 어렵지 않게 술술 풀 수 있을 테니까 말이야.

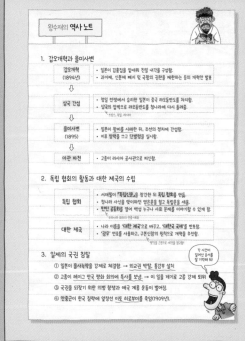

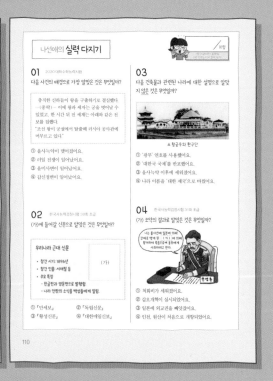

나는 장하다야.

교과서 속 질문을 역사반 탐구 활동으로

혹시 사회 교과서에서 해결 못한 문제들 있어? 그렇다면 우리 역사반의 활동을 담은 〈역사반 탐구 활동〉을 잘 봐 줘. 우리 역사반은 선생님의 강의만 듣는 게 아니라 연극도 하고 영화도 제작하고 체험 학습도 다녀. 그러다 보니까 교과서 의 문제들이 자연스럽게 해결되는 거 있지? 어느새 교과서의 문제들도 해결하 고, 교실 밖의 역사 지식도 쌓을 수 있게 되더라고. 열심히 공부하고 나서는 〈역 사반 탐구 활동〉으로 한숨 돌리고 또 열심히 공부해 보자고!

마지막으로 당부하고 싶은 말이 있어!

얘들아, 혹시 학습 내용이 술술 잘 읽힌다고 벼락같이 금방 읽 고 내버려 두어선 안 돼. 『용선생 교과서 한국사』는 **세 번 읽어 보기 를 바라.** 학교에서 한국사를 배우기 전에 한 번 읽고, 사회 교과서와 또 한 번 읽고, 마지막으로 한국사를 정리한다는 마음으로 또 한 번 읽어 봐. 그러면 학교 시험은 물론 중고등학교에서도 한국사 박사로 통할걸! 선생님이 정말 여러 친구들에게 확인한 거니까 이 선생님 말을 꼭 한번 믿어 보렴.

세 번 보면

당장 시험 봐도 100점!

차례

자 이제 시작해 볼까? 읽은 날짜를 써 두면 얼마나 열심히 공부했는지 한눈에 확인할 수 있을 거야!

1

조선 사회의 변화와 위기

교과서 단원

초등 사회(5-2)
2-1. 새로운 사회를 향한 움직임

중학 역사 ②
V. 조선 사회의 변동
VI. 근·현대 사회의 전개

1	전란의 극복과 붕당 정치	12	월 일
	왕수재의 역사 노트	25	
	나선애의 실력 다지기	26	
	역사반 탐구 활동	28	
2	영조와 정조의 개혁 정치와 서민 문화의 발달	30	월 일
	왕수재의 역사 노트	49	
	나선애의 실력 다지기	50	
	역사반 탐구 활동	52	
3	세도 정치와 외세의 침입	54	월 일
	왕수재의 역사 노트	67	
	나선애의 실력 다지기	68	
	역사반 탐구 활동	70	
4	근대 국가를 건설하려는 노력	72	월 일
	왕수재의 역사 노트	87	
	나선애의 실력 다지기	88	
	역사반 탐구 활동	90	

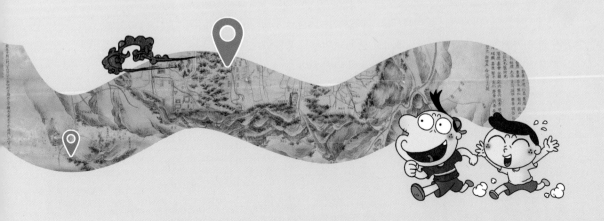

2
일제의 침략에 맞선 노력

교과서 단원

초등 사회(5-2)
2-2. 일제의 침략과 광복을 위한 노력

중학 역사 ②
Ⅵ. 근·현대 사회의 전개

1 나라를 지키기 위한 노력 94
왕수재의 역사 노트 109
나선애의 실력 다지기 110
역사반 탐구 활동 112
월   일

2 3·1 운동과 대한민국 임시 정부 수립 114
왕수재의 역사 노트 129
나선애의 실력 다지기 130
역사반 탐구 활동 132
월   일

3 식민 통치의 변화와 독립운동의 전개 134
왕수재의 역사 노트 149
나선애의 실력 다지기 150
역사반 탐구 활동 152
월   일

4 민족 말살 정책과 일제의 패망 154
왕수재의 역사 노트 169
나선애의 실력 다지기 170
역사반 탐구 활동 172
월   일

3
6·25 전쟁과 대한민국의 발전

교과서 단원

초등 사회(5-2)
2-3. 대한민국 정부의 수립과 6·25 전쟁

초등 사회(6-1)
1-1. 민주주의의 발전과 시민 참여
2-2. 우리나라의 경제 성장

중학 역사 ②
Ⅵ. 근·현대 사회의 전개

1 8·15 광복과 대한민국 정부 수립 176
왕수재의 역사 노트 191
나선애의 실력 다지기 192
역사반 탐구 활동 194
월   일

2 민족의 상처, 6·25 전쟁 196
왕수재의 역사 노트 211
나선애의 실력 다지기 212
역사반 탐구 활동 214
월   일

3 민주주의의 시련과 극복 216
왕수재의 역사 노트 233
나선애의 실력 다지기 234
역사반 탐구 활동 236
월   일

4 남북의 평화와 대한민국의 발전 238
왕수재의 역사 노트 251
나선애의 실력 다지기 252
역사반 탐구 활동 254
월   일

한국사-세계사 연표 256
정답 및 해설 258
찾아보기 264
사진 제공 266

1 조선 사회의 변화와 위기

교과 연계

초등 사회(5-2) 2-1. 새로운 사회를 향한 움직임
중학 역사 ② V. 조선 사회의 변동
　　　　　　 VI. 근·현대 사회의 전개

탕평비
영조가 탕평책을 널리
알리기 위해 세웠어.

1610년 『동의보감』 완성

1742년
탕평비 건립

1600

화홍문
화성의 북쪽 수문이야.

이송되는 전봉준
왼쪽부터 세 번째가 전봉준이야.
별명은 녹두 장군.

1894년 동학 농민 운동

1700 > 1800

1796년 수원 화성 완공

조선 후기의 사회는
어떻게 변했을까?

1. 전란의 극복과 붕당 정치
2. 영조와 정조의 개혁 정치와
   서민 문화의 발달
3. 세도 정치와 외세의 침입
4. 근대 국가를 건설하려는 노력

1884년 갑신정변

갑신정변의 주역들
왼쪽부터 박영효, 서광범,
서재필, 김옥균이야.

1. 전란의 극복과 붕당 정치

「누숙경직도」
조선 후기 풍속화가 김홍도가 그린 그림으로 전해져.
농사짓는 일의 순서대로 여러 점을 그렸는데,
이 그림은 그중 모내기하는 장면이야. 국립 중앙 박물관 소장.

다들 열심히
모내기를 하네요!

논에 물도
충분히 차 있고,
올해도 풍년이면
좋겠어요!

수재야,
방해되니까
저리 가 있어!

어이쿠

철퍼덕

1608	1610	1659	1674	1708
경기도, 대동법 실시	『동의보감』 완성	1차 예송 논쟁	2차 예송 논쟁	전국적으로 대동법 실시

전란을 극복하기 위해 대동법을 시행하다

전란은 조선을 할퀴고 지나갔어. 수많은 백성이 목숨을 잃었고, 곡식이 자라나던 땅은 마구 짓밟혀 못쓰게 됐지. 귀중한 문화재도 불에 타 없어지거나 일본군에 약탈당했어. 선조에 이어 왕위에 오른 광해군의 어깨는 그 어느 때보다 무거웠지.

"새 나라를 세운다는 생각으로 조선을 다시 일으킬 것이다!"

광해군은 쓰러진 조선을 일으켜 세우는 데 골몰했어. 전쟁 동안 텅 빈 나라의 곳간을 채우고 백성들의 어려움도 해결하기 위해서는 세금 제도를 고치는 게 가장 급했지. 세금 중에서도 백성들에게 가장 큰 부담이 된 것은 공납이었어. 공납은 그 지역의 특산물을 집집마다 내는 세금을 말해. 보통은 지역에서 생산되는 특산물을 나라에서 지정해 주는데, 지역에서 나지도 않는 것을 내라고 하는 경우도 많았어. 그러니 백성들은 특산물을 구하는 데 애먹기 일쑤였지.

곽두기 사전

전란 전쟁 때문에 일어난 난리라는 뜻이야.

더 알려 줄게!

17세기 세금의 종류

17세기에는 전세, 군역과 요역, 공납을 세금으로 냈어. 전세는 땅을 기준으로 곡식을 거두는 것이었고, 군역과 요역은 군대와 토목 공사에 성인 남자의 노동력을 제공하는 것이야. 그리고 공납은 지역의 특산품을 집집마다 거두는 것이었어.

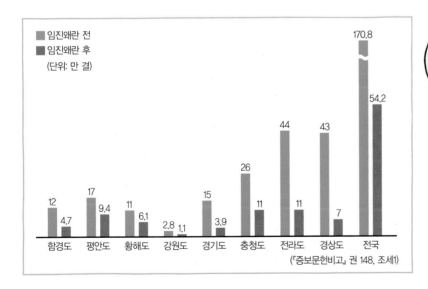

■ 임진왜란 전
■ 임진왜란 후
(단위: 만 결)

	함경도	평안도	황해도	강원도	경기도	충청도	전라도	경상도	전국
임진왜란 전	12	17	11	2.8	15	26	44	43	170.8
임진왜란 후	4.7	9.4	6.1	1.1	3.9	11	11	7	54.2

(『증보문헌비고』 권 148, 조세1)

농사지을 수 있는 땅이 $\frac{1}{3}$로 줄었다니!

그러다 보니 점차 특산물을 대신 구해다 주는 상인이 생겼고, 백성들은 이들 상인을 통해 공납을 바쳤어. 물건을 대신 구해 준다니 참 편리해 보이지만, 사실 이들은 자기 잇속을 챙기려는 사람들이었어. 상인들은 마을의 향리들과 짜고 백성에게 공납의 대가를 몇 배는 더 비싸게 받았지. 그러면서 직접 특산물을 구해 세금으로 내려고 하면 그 물건을 받아 주지도 않았어. 이처럼 공납을 막고 이익을 얻는 행위를 **방납**이라고 해.

"세금을 내려고 해도 받아 주지도 않고 몇 배로 물건 값을 내라고 하니 등골이 다 뽑힐 지경이네!"

이번 공물입니다.

자네 물건은 됐네. 공물은 저 상인에게 받을 테니, 자넨 값만 치르게.

이번에는 또 얼마나 남겨 먹을까? 히히

방납이 성행하면 할수록 백성의 시름은 깊어만 갔어. 나라에서도 세금이 제대로 걷히지 않아 큰일이었지. 광해군은 방납의 문제를 없애기 위해 결단을 내렸어. 바로 ☆시험에 꼭 나와! <u>경기도부터</u> **대동법**을 시행하기로 한 거야.

대동법은 집집마다 특산물을 내는 대신 **가지고 있는 토지 면적에 따라 쌀이나 돈으로 세금을 내는 법**이야. 농사를 지어서 돈만 마련하면 특산물은 걱정하지 않아도 되었어. 또 토지 면적에 따라 세금

영심이는 궁금해!

그럼 나라에서는 특산물은 어떻게 구했어요?

나라에서는 상인을 고용해 특산물을 구입해 오도록 했어. 이들 상인을 공인이라고 해. 공인은 궁궐이나 관청에서 필요한 물건들을 사들였어. 이들이 구입하는 물품의 양이 워낙 많아서 조선의 상업도 활기를 띠게 되었어.

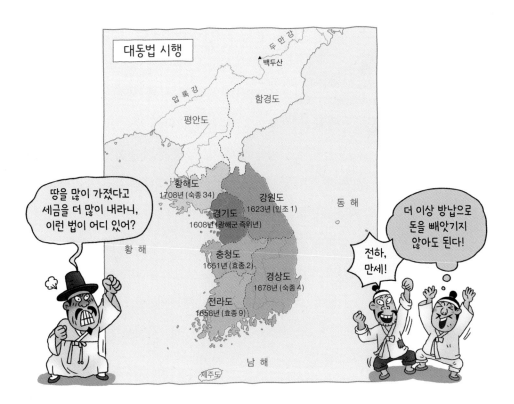

의 양이 정해지니, 토지가 없거나 적은 농민은 세금 부담이 줄어들었지.

하지만 대동법이 전국적으로 실시되기까지는 무려 100년이나 걸렸어. 땅의 많고 적음에 따라 세금의 양이 달라지니, 많은 땅을 가진 양반들이 심하게 반대했거든. 하지만 **김육** 등의 노력으로 대동법을 실시하는 지역은 점차 늘어났어. 단, 평안도와 함경도, 그리고 제주도는 제외되었어. 평안도와 함경도는 청나라와 국경을 마주한 곳이라 거둔 세금을 그곳에서 국방비와 사신 접대비로 쓰도록 했지. 또 육지와 멀리 떨어진 제주도도 현지에서 세금을 쓰게 했어.

▲ 대동법 시행 기념비(경기 평택)

김육은 대동법 시행에 큰 역할을 한 관리야. 김육의 노력으로 경기도뿐 아니라 충청도와 전라도 등 여러 지역에서 대동법이 시행될 수 있었지. 이 기념비는 삼남 지방에 대동법을 실시하게 한 김육의 공로를 기념하기 위해 세워졌어.

용선생의 포인트

경기도에서부터 대동법을 실시해 백성들의 세금 부담을 줄이려고 함.

나라를 다시 일으키려는 노력들

전쟁으로 조선의 궁궐과 성곽, 관청도 많이 파괴되었어. 광해군은 조선을 일으키기 위해 무너진 건물을 다시 세우는 일에도 힘을 쏟았어. 성곽을 재정비하고, 왕실의 권위를 세우기 위해 **창덕궁**, **창경궁** 등 궁궐을 대대적으로 수리했어.

또 불타 없어진 **사고**도 다시 지었지. 사고는 나라의 중요한 일을 기록한 **실록**을 보관하는 곳을 말해. 조선 시대에는 왕들이 죽은 뒤, 그 왕이 다스릴 때 있었던 중요한 일들을 정리해서 실록을 만들었어. 『세종실록』, 『선조실록』 같은 제목의 책들이지. 그리고 이 책들을 모두 모아 『**조선왕조실록**』이라고 해. 사고에는 이 『조선왕조실록』이 보관돼 있었던 거야. 조선 전기에는 혹시 모를 비상사태에 대비해서 한양의 궁궐과 충주, 성주, 전주 등 네 군데 사고를 지어 보관했어.

하지만 임진왜란으로 네 군데 사고 모두가 불타 없어지고 말았지. 천만다행으로 **전주 사고**에 있던 실록만은 가까스로 옮겨 화를 면할 수 있었어. 전쟁이 끝난 후, 광해군은 전주 사고의 실록을 다시 인쇄해 한 벌은 궁궐 내 **춘추관**에 보관하고, 나머지는 **태백산**, **오대산**, **마니산**, **묘향산** 등 깊숙한 산중에 사고를 새로 지어 한 벌씩 보관했어.

 영심이는 궁금해!

전주 사고의 실록은 어떻게 무사했나요?

전주 부근에 살던 선비 손홍록과 안의 덕분이야. 이들은 전쟁이 터지자 태조의 어진과 전주 사고의 실록을 수레에 가득 싣고서 깊은 산속으로 피란했어. 그리고 이것들을 곁에서 지키고 있다가 전쟁이 끝나고 조정에 전해 주었지. 이들 덕분에 조선 전기의 실록이 지금까지 전해 내려오게 된 거야.

임진왜란 동안에는 많은 사람이 병들고 다친 상황에서 의학책들마저 불에 타 버려 백성들은 큰 곤란을 겪게 되었어. 선조는 **어의** 허준에게 새로운 의학책을 만들 것을 명령했지. **허준**은 10년을 작업한 끝에 광해군 때 『**동의보감**』을 펴냈어.

곽두기 사전

어의 궁궐 안에서 임금이나 왕족의 병을 치료하던 의원을 말해.

『동의보감』은 우리 땅에서 나는 약재를 사용해 병을 치료하는 방법을 자세하게 적어 두었어. 당시 대부분의 백성은 중국에서 수입한 값비싼 약재를 거의 구할 수 없었거든. 허준은 우리 땅에서 나는 약재의 효능을 밝혀 백성이 이를 보고 스스로 치료할 수 있도록 했어. 조선에서 그 약은 어디서 구할 수 있는지, 언제 따야 좋은지, 어떻게 말려야 되는지 등 방법을 적어 놓아서 백성의 어려움을 덜어 준 거야.

✔ 서술형 단골 문제야!

금방 나을 것이오! 따~ 끔!

아약

나라에서는 『동의보감』을 지속적으로 인쇄해 백성에게 보급했어. 점차 『동의보감』은 중국과 일본에도 퍼져 의학 수업 교재로도 쓰였지. 한편, 2009년에는 동아시아의 의학 발달을 대표하는 책으로 인정받아 유네스코 세계 기록 유산으로도 등재되었어.

용선생의 포인트

임진왜란 때 파괴된 궁궐과 사고를 새로 짓고 백성들을 위해 의학책 『동의보감』을 펴냄.

먹고사는 방법을 고심한 백성들

연이은 전란에도 조선의 백성은 결코 주저앉지 않았어. 무너진 집을 바로 세우고, 황무지를 다시 농사지을 수 있는 땅으로 만들었지. 특히 인구가 줄어들어 적은 사람으로 넓은 땅을 농사지을 수 있는 방법에 관심을 가졌어. 농민들은 <u>모내기법</u>에 귀를 쫑긋 기울였지. ☆ 시험에 꼭 나와!

모내기법은 모판에 씨를 뿌려 싹이 자라면 벼의 싹인 모를 논에 옮겨 심는 방법이야. **건강한 모를 골라 심기** 때문에 전보다 더 많은 쌀을 얻을 수 있었지. 또 이미 자란 모를 옮겨 심었기 때문에 논에 난 잡초와 구별도 쉬워 **잡초를 뽑는 데(김매기) 일손도 적게** 들었어. 그러다 보니 한 사람이 농사지을 수 있는 면적도 전보다 더 넓어졌지. 그리고 모내기를 하기 전에 비어 있는 논에는 보리를 심을 수 있어서 **1년에 같은 땅에서 두 번 농사짓는 이모작도** 가능해졌어.

하지만 모내기법에도 약점이 있었어. 모를 논에 옮겨 심을 때 반드시 논에 물이 차 있어야만 했지. 모내기를 할 때 가뭄이 들었다가는 모가 마른 땅에 뿌리내리지 못해 죽을 수도 있었거든. 조선 전기에는 나라에서도 이 점을 걱정해 모내기법을 금지했어. 하지만 전란 이후에 백성들은 보다 적극적으로 모내기법을 쓰기 시작했지.

😈 영심이는 궁금해!

모내기법 전에는 어떻게 벼농사를 지었나요?

사실 모내기법은 고려 말부터 알려져 있었어. 하지만 비가 적당히 내리지 않으면 농사를 한꺼번에 망칠 수 있기 때문에 경상도와 강원도 등 일부에서만 쓰고 있었어. 그래서 16세기까지만 해도 대부분의 지역에서는 논에 볍씨를 직접 뿌리고 계속 그 자리에서 벼를 기르는 직파법으로 벼농사를 지었단다.

"모내기법은 물이 많이 필요하니 보나 저수지를 많이 지어야지!"

농민들은 부지런히 하천을 막아 보를 만들고, 마을에 저수지도 만들어 물을 저장했어. 덕분에 모내기법은 농민들 사이에 퍼져 나가 조선 후기에는 전국적으로 실시되었지.

밭농사에도 변화가 일어났어. 시장에서 비싼 값에 팔리는 농작물을 기르기 시작한 거야. 이렇게 시장에 내다 팔기 위해 키우는 작물을 **상품 작물**이라고 해. 조선 후기에는 **인삼, 면화, 담배, 고구마, 감자, 고추** 등이 인기가 많았지. 상품 작물의 재배로 농민들은 전보다 더 많은 수입을 거둘 수 있었어.

농업 생산이 늘어나면서 농산물을 거래하는 시장도 크게 성장했어. 농작물을 시장에 내다 파는 사람도 많아졌지만, 음식과 물건 등 필요한 것을 시장에서 구하려는 도시 사람들도 많아졌기 때문이야. **장터**가 서는 날이면 사람들이 구름같이 몰려들었어. 공연을 펼쳐 돈을 버는 사당패도 있었고, 이들을 보려는 사람들도 모였지. 장터는 말 그대로 사람들을 만나는 장이 되었어.

 더 알려 줄게!

조선 후기에 들어온 작물
조선 후기에는 그 전에 우리나라에서 보지 못했던 작물들이 들어왔어. 담배는 임진왜란 이후 전해졌다고 해. 또 고구마는 일본, 감자는 청나라에서 들어왔어. 우리나라 음식에 많이 들어가는 고추는 17세기 초 일본을 통해 들어왔지.

 더 알려 줄게!

하늘을 찌르는 인삼의 인기
조선의 인삼은 일본과 청나라에서 매우 인기가 높았어. 덕분에 인삼의 가격은 높이 치솟았지. 특히 개성 지방의 상인들이 인삼을 대량으로 재배해 청나라와 일본에 팔아 큰돈을 벌었다고 해.

 용선생의 포인트
모내기법의 보급과 상품 작물 재배로 농업 생산이 늘어나고 시장이 성장함.

신분제에 금이 가기 시작하다

모내기법이 널리 보급되자 사람들의 생활에도 변화가 생겼어. 전보다 적은 일손으로도 넓은 땅을 농사지을 수 있게 됐잖아. 그러자 지주들은 더 많은 수익을 내려고 땅을 늘려 나갔고, 농민들은 땅에서 쫓겨나는 일이 많았어. 지주에게 땅을 빌려 농사짓던 농민들은 이제 **땅을 빌리기마저 힘들어졌지**. 지주들이 자기 마음에 드는 사람한테 땅을 몰아서 빌려줬거든.

"남의 땅을 빌려 농사짓는 것도 이젠 하늘에 별 따기구먼. 어쩔 수 없이 나는 도시로 나가 할 수 있는 일을 찾아보겠네!"

이들은 한양과 같은 도시로 가서 **난전**이 되거나 봇짐을 지고 전국을 돌아다니면서 물건을 파는 **보부상**이 되었어. 또 배가 드나드는 포구로 가 짐을 날라 주는 짐꾼, 기술을 익혀서 필요한 물건을 만들어 파는 수공업자, 광산에서 일하는 일꾼이 되기도 했지.

<u>양반을 중심으로 한 신분제에도 변화가 일어났어.</u> ✿시험에 꼭 나와! 전란으로 나라의 살림이 부족해지자, 조정에서는 공명첩을 발행하기 시작했어. **공명첩**이란 이름 쓰는 곳이 비어 있는 관직 임명장이야. 누구든 나라에 기부금을 내면 관직을 준다는 뜻이었지. 물론 행정 업무를 보고 봉급을 받는 실제 관직은 아니었어. 이름만 있는 명예직이었지. 그럼에도 경제적 여유가 있는 상민들은 돈을 내고 공명첩을 샀어. 공명첩이 있으면 양반 행세를 할 수 있었기 때문이야.

 곽두기 사전

난전 나라의 허락을 받지 않고 물건을 판매하는 상인이나 가게를 말해.

 곽두기 사전

보부상 봇짐이나 등짐을 지고 다니며 물건을 팔던 상인들을 말해. 보부상의 활약으로 각지의 시장들이 서로 연결되어 물품의 유통이 활발해질 수 있었어.

이름 쓰는 곳

▲ **공명첩**
공명첩은 이름 적는 난이 비어져 있는 관직 임명장이야. 이 공명첩에는 □□□을(를) 정 3품(正三品)의 통정대부(通政大夫)로 임명한다는 내용이 써 있어.

상민들은 공명첩 외에도 양반이 되려고 갖은 수를 썼어. 어떤 사람은 돈을 주고 양반 집안의 **족보**에 자기 이름을 끼워 넣기도 하고, 가난해진 양반 가문의 족보를 아예 사들이기도 했지. 또 어떤 사람은 다른 지역에 가서 양반 행세를 하기도 했어.

반면 **형편이 어려워진 양반**도 많았지. 관직의 수는 한정되어 있는데, 양반의 수는 점차 늘어나니 관직을 얻지 못한 양반이 많아진 거야. 이렇게 중앙 정치에서 밀려난 양반들은 지방에서 겨우 세력을 유지하거나 아니면 상민과 다름없이 농사짓고 품을 팔아 생계를 이어나가야 했어.

신분 제도의 변화를 겪은 것은 양반과 상민들만이 아니었어. 가장 아래에 있던 노비들의 상황도 조금씩 바뀌었어. 주인에게서 도망쳐 노비 신분에서 벗어나려는 사람들이 늘어났지. 주인들은 어떻게 해서든 그들을 잡아오려고 사람을 쓰기도 했어.

주인들은 시간이 지날수록 노비를 부리는 것보다 돈을 주고 사람을 쓰는 게 더 낫다고 생각하게 됐지. 노비에게 농사일을 맡기는 것보다 농민에게 땅을 빌려주고 곡식을 받는 게 수익도 높고 관리도 훨씬 수월했던 거야. 이런 사정은 관청에서도 마찬가지여서 19세기 초에는 아예 **공노비를 없애기로 결정했어.** <u>조선의 신분제 전체가 흔들리고 있었던 거야.</u> ✔서술형 단골 문제야!

> **영심이는 궁금해!**
>
> 그럼 사노비는 언제 없어졌나요?
>
> 1894년 실시한 갑오개혁으로 폐지돼. 갑오개혁으로 신분제가 없어지고 사람을 사고파는 것도 금지되었어.

용선생의 포인트
전란 이후 조선의 신분제가 흔들림.

붕당, 치열하게 논쟁하며 나라를 다스리다

조선의 신하들은 전란의 상처를 극복하는 방안을 찾으면서 **붕당 정치**를 발전시켜 나갔어. 세금을 거두기 위해 농경지와 인구를 조사하고, 군사 제도나 세금 제도를 개혁할 때에도 각 붕당은 의견을 내고 열띤 토론으로 정책을 다듬어 나갔지.

붕당 간의 토론은 매우 치열했어. 토론이 벌어지면 서로를 공개적으로 비판하면서 목소리를 높였지만, 이런 경쟁 속에서도 서로를 존중하는 태도를 유지했지. 유학자들이 꿈꾸는 유교 정치가 현실에서도 실현되길 바라면서 말이야.

현종 때에는 나라의 운영을 어떻게 할 것인가를 두고 큰 논쟁이 일어났어. 때는 바야흐로 **효종**에 이어 현종이 즉위한 지 얼마 되지 않은 날이었어. 현종이 아버지 효종의 장례를 준비하는데 신하들끼리 논쟁이 붙은 거야. 둘째 아들이었던 효종의 장례에 효종의 새어머니 **자의 대비**가 몇 년 동안 **상복**을 입어야 할 것인가를 두고 설전이 벌어졌지.

"효종 대왕님은 장남이 아니었으니 대비 마마는 1년 동안 상복을 입으면 됩니다."

"한 나라의 왕이셨소! 어찌 3년을 입지 않을 수 있단 말이오!"

서인은 효종이 장남이 아니니 그의 어머니는 보통의 양반집과 마찬가지로 1년 동안 상복을 입으면 된다고 했어. 하지만 **남인**은 왕이었던 효종을 장남처럼 대우하고 최고의 예우를 해야 한다고 주장한 거야. 현종은 서인의 의견을 채택해 자의 대비는 1년 동안 상복을 입었어.

곽두기 사전

상복 상을 당한 사람이 입는 옷을 말해. 보통 누런 삼베로 만든 옷이나 흰 한복을 입어.

송시열(1607~1689)
서인을 대표하는 인물로 명성이 높아 조정의 대신들이 국가의 일을 결정할 때 항상 그에게 물어보았다고 해. 예송 논쟁 때에도 서인들은 그의 의견을 따랐어.

그런데 십여 년 후, 다시 자의 대비가 상복을 얼마나 입어야 하는가에 대한 문제가 생겼어. 이번에는 효종의 왕비가 세상을 떠난 거야. 현종은 이번에는 남인의 손을 들어주었지.

"효종 대왕은 이 나라의 왕이셨으니, 왕비에게도 최고의 예의를 갖추어야 할 것이오!"

이 두 번의 논쟁을 예법에 관한 논쟁이라는 뜻에서 **예송 논쟁**이라고 해. 이 문제는 당시에는 굉장히 큰 사건이었어. 상복 입는 기간을 대수롭지 않게 생각할 수 있겠지만, 사실 이 논쟁의 핵심은 '**왕을 어떤 존재로 바라보는가?**'하는 정치적인 문제였거든. 남인과 같이 왕을 특별한 존재로 생각하고 왕 중심의 정치를 할 것인가, 아니면 서인과 같이 왕을 양반의 대표로 보고 신하들의 의견을 모아 나라를 운영할 것인지 하는 문제로 귀결되었던 거야.

이후 붕당 사이의 경쟁은 점차 과열되었어. 치열한 논쟁 속에서도 서로를 존중하던 자세를 잃어버린 거야. 그 전에는 논쟁의 결과 어느 한 쪽이 지더라도 유배를 떠나는 정도로 그치는 경우가 대부분이었어. 그런데 붕당 간의 갈등이 심해지자 서로를 죽이려는 데까지 이르게 되었지.

더 알려 줄게!

인현 왕후와 희빈 장씨
인현 왕후는 숙종의 정식 왕비고, 희빈 장씨는 숙종의 후궁이었어. 인현 왕후는 서인 집안 출신이었고, 반면 희빈 장씨는 남인의 지지를 받았지. 희빈 장씨에게서 왕자가 태어나자 남인 세력이 힘을 얻는 듯 했지만, 결국에는 희빈 장씨가 쫓겨나고 서인이 정국을 장악했어. 두 여인의 기구한 삶을 통해서도 숙종 때 붕당 간 갈등이 얼마나 심했는지 알 수 있지.

숙종 때는 붕당 간의 갈등이 극에 이르렀어. 현종에 이어 즉위한 숙종은 붕당 때문에 왕이 제대로 힘쓰지 못한다고 생각하고, 정치를 함께 해 나갈 붕당을 왕이 직접 선택하기로 했어.

"나에게 충성심을 보이는 붕당을 쓸 것이니, 알아서 경쟁하라!"

왕이 붕당을 쥐고 흔들어야 왕권이 강해지고 정치적 혼란을 잠재울 수 있다고 생각한 거야. 숙종이 손을 들어준 붕당은 조정의 권력을 잡을 수 있었지만, 그렇지 않은 붕당은 조정에서 가차 없이 쫓겨나거나 목숨을 잃기까지 했어. 이렇게 집권 붕당을 완전히 바꿔 버리는 숙종의 정치를 **환국 정치**라고 해.

이런 환국 정치로 조선은 안정을 되찾을 수 있었을까? 천만에! 정치적 혼란이 잠잠해지기는커녕 붕당 사이의 싸움은 더욱 격화되었어. 각 붕당은 살아남기 위해 논쟁뿐 아니라 각종 음모 등 수단을 가리지 않고 싸웠어.

"우리 붕당이 살아남으려면 다른 붕당은 모조리 없어져야 해!"

서로의 존재를 인정하면서 더 나은 정치를 위해 논쟁하던 붕당들은 이제 상대 붕당을 몽땅 없애려 들었어. 앞으로 조선의 붕당 정치는 어떻게 되는 걸까?

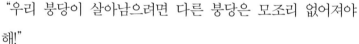
용선생의 포인트
토론하며 서로 경쟁하던 붕당 정치가 점차 격렬해졌음.

왕수재의 **역사 노트**

1. 대동법의 시행

① 배경: 백성들이 **방납**의 문제로 고통을 받음.

② 과정: 광해군이 경기도부터 **대동법**을 시행해 특산물 대신 토지 면적에 따라 쌀이나
돈으로 세금을 내게 함. _{전국에 시행되기까지 100년 걸림!}

③ 결과: 토지가 없거나 적은 농민의 세금 부담이 줄어듦.

2. 전란 극복을 위한 노력

① 전주 사고의 실록을 인쇄해 새로운 사고에 나누어 보관함.

② 허준이 만든 의학책 『**동의보감**』을 백성들에게 보급함.
_{보나 저수지 많이 지음!}

③ **모내기법**이 전국적으로 널리 보급됨.

④ 인삼, 면화, 담배 등 **상품 작물**이 재배되고, 이를 팔기 위한 시장이 발전함.

3. 흔들리는 조선의 신분제

① 농민들이 난전 상인, 보부상, 짐꾼, 수공업자, 광산 일꾼 등이 됨.

② 돈을 많이 번 상민들은 **공명첩**을 발급받아 양반의 신분을 얻음.
_{이름이 비어 있는 관직 임명장!}

③ 중앙 정치에서 밀려난 양반들이 상민과 다름없는 생활을 함.

⇒ 조선의 신분제가 흔들림.

> 전란 이후 변화된
> 사회 모습이
> 시험에 자주 나와!

4. 붕당 정치의 발전

① 전란 극복의 방안을 찾는 과정에서 <u>붕당 정치가 발전함.</u>

② 현종 때 붕당 간의 예법 논쟁이 일어남(예송 논쟁).

③ 숙종의 **환국** 정치로 붕당 간의 싸움이 더욱 격화됨.

01 한국사능력검정시험 40회 초급

밑줄 그은 '이 법'에 대한 설명으로 알맞은 것은 무엇일까?

이 기념비는 김육의 노력으로 이 법이 확대 실시된 것을 기리기 위해 세워졌습니다. 이 법의 실시로 토지가 적거나 없는 농민의 세금 부담이 낮아졌습니다.

① 금난전권을 폐지했어요.

② 관리의 등급을 정해 토지를 나누어 주었어요.

③ 군포 부담을 1인당 1필로 줄여 주었어요.

④ 특산물을 내는 대신 쌀이나 돈으로 세금을 내게 했어요.

02

(가)에 들어갈 책으로 알맞은 것을 써 보자.

백성을 구한 의학서, [(가)]

- 지은이: 허준
- 우리 땅에서 나는 약재를 사용해 병을 치료하는 방법을 적어 둠.
- 2009년에 유네스코 세계 기록 유산으로 등재됨.

03

㉠, ㉡에 들어갈 단어로 알맞은 것을 각각 써 보자.

임진왜란 이후, 조선의 농업에는 많은 변화가 일어났어요. 싹이 자란 볍씨를 논에 옮겨 심는 농법인 (㉠)이 널리 보급되었고, 인삼, 담배 등 시장에 내다 팔기 위해 키우는 농작물인 (㉡)도 기르기 시작했지요.

---

(1) ㉠: _____

(2) ㉡: _____

04 한국사능력검정시험 31회 초급

다음 책에 들어갈 내용으로 알맞지 <u>않은</u> 것은 무엇일까?

① 양반 가문의 족보를 산 상민

② 담배와 고추를 팔러 가는 상민

③ 『동의보감』에 소개된 처방을 보는 백성

④ 건원중보를 사용해 물건을 사는 상인

05
한국사능력검정시험 28회 초급

(가)에 들어갈 단어로 알맞은 것은 무엇일까?

① 마패
② 호적
③ 호패
④ 공명첩

06

(가)에 들어갈 왕이 다스리던 때의 정치 상황으로 알맞은 것은 무엇일까?

① 두 차례의 사화가 일어났어요.
② 이조전랑의 자리를 두고 동인과 서인이 다투었어요.
③ 사림이 처음으로 관리로 등용되었어요.
④ 왕이 집권 붕당을 선택해 바꾸었어요.

07
한국사능력검정시험 38회 중급

(가)에 들어갈 내용으로 알맞지 <u>않은</u> 것은 무엇일까?

> **한국사 묻고 답하기**
>
> **질문** 조선 후기 예송 논쟁에 대해 알려주세요.
>
> ↳ **답변**
> - 현종 때 발생한 정치적 사건이에요.
> - ⎡ (가) ⎤

① 서인과 남인이 대립했어요.
② 예를 둘러싼 논쟁이라는 뜻이에요.
③ 조의제문의 내용이 빌미가 되었어요.
④ 자의 대비가 상복을 입는 기간이 문제가 되었어요.

08
서술형 문제

전란 이후 조선의 신분제는 흔들리기 시작했어. 농민뿐만 아니라 지배층이었던 양반들도 신분에 변화가 있었지. 조선 후기에 변화된 신분제에 대해 간단히 써 보자. [3점]

_____

_____

_____

•교과 연계 초등 사회 교과서(6-2) 92~101쪽

바다 위로는 독도의 일부만 보이는 거야. 물속에 잠긴 부분까지 합치면 한라산보다 높아!

충성! 독도는 역사적, 지리적, 국제법적으로 명백한 우리나라 영토입니다!

동도

512년

우산국은 이제 신라 땅이다!

덜덜

지증왕 때 이사부가 우산국을 정벌하면서 독도는 우리 땅이 되었지.

1693년

독도는 조선 땅이오!

안용복은 일본에서 울릉도와 독도가 조선의 땅임을 확인하는 문서를 받았어.

1900년

대한 제국은 「대한 제국 칙령 제41호」를 통해 독도가 우리 땅임을 분명히 했어!

2. 영조와 정조의 개혁 정치와 서민 문화의 발달

수원 팔달문
수원 화성의 남문으로 서쪽에 있는 팔달산에서 이름을 가져왔다고 해.
원래 문의 좌우에는 성벽이 연결되어 있었는데, 지금은 헐리고 성문만
남아 있어. 보물.

> 이곳은 정조 대왕님이 지은 수원 화성이야. 잘 지켜야 해!

> 볼록한 옹성은 적의 공격을 방해해 성문을 보호하지!

> 볼록한 게 마치 내 배 같네!

> 정조 대왕님…. 냠냠!

1742	1750	1776	1791	1796
탕평비 건립	균역법 실시	규장각 설치	금난전권 폐지	수원 화성 완공

영조, 탕평으로 붕당의 갈등을 잠재우다

능력 있는 인재를 각 붕당에서 고루 등용할 것이야!

　조화와 견제로 유지되던 붕당 정치는 점차 붕당 간의 갈등이 심해지면서 변질되어 갔어. 숙종 대에는 환국 정치로 왕이 정치의 판을 흔들어 붕당 사이의 싸움을 더욱 부채질했지.

　숙종의 뒤를 이어 즉위한 경종이 몸이 약하고 뒤를 이을 자식이 없자 붕당들은 후계자 자리를 두고 격렬하게 싸웠어. 그 결과 **영조**를 지지한 노론이 승리하고 소론은 정치적으로 몰락하게 되었지. 영조는 노론의 지지로 왕이 되었지만, 붕당간의 싸움을 멈춰야만 한다고 생각했어.

　"이제부터 **탕평**으로 능력 있는 인재를 고루 등용할 것이오!"

　탕평은 왕이 어느 한쪽을 편들지 않고 공평한 정치를 펴는 걸 말해. 영조는 **탕평책**으로 여러 붕당에서 인재를 고루 채용해 붕당 사이의 싸움을 없애려고 했어. 그리고 이런 탕평의 뜻을 알리기 위해 성균관에 **탕평비**를 세웠지.

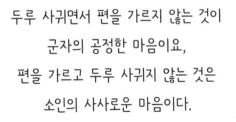

두루 사귀면서 편을 가르지 않는 것이
군자의 공정한 마음이요,
편을 가르고 두루 사귀지 않는 것은
소인의 사사로운 마음이다.

편을 갈라 싸우지 말라는 거구나!

탕평비(서울 종로) ▶
영조가 자신의 탕평 정책을 알리기 위해 성균관에 세운 비석이야. 유교 경전인 『논어』의 구절을 인용해 영조가 직접 글을 썼다고 해.

탕평으로 정치를 안정시킨 <u>영조는 백성을 위한 정책을 펴 나갔어.</u> ☆시험에 꼭 나와!
당시 백성들은 세금으로 내는 군포에 큰 부담을 느꼈어. 군포는 군대
에 가지 않는 대신 옷감을 세금으로 바치던 것을 말해. 영조는 성인
남성 1명당 1년에 2필을 내야 했던 것을 절반으로 줄여 1필만 내게
하는 **균역법**을 실시했어. 대신 왕실의 재산을 내어 부족한 나라 살
림에 충당하거나, 양반과 지주 등에게서 추가로 세금을 걷었지. 세금
부담이 줄어든 백성들은 당연히 기뻐했어.

이뿐만 아니야. 영조는 모질고 **잔혹한 형벌도 없앴어.** 무릎에 무거
운 돌을 올리는 압슬형이나 불에 달군 쇠로 몸을 지지는 낙형 등 당
시에는 가혹한 형벌이 많았거든. 영조는 이런 형벌을 금지했지.

또 한양의 백성을 위해서 **청계천의 바닥을 깊이 파는 공사를** 벌
였어. 청계천 근처에는 예전부터 많은 사람들이 집을 짓고 살았는데,
큰비만 내리면 어김없이 강물이 흘러넘쳐 집들이 침수되곤 했대. 이
런 홍수의 피해를 막기 위해 대대적인 공사가 진행됐어.

기다란 공사 범위를 여러 구간으로 나누고 인력을 알맞은 곳에 배
치해 공사가 효율적으로 진행되도록 했어. 또 공사에 참여할 일꾼을
모집하고 이들에게 궁궐의 재산을 내어 **품삯을 지불했지.** 그 전에는
나라의 공사가 있을 때 백성들을 부리면서 임금도 주지 않았거든. 영
조는 백성을 위해 벌인 공사 때문
에 오히려 백성이 피해를 보는 일
이 없도록 노력한 거야.

🐟 더 알려 줄게!

청계천 준천 공사
자연 상태의 청계천은 큰비
가 오면 물이 넘쳐 주변의
민가가 많은 피해를 입었
어. 영조는 주민들과 인꾼
들을 동원해 청계천의 바닥
을 파고 물의 흐름을 곧게
만드는 작업을 진행했어.
그 결과 청계천의 홍수 피
해가 줄고 하수 처리 문제
도 많이 해결되었단다.

◀ 어전준천제명첩(일부분)
1760년에 실시된 청계천 준천 공사를 성공적으로
마친 것을 기념해 그렸어. 준천은 물이 잘 흐르도록
개천 바닥을 깊게 파내는 걸 말해. 영조가 현장에 직
접 나와 일하는 백성을 격려하고 있어.

영조는 탕평 정치로 왕권을 강화하고 백성을 위한 여러 정책을 펼쳤지만, 붕당 사이의 싸움을 완전히 멈추지는 못했어. 그 자신도 붕당 간의 싸움으로 큰 슬픔을 겪었지. 영조에게는 아들 **사도 세자**가 있었어. 영조는 어려서부터 똑똑했던 세자에게 큰 기대를 걸었지. 하지만 세자는 점점 글공부보다는 무예에 관심을 가졌고, 권력을 쥐고 있던 노론보다는 소론과 친분이 두터웠어.

세자의 행동이 마음에 들지 않으면 영조는 갑자기 왕위를 세자에게 넘긴다고 말하곤 했어. 그러면 세자는 엎드려 빌면서 아버지의 명령을 거둬 달라고 했지. 왕위를 넘긴다는 건 세자에게 상이 아니라 엄청난 벌이었던 셈이야. 기록에는 이때쯤 세자가 정신 질환을 앓았다고 되어 있어. 아버지의 부름에 몸을 벌벌 떠는가 하면, 옷 입기를 거부하기도 하고, 사람을 죽이는 등 끔찍한 일도 저질렀다고 해.

곽두기 사전

시호 죽은 왕이나 선비의 업적을 기리기 위해 주는 이름이야.

여기에 노론은 영조와 세자 사이를 더 벌리려고 했지. 소론과 친하게 지내는 세자가 다음 왕이 되면 자신들이 위험해질 수도 있다고 생각했거든. 노론 신하들은 세자의 잘못된 행동을 영조에게 일러바치고 세자를 처벌하도록 부추겼어. 세자의 상태가 더욱 나빠지자 영조는 자신의 아들에게 자결할 것을 명령했지. 세자는 울면서 용서를 빌었지만 결국 8일간 뒤주에 갇혀 있다가 세상을 떠나고 말았어. 이후 영조는 아들의 죽음을 슬퍼하면서 사도란 **시호**를 내려 주었지. 사도 세자의 죽음은 붕당 간의 갈등이 낳은 비극이었던 거야.

오늘따라 탕평채의 맛이 몹시 쓰구나.

탕평의 정신을 담은 탕평채

용선생의 포인트

영조가 탕평책을 실시하고 백성의 생활을 안정시키는 정치를 펼침.

정조, 조선의 개혁을 꿈꾸다

정조도 영조에 이어 **탕평책**으로 정치를 이끌었어. 노론과 소론, 남인 등 각 붕당에서 능력 있는 관리를 고루 등용하는 한편, 권력이 소수에게 집중되는 것을 막기 위해 외척의 힘을 줄이며 탕평 정치를 실현해 나갔어.

하지만 쉽지만은 않았지. 정조는 할아버지 영조의 사랑을 받고 자랐지만, 노론 신하들에게는 불편한 존재였거든. 정조가 소론과 가깝게 지냈던 사도 세자의 친아들이었기 때문이지. 일부 노론 신하들은 정조가 사도 세자의 아들이니 왕이 되어선 안 된다고 주장하기까지 했어. 정조가 왕이 되면 사도 세자의 죽음과 관련이 있는 자신들에게 복수할 거라고 생각한 거지.

정조는 **세손** 시절부터 즉위 초까지 여러 차례 암살 위협에도 시달렸어. 한밤중에 자객이 궁궐에 침입해 정조를 해치려고도 했지. 불안했던 정조는 자주 잠자리를 옮겨 다니고, 밤새도록 책을 읽었어. 그리고 동이 터 닭이 울면 그때서야 잠들었다고 해.

 곽두기 사전

세손 세자의 맏아들을 말해.

더 알려 줄게!

정조의 세손 시절이 담긴 일기

정조는 자신이 반성하는 자료로 쓰기 위해 일기를 썼는데, 세손 시절 자신이 머물던 궁궐의 이름을 따 『존현각일기』라 불렀어. 이 책은 이후 규장각의 관리들이 작성하는 국정 일기로 바뀌어 『일성록』이라 불렀어.

어서들 오시게! 훌륭한 인재들이여!

규 장 각

열심히 공부하겠습니다.

하다 네가 왜 여기에…!

왕이 된 정조는 자신의 곁에서 힘이 되어줄 수 있는 능력 있는 인재가 필요했어. 그래서 창덕궁 뒤편 정원에 **규장각**을 짓고 젊고 능력 있는 학자들을 불러 모았지. 규장각은 조선 왕실의 도서관이면서 젊은 학자들의 연구소이기도 했어.

정조는 능력만 있다면 **서얼**이라도 등용했어. **유득공, 이덕무, 박제가** 등 유명한 학자들이 정조 때 규장각에서 일했지. 정조는 규장각을 통해 함께 개혁을 이끌어 갈 인재를 길러 냈던 거야.

이뿐만이 아니야. 스스로도 지독한 공붓벌레였던 정조는 신하들도 더 많이 공부하도록 장려했지. 그래서 젊은 신하들 가운데 인재를 선발하여 맡은 일을 쉬면서 오로지 학문 연구에 전념하게 하는 **초계문신** 제도도 운영했어. 초계문신으로 뽑힌 젊은 신하들에게 정조는 직접 강의도 하고, 시험 문제를 내기도 했지. 심지어는 직접 시험 감독도 했대. 정조의 이런 정성으로 많은 학자들이 훌륭한 업적을 남길 수 있었어.

저도 초계문신에 뽑히고 싶어요!

🙂 곽두기 사전

서얼 양반과 첩 사이에 태어난 자식을 말해. 조선 시대의 서얼들은 재산을 물려받지도 못했고, 과거 시험을 볼 수도 없었어. 정조는 이러한 차별들을 완화했지.

 용선생의 포인트

정조가 규장각을 짓고 젊고 능력 있는 학자들을 길러 냄.

이곳 수원 화성은 내 꿈의 무대!

우하하

정조의 꿈이 깃든 수원 화성

정조는 즉위하고 몇 년 뒤 양주에 있던 아버지 사도 세자의 묘를 수원 관아가 있는 화산 기슭으로 옮겼어. 수원은 예부터 터가 좋아 왕릉 후보지로 자주 이름을 올렸던 곳이었어.

정조는 이후 12년간 총 13차례 사도 세자의 묘인 **현륭원**에 행차했어. 한 번 행차하는 데는 보통 3~4일에서 길게는 7~8일의 시간이 걸렸지만, 정조는 매해 아버지 묘소를 찾아뵈었지.

정조는 묘를 옮긴 지 얼마 뒤 현륭원과 가까운 곳에 **수원 화성**을 쌓았어. 화성에는 임금이 임시로 머물면서 업무를 보는 행궁도 짓고, 군사를 지휘하는 장대와 적군의 움직임을 살피는 공심돈 등 군사 방어 시설도 설치했단다. 정조의 친위 부대인 **장용영**도 이곳에 배치해서 정조의 강력한 왕권을 과시하기도 했지. 또 주변의 양반과 상인들을 옮겨 와 살도록 했어. 수원 화성은 정조가 손수 마련한 군사와 상업의 중심지로 떠올랐지. 정조에게 이곳은 자신의 개혁 정치를 펼치기 위한 꿈의 무대였을 거야.

수원 화성을 건설하는 데에는 **정약용**의 공이 컸어. 일찍이 정약용은 한강에 배다리 설치 공사를 한 경험이 있었거든. 정약용과 여러 신하들은 중국과 서양의 성을 쌓는 방법과 관련된 책을 읽고, 성을 짓는 데 필요한 **거중기**와 **녹로**, **유형거** 등의 장치도 만들었지.

영심이는 궁금해!

정조는 무예에도 관심이 많았다면서요?

맞아. 정조는 군사력도 중요하다고 생각했거든. 정조는 무예 실력이 뛰어난 군사들을 뽑아 장용영이란 부대를 만들고 자신을 지키도록 했지. 또 군사들의 무예 훈련을 위해 『무예도보통지』라는 책도 만들어 배포했어. 이 책은 이후에도 군사 훈련의 교본으로 활용되었어.

수원 화성 공사 보고서, 『화성성역의궤』 ▶
『화성성역의궤』는 1794년 1월부터 1796년 8월까지 진행한 수원 화성 공사의 거의 모든 과정을 정리한 책이야. 완공된 건물의 모습은 물론 건축 장비의 모습, 동원된 장인의 수, 심지어 사용한 못과 벽돌의 수까지 상세하게 기록돼 있어. 6·25 전쟁으로 수원 화성 역시 크게 훼손되었지만, 『화성성역의궤』 덕분에 이전과 같은 모습으로 복원할 수 있었지.

거중기는 도르래를 이용해 적은 힘으로도 무거운 돌을 옮길 수 있어. 녹로는 물건을 높은 곳으로 옮기는 장치야.

▲ 거중기

▲ 녹로

▲ 유형거

유형거는 소가 앞에서 끌고 사람이 받치면서 무거운 돌을 실어 날랐어.

정조는 성을 짓는 데 필요한 일꾼을 모집하고 일을 한 대가로 품삯을 주었어. 영조가 청계천의 공사를 벌일 때도 품삯을 줬지만, 그때는 의무적으로 동원된 사람들이었어. 그런데 화성 공사에는 백성들을 아예 **임금을 받는 노동자로 고용**한 거야. 정조는 고된 일을 하는 이들을 위해 때론 잔치를 벌이기도 하고, 부상을 당해 치료를 받느라 작업에 참여하지 못할 때에도 품삯을 지급해 주었지.

최신의 성을 쌓는 방식과 일꾼들의 구슬땀이 합쳐져 수원 화성은 당초 완성하는 데 10년은 걸릴 것이라고 예상했는데, 그보다 훨씬 더 짧은 기간인 3년도 채 안 돼 완성되었어. 수원 화성은 1997년에 역사와 예술적 가치를 동시에 인정받아 유네스코 세계 문화유산으로도 등재되었단다.

영심이는 궁금해!

정조는 억울한 백성들의 사연도 들어주었다면서요?

백성들은 꽹과리를 쳐 사연을 알리는 격쟁을 하거나 청원서를 제출하는 상언 등으로 정조에게 억울함을 호소했어. 정조는 총 4000건 넘게 격쟁과 상언을 받았지만, 대신들에게 빠른 시일 내로 문제를 해결해 주라고 했지.

백성의 일이니 모두 오늘 안에 처리하도록!

용선생의 포인트
정조가 아버지의 묘소와 가까운 곳에 수원 화성을 쌓음.

시끌벅적 성장하는 조선 후기의 시장

숙종과 영조, 정조가 다스리던 18세기에는 한양 도성의 인구가 크게 늘어나면서 장사를 하면서 먹고사는 사람이 많아졌어. 원래 한양에서 장사할 수 있는 사람은 나라에 세금을 내고 허가를 받은 **시전 상인**들뿐이었지. 그런데 실제로는 나라의 허가를 받지 않은 **난전**도 많았어. 이들은 시전 상인의 따가운 눈총을 받았지.

하지만 백성들은 시전 상인의 횡포로 피해를 입기도 했어. 시전 상인끼리 짜고 비싼 가격으로 물건을 판 거야. 명절을 앞두고는 쌀이나 과일의 양을 조절해 엄청나게 가격을 부풀려 팔기도 했지. 백성은 비싼 가격을 주고 물건을 살 수밖에 없었어. 그뿐만 아니라 시전 상인들은 '금난전권'이라는 권리를 휘둘렀어. 금난전권은 난전을 금지할 수 있는 권리라는 뜻이야. 시전 상인들은 이를 이용해 난전 상인들의 장사를 못하게 할 뿐만 아니라 그들의 물건을 빼앗기까지 했지. 이런 시전 상인들의 횡포는 사회적으로 문제가 되었어.

"전하, 시전 상인들의 횡포가 지나쳐 백성들이 큰 피해를 보고 있사옵니다. 이들을 가만 두어서는 아니 되옵니다!"

신하 **채제공**은 정조에게 시전 상인의 특혜를 없애자고 건의했어. 정조는 고민 끝에 시전 상인들의 '금난전권'을 없애고, **육의전**이 취급하는 물품을 제외한 나머지 물건은 누구나 자유롭게 시장에서 팔 수 있도록 했어.

채제공(1720~1799)
정조 때 정승이야. 남인 출신으로 여러 개혁 정책을 추진했지. 그의 건의로 금난전권을 폐지했어. 또 『만덕전』을 지어 굶주린 제주도 백성에게 쌀을 나누어 준 김만덕의 선행을 널리 알리기도 했어.

곽두기 사전

육의전 조정에 물품을 제공하고 특권을 보장받았던 6개의 상점이야. 비단, 무명, 명주, 종이, 생선, 모시 등의 물건을 취급했어.

"우리도 이제 마음대로 물건 팔아 보자!"

난전 상인들도 이제부터는 시전 상인의 방해를 받지 않고 **자유롭게 장사**를 할 수 있게 됐어. 이렇게 누구나 물건을 사고팔수 있게 되면서 장사를 하는 인구는 점점 늘어나 전국 곳곳에 들어선 장시도 더욱 활기를 띠게 되었지.

또 물길을 따라 전국적으로 상품이 이동하니 지역의 주요한 강마다 배가 자주 드나드는 **포구**가 생겨났어. 상품을 보관해 주는 사람, 상인들이 머물 곳과 밥을 제공하는 사람, 돈을 빌려주는 사람, 물건을 날라 주는 일꾼, 그리고 물건을 사려는 사람까지 몰려 조선 후기의 포구는 사람들로 북적였지.

용선생의 포인트
정조 대에 금난전권이 폐지되고, 상업이 발달함.

 더 알려 줄게!

상평통보

조선 시대에 가장 오랫동안 사용된 화폐야. 엽전이라고도 해. 조선 후기에 상업이 발달하면서 1678년 숙종 때에는 전국적으로 사용됐어. 뒷면에는 동전을 찍어낸 관청 이름이 있어. 가운데에 난 구멍으로 줄을 꿰어 옷에 차고 다녔지.

▲ 김만덕(1739~1812)
제주도 출신의 상인이야. 원래는 기녀였는데, 장사 수완이 좋아서 큰 부자가 되었어. 제주도에 흉년이 들자 육지에서 곡식을 구해 와 제주도 사람들에게 나눠 주었어. 김만덕의 이야기에 감동 받은 정조는 금강산을 여행하고 싶다는 김만덕의 소원을 들어주었대.

▲ 『홍길동전』
허균이 쓴 최초의 한글 소설이야. 서얼로 태어난 홍길동이 활빈당이라는 무리를 결성하고, 탐관오리를 처벌한 후 율도국이란 새 나라를 건설한다는 내용이지. 신분 제도를 비판하고 부패한 정치를 개혁하려는 의지가 돋보여.

곽두기 사전

전기수 조선 후기에 돈을 받고 사람들에게 책을 읽어 주던 직업이야.

여유가 생긴 서민, 문화를 즐기다

농업과 상업이 발달하자 백성들의 생활 모습도 조금씩 바뀌었어. 생활에 여유가 생긴 백성들은 자식에게 글공부를 시키는가 하면 집을 꾸미는 데에도 신경을 썼고, 취미 생활도 즐겼지. 조선 후기에는 이렇게 일반 백성들의 문화가 발달했는데, 이를 보통 사람들의 문화라는 뜻으로 **서민 문화**라고 해. 이전에는 문학이나 예술 등은 양반들만 누리는 것이라고 생각했는데, 이제는 일반 백성들도 조금씩 누리기 시작한 거야. 백성들은 **한글 소설**을 읽고, 탈놀이나 **판소리** 등을 즐기면서 자신의 생각을 자유롭게 표현해 나갔지.

시험에 꼭 나와!

특히 한글을 익힌 백성이 늘면서 한글 소설이 큰 인기를 끌었어. 책을 팔거나 빌려주는 곳도 생겼지. 당시 최고 인기 소설은 『홍길동전』, 『춘향전』, 『심청전』, 『흥부전』, 『장화홍련전』 등이었어. 한글을 아는 사람들은 한글 소설을 많이 빌려 봤지만, 한글을 모른다고 이렇게 재밌는 걸 모르고 지나갈 순 없었지. **전기수**에게 돈을 주면 남자, 여자, 노인이나 어린이 등 현란하게 목소리를 바꾸어 가면서 얼마나 재미나게 책을 읽어 주었던지, 이야기에 빠져 버선이고 비녀고 다 내어준 사람도 있었대.

장터에는 탈을 쓰고 춤을 추며 연극하는 탈놀이가 펼쳐졌어. 지역마다 다양한 탈놀이가 있는데, 황해도 봉산군에서 전해 내려온 **봉산 탈춤**이나 안동 하회 마을에서 시작된 하회 탈춤 등이 유명해. 탈놀이 내용은 다양해서 마을의 수호신에게 제사를 드리기도 하고, 권위 의식에 사로잡힌 **양반을 신랄하게 비꼬기도** 했지. 각기 내용은 달라도 시끌벅적한 장터에서 춤과 연극을 멋들어지게 펼치니 남녀노소, 양반과 상민 가릴 것 없이 모두 흥겹게 즐긴 건 마찬가지였어.

더 알려 줄게!

봉산 탈춤
타락한 승려들과 권위 의식에 사로잡힌 양반들을 비판하는 내용이 담겨 있어.

사람들이 많이 모이는 곳에서는 판소리 한판이 벌어지기도 했어.

"흥보 내외가 박을 타는디, 시리리리렁 실건 당거 주소~!"

판소리는 **고수**가 북으로 장단을 맞추고 소리꾼이 여기에 긴 이야기를 노래로 들려주는 공연을 말해. 지금은 「춘향가」, 「심청가」, 「수궁가」, 「적벽가」, 「흥보가」 등 다섯 마당이 전해지고 있어. 공연할 때는 정해진 가사가 있어도 즉흥적으로 내용을 빼거나 더하기도 하고, 더러 관객도 참여해 이야기를 이어 나갔어. 양반들 사이에서도 인기가 좋아서 일부 양반들은 고수와 소리꾼을 집으로 불러 소규모 공연을 해 달라고 할 정도였대.

곽두기 사전

고수 북이나 장구 등을 치는 사람을 말해.

용선생의 포인트
조선 후기에는 한글 소설, 탈놀이, 판소리 등 서민 문화가 발달함.

김홍도와 신윤복, 각자의 시선으로 백성을 담다

조선 후기에는 백성의 생활 모습을 담은 풍속화도 유행했어. 대표적인 풍속화가로 김홍도와 신윤복이 있지. 이 둘은 모두 국가에서 필요로 하는 그림을 그리는 관청인 도화서 소속의 화가였어.

김홍도는 물건을 파는 부부나 훈장 선생님과 아이들, 씨름하는 사람들과 같이 백성의 일상생활을 대담한 필채로 솔직하고 담백하게 그렸어.

▲ 김홍도의 「서당」

사람들이 살아 움직이는 것 같아!

말소리도 들리는 것 같아.

▲ 김홍도의 「씨름」

▲ 김홍도의 「빨래터」

신윤복은 남녀의 사랑을 주제로 한 그림을 많이 그렸어. 여성의 머리 모양이나 옷 주름까지도 자세하게 그렸지. 이들의 그림 덕분에 오늘날에도 당시 사람들의 모습을 생생하게 볼 수 있어.

▲ 신윤복의 「단오풍정」 일부분

▲ 신윤복의 「월하정인도」

사랑을 속삭이는 것 같지?

▲ 신윤복의 「미인도」

백성들에게 도움이 되는
실질적인 학문을 연구하자!

조선 후기는 경제가 성장하고 사회가 급격히 변화한 시기였어. 농업이 발달하면서 땅에서 쫓겨나는 농민들이 생겨났고, 신분제가 변화하면서 몰락한 양반도 있었지. 게다가 청나라를 통해 서양의 문물도 조금씩 소개되면서 변화를 더욱 부채질했어. 그런데 기존의 유교로는 이런 변화들에 적절하게 대응하기가 어려웠지. 그래서 **백성이 겪는 문제를 해결하는 데 도움이 되는 실질적인 학문을 하자는 주장이 나왔어.** 조선 후기에 등장한 이러한 학문을 **실학**이라고 하고, 실학을 연구한 학자들을 **실학자**라고 하지.

☆ 시험에 꼭 나와!

농업을 중시한 학자, 상공업을 중시한 학자, 우리 고유의 것을 연구한 학자 등 실학자들은 다양한 주장을 펼쳤지. 유형원과 이익, 정약용 등은 농민이 잘살면 나라도 부강해지고 사회도 안정될 수 있다고 생각했어.

✔ 서술형 단골 문제야!

"농민이라면 누구나 땅을 가져야 합니다!"

이들은 사회 문제의 근본적인 원인은 농민이 토지를 갖지 못한 데 있다고 봤어. 그래서 백성에게 토지를 골고루 나눠 주어 농민의 생활을 안정시키는 것이 우선이라고 주장했지.

유형원은 국가에서 모든 토지를 갖고, 신분에 따라 차이를 두고 토지를 나눠 주자고 했어. **이익**은 모든 백성이 생활을 유지하는 데 필요한 최소한의 땅인 **영업전**을 갖게 하고, 영업전만큼은 사고팔지 못하게 하자고 했지. 농민이 땅이 없어 떠도는 일이 없도록 한 거야.

🧑 곽두기 사전

영업전 보통의 농민들이 스스로 경작하여 생활할 수 있는 최소한의 땅을 말해.

정약용은 마을의 토지를 공동으로 가져 함께 일하고, 세금을 제외한 나머지 생산물은 일한 만큼 나눠 갖자고 했어. 그러면 세금을 못 내는 일이 없고 서로 돕는 풍습도 생길 거라고 했지.

이들의 주장은 조금씩 달랐지만, 모두 땅을 나눠 줘 농민의 생활을 안정시키자는 공통점이 있었어.

조선 최고의 실학자, 정약용

1800년 정조가 세상을 떠나자 정조의 총애를 받던 정약용은 천주교 신자로 몰려 유배를 가게 됐어. 정약용은 유배지에서도 학문 연구를 계속했지. 그는 75세의 나이로 세상을 떠나기까지 500여 권의 책을 지었는데, 그 가운데서도 『경세유표』, 『목민심서』, 『흠흠신서』가 대표적인 책이야.

『경세유표』는 국가 운영 전반에 대한 내용을 담았어. 신분과 지역을 차별하지 않는 인재 등용, 토지 제도의 개혁 등 여러 개혁안을 제시했지. 『목민심서』는 고을의 수령이 지켜야 할 지침을 적은 책이야. 수령이 백성을 위해 일할 것을 당부했어. 『흠흠신서』는 범죄 수사와 재판에 관한 법률에 해설을 단 책이야.

▲ 강진 정약용 유적

다산 정약용이 유배되어 11년간 머물면서 책을 쓴 곳이야. 원래 건물은 무너져 1958년에 다시 지었어. 작고 소박한 집에 '다산초당'이라는 현판이 걸려 있어. 초당 뒤에는 다산이 직접 '丁石' 글자를 새긴 바위도 있지.

상공업을 발전시켜야 한다고 주장한 실학자도 있었어. 이들 중에는 청나라에 다녀온 사람이 많았는데, **박지원**과 **박제가**가 대표적이야.

"청나라의 발달된 기술을 배워야 합니다!"

조선의 북쪽에 있는 청나라의 학문을 배우자고 주장했기 때문에 이들을 **북학파**라고 해.

박지원은 청나라를 다녀와서 쓴 기행문인 『열하일기』를 지어서 청나라의 발전된 문물을 조선에 소개하고, 조선도 청나라처럼 **수레와 선박**을 적극적으로 사용해 나라에 물자가 활발하게 돌 수 있도록 해야 한다고 주장했어.

박제가는 조선이 청나라에서 받아들여야 할 내용을 모은 『북학의』를 펴냈어. 박제가는 특히 재물을 우물에 비유해 설명했지. 우물은 안 쓰면 말라 버리고, 쓰면 쓸수록 차오르거든. 재물도 마찬가지라는 거야. 사람들이 **물건을 쓰면 쓸수록 더 좋은 물건이 세상에 많이 나오고**, 이렇게 상공업이 발달하면 나라 경제도 성장한다고 본 거지. 절약과 검소함을 미덕으로 생각하던 조선에서는 좀처럼 보기 힘든 주장이야. 박제가는 또 다른 나라와의 무역도 활발하게 해야 한다고 주장했어.

 더 알려 줄게!

『열하일기』
박지원이 청나라 황제의 생일을 축하하는 사신으로 참여해 청나라를 여행하고 쓴 기행문이야. 열하는 청나라 황제의 피서지라고 해. 여기에는 청나라의 문물 및 제도 등이 자세하게 적혀 있어.

우리 고유의 것을 연구한 실학자도 있었어. 이들은 조선의 학자들이 조선의 것을 무시하고 중국의 역사와 문화만을 공부하는 현실을 꼬집었지.

"우리말, 우리 역사, 우리 땅과 문화를 제대로 알아야 합니다!"

유득공은 조선과 중국, 일본의 여러 책을 종합해 발해의 역사와 문화를 기록한 『발해고』를 펴냈어. 이 책은 발해를 우리의 역사로 인식하고 연구한 최초의 역사책이야. 유득공은 이 책에서 발해가 고구려를 계승한 나라임을 밝히고 있어.

▲ 『규합총서』

1809년 빙허각 이씨가 지은 책이야. 장 담그기, 술 빚기 등 요리법부터 옷 만들기, 수놓기, 말·소·닭 기르는 법, 아기 키우는 요령, 구급방까지 의식주 생활에 필요한 지혜를 모았어. 여기에 자신이 직접 해보고 느낀 점까지 기록해 두었지. 책을 보는 사람들도 쉽게 따라할 수 있게 한 거야.

유희는 한글을 연구해 『언문지』를 지었어. 한글의 우수성을 밝히고, 잘못된 한자음을 한글로 올바르게 표기하려고 했지. **정약전**은 16년간 흑산도에서 유배 생활을 하면서 그 주변 바다에 사는 다양한 생물의 모양과 특성을 자세하게 기록한 『자산어보』를 지었어.

 더 알려 줄게!

『자산어보』

정약용의 형인 정약전이 흑산도에서 그곳의 수산물을 정리한 책이야. 정약전은 과학적인 방법으로 수산물의 종류와 특성을 정리했어.

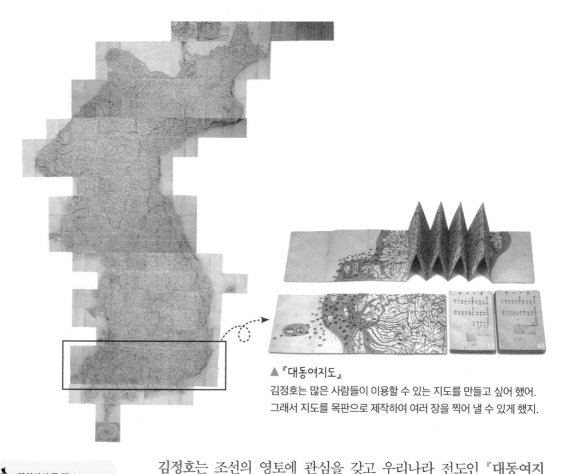

▲ 『대동여지도』
김정호는 많은 사람들이 이용할 수 있는 지도를 만들고 싶어 했어.
그래서 지도를 목판으로 제작하여 여러 장을 찍어 낼 수 있게 했지.

 장하다의 꿀 정보

농업이 유용!
상공업은 박박!
우리 것은 공정!

실학자가 많이 나와 헷갈리지? 난 이렇게 외웠어!
농업-이익, 유형원, 정약용
상공업-박지원, 박제가
우리 것-유득공, 김정호

농업이 유용!
상공업 박박!
우리 것 공정!

김정호는 조선의 영토에 관심을 갖고 우리나라 전도인 『대동여지도』를 제작했어. 『대동여지도』는 총 22권의 책으로 되어 있는데, 펼쳐 이으면 가로 약 3m, 세로 약 7m의 커다란 전도가 되었지. 『대동여지도』에는 조선의 산맥과 강줄기, 길 등을 표시한 것은 물론 봉화·역참·산성 등 주요한 국가 시설을 기호로 표시해 두었고, 내용도 매우 정확해서 오늘날의 지도와 비교해도 큰 차이가 없을 정도야.

용선생의 포인트
조선 후기에 실학의 등장으로 농업을 중시한 실학자, 상공업을 중시한 실학자, 우리 고유의 것을 연구한 실학자들이 생겨남.

왕수재의 **역사 노트**

1. 영조와 정조의 개혁 정치

영조	정조

• 탕평책을 펼침.
  균포 2필→1필!
• 균역법을 실시함.
• 가혹한 형벌을 금지시킴.
• 청계천 준천 공사를 함.
	• 규장각을 통해 인재를 길러 냄.
	• 초계문신 제도를 운영함.
	• 수원 화성을 지음.
	• 금난전권을 없앰. → 상업이 발달함.
	  난전을 금하는 권리!

2. 서민 문화의 발달

① 조선 후기에 일반 백성들의 문화인 서민 문화가 발달함.

② 『홍길동전』, 『춘향전』, 『심청전』 등 한글 소설이 유행함.
전기수도 기억해!

③ 봉산 탈춤, 하회 탈춤 등 탈놀이가 유행함.

④ 「춘향가」, 「심청가」, 「수궁가」, 「적벽가」, 「흥보가」 등

판소리가 유행함.

실학자들과
실학자의 주장을
꼭 알아 둬!

3. 실학의 등장

실생활의 문제를 해결하기위한 학문인 실학이 등장함.

농업 중시 학자	• 유형원: 국가가 모든 토지를 갖고, 신분에 따라 차이를 두어 토지를 나누자고 함. • 이익: 영업전을 나누어 준 뒤, 영업전은 사고팔지 못하게 함. • 정약용: 토지를 공동으로 갖고, 생산물을 일한 만큼 나눠 갖자고 함.
상공업 중시 학자 (북학파)	• 박지원: 『열하일기』에서 수레와 선박을 사용하자고 함. • 박제가: 『북학의』에서 상공업을 발전시켜야 한다고 주장함.
우리 고유의 것을 연구한 학자	• 유득공: 『발해고』에서 발해가 우리의 역사임을 밝힘. • 김정호: 우리나라 전도인 『대동여지도』 제작.

01 2019 대학수학능력시험

밑줄 그은 '국왕'의 정책으로 알맞은 것은 무엇일까?

이것은 1742년에 세워진 탕평비의 내용이에요. 이 비석을 세운 국왕은 탕평책에 동의하는 인물들을 등용해 나라를 다스렸어요.

① 균역법을 실시했어요.

② 정동행성을 폐지했어요.

③ 중립 외교를 실시했어요.

④ 처음으로 과거제를 실시했어요.

02 한국사능력검정시험 32회 초급

밑줄 그은 '이 왕'의 업적으로 알맞은 것은 무엇일까?

'탕평'의 의지, 도장에 담다

이 왕은 규장각을 통해 학문 연구를 장려했다. 독서를 좋아했고, 자신의 책에 개인 도장을 찍는 것을 즐겼다. 그중에는 탕평의 뜻을 새긴 도장도 있었는데, 할아버지 영조를 이어 탕평책을 추진하려는 의지를 담은 것이다.

① 북벌 추진　　　② 수원 화성 건설

③『경국대전』완성　　④ 충주 고구려비 건립

03

밑줄 그은 ㉠~㉣ 중 알맞지 않은 것은 무엇일까?

영조는 ㉠ 청계천의 바닥을 깊이 파는 준천 공사를 벌였어요. 또 ㉡ 잔혹한 형벌도 없애 주었지요. 영조를 이어 왕이 된 정조는 ㉢ 초계문신 제도를 운영해 신하들이 학문 연구에 전념할 수 있게 했고, ㉣ 시전 상인에게 특혜를 주는 금난전권을 만들었어요.

① ㉠　　　② ㉡　　　③ ㉢　　　④ ㉣

04 한국사능력검정시험 36회 초급

(가)에 들어갈 내용으로 가장 알맞은 것은 무엇일까?

학습 주제:　　　　(가)

풍속화

한글 소설

① 성리학의 도입　　② 과학 기술의 발전

③ 서민 문화의 발달　　④ 서양 문물의 수용

05

다음 인물이 저술한 책에 대한 설명으로 알맞은 것은 무엇일까?

나는 유득공이야. 우리 고유의 것을 연구한 뒤 책을 썼어.

① 한글을 연구해 책을 썼어요.

② 발해가 고구려를 계승한 나라임을 밝혔어요.

③ 고을의 수령이 지켜야할 지침을 책에 썼어요.

④ 흑산도 주변의 수산물을 정리했어요.

06   2020 대학수학능력시험

다음과 같은 주장을 한 사람에 대한 설명으로 알맞은 것은 무엇일까?

> • 비유하자면, 재물은 우물과 같다. 퍼 쓸수록 가득차게 되고, 이용하지 않으면 말라 버린다. 비단옷을 입지 않으면 나라 안에 비단을 짜는 사람이 없게 된다.
>
> • 수레 백 대에 싣는 것이 한 척의 배에 미치지 못하고, 뭍으로 천 리를 가는 것이 배로 만 리를 가는 것 보다 어렵다. 그러므로 통상을 하는 자는 반드시 물길을 중요하게 여긴다.
>
> -『북학의』-

①『삼국유사』를 저술했어요.

②『대동여지도』를 제작했어요.

③ 일본군의 침입에 맞서 의병을 일으켰어요.

④ 청의 발달된 기술을 수용하자고 주장했어요.

07

다음 설명하는 지도로 알맞은 것은?

> 김정호가 만든 이 지도는 목판으로 제작되었어요. 전체를 22첩으로 묶고 이를 책처럼 만들었어요. 이렇게 만든 22첩을 순서에 맞게 연결하면 하나의 전국 지도가 완성되어요.

① 대동여지도

② 동국대지도

③ 곤여만국전도

④ 혼일강리역대국도지도

08   서술형 문제

조선 후기 농업을 중시한 실학자들은 백성들에게 토지를 나눠 주어 백성들의 생활을 안정시켜야 한다고 생각했어. 대표적인 실학자 두 명과 각 인물들의 주장을 간단하게 써 보자. [3점]

_____

_____

_____

화서문 화성의 서쪽 문이야. 반달 모양의 옹성이 감싸고 있어. 보물.

서장대 화성의 군사들을 지휘하던 곳이야. 서장대의 현판 글씨는 정조가 썼대.

수원 화성행궁 정조가 화성에 행차하면 잠시 머물던 궁이야. 사적.

화서문

서장대

수원 화성행궁

팔달문

●교과 연계 초등 사회 교과서(5-2) 91쪽 탐구 활동

주요 건축물을 직접 찾아가 보면 더욱 기억에 남을 거야!

장안문

화홍문

동북공심돈

장안문 화성의 북쪽 문이야. 정조가 화성에 들어올 때에는 장안문을 통해 들어왔어.

화홍문 화성의 북쪽 수문으로 7개의 무지개 모양의 수문이 설치돼 있어.

동북공심돈 성곽 주위의 망을 보기 위해 높이 지은 건물이야. 나선형 계단을 통해 꼭대기까지 오를 수 있어.

팔달문 화성의 남쪽 문이야. 사방팔방 길이 열린다는 뜻을 가졌어. 보물.

3. 세도 정치와 외세의 침입

강화 덕진진
인천 강화도에 위치한 조선 후기의 군사 시설이야.
신미양요 때 미군과의 치열한 전투가 벌어졌던 곳이기도 하지. 사적.

1811	1862	1863	1866	1871
홍경래의 난	임술 농민 봉기	고종 즉위, 흥선 대원군 집권	병인양요	신미양요

세도 정치, 나라의 질서가 무너지다

1800년, 강력한 개혁을 추진하던 정조가 갑작스럽게 세상을 떠났어. 정조가 죽자 그가 추진하던 개혁 정책들은 힘을 얻지 못하고 물거품이 되고 말았지.

정조에 이어 왕이 된 어린 **순조** 곁에는 장인 **김조순**이 있었어. 순조는 정조만큼 강한 왕권을 가지지 못했고, 김조순의 힘은 걷잡을 수 없이 커져갔지. 결국 나랏일은 김조순과 몇몇이 좌지우지할 정도가 돼버렸어. 김조순과 그의 집안인 안동 김씨는 조정의 높은 관직을 차지하고선 자기의 이익을 위해 나라를 운영했어. 이렇게 특정 집안이 권력을 차지해 나라를 다스리는 것을 **세도 정치**라고 해. **안동 김씨**와 **풍양 조씨**의 세도 정치는 순조에 이어 **헌종**과 **철종** 대까지 60여 년간 이어졌어.

세도 정치 시기에 왕은 힘없는 존재였어. 신하들은 왕이 아닌 세도가의 눈치를 살폈지. 그들을 비판했다가는 죽거나 유배를 가서 중앙 정치에서 영영 밀려날 수도 있었거든.

양반들은 세도가에게 잘 보여 출세하려고 했어. 이들에게 뇌물을 퍼주고 과거 시험에서 좋은 점수를 받는가 하면, 수령 자리를 돈으로 사는 이들도 있었지. 그야말로 나라의 질서가 엉망이 된 거야. 그 피해는 고스란히 백성들에게 돌아갔지.

전하, 저만 믿으시옵소서!

세도가

> **영심이는 궁금해!**
>
> **철종의 별명이 강화도령이라면서요?**
>
> 철종의 할아버지였던 은언군은 역모 사건에 휘말려 강화도로 유배되었고, 그 후 은언군의 자손들은 왕족의 대우를 받지 못한 채 강화도에서 농사를 지으며 살고 있었어. 그런데 헌종이 죽자 가장 가까운 친척이던 철종이 덜컥 왕이 되어 버린 거야. 철종은 왕이 되기 위한 교육을 제대로 받지 못한 상태에서 세도가에게 휘둘릴 수밖에 없었지.

"세도가에게 뇌물을 바쳤으니, 최소한 본전은 뽑아야지!"

돈으로 관직을 산 관리들은 백성들에게 자신이 바친 뇌물보다 더 많은 것을 거둬 갔어. 관리들은 각종 명목으로 세금을 거두면서 백성들을 수탈했지.

19세기 농민들은 **전세**와 **군포**, **환곡**을 세금으로 내고 있었어. 전세는 토지에서 나는 곡식에 대한 세금이야. 군포는 군역 대신 옷감을 내는 걸 말하고, 환곡은 봄에 빌린 곡식을 가을에 갚는 걸 말해. 이들 세금을 합쳐 **삼정**이라고 불렀지. 돈 주고 관직을 산 관리들과 기강이 해이해진 **향리**들은 세금을 제 맘대로 거두어 갔어.

전세는 땅을 가진 사람들이 내는 것이 원칙이었기 때문에 땅을 빌려 농사짓는 소작인들은 내지 않아야 했어. 하지만 대동법이 시행되면서 땅을 가진 사람들의 부담이 커지자 지주들은 소작인에게 자신들이 내야 할 세금을 떠넘겼어. 소작인들은 억울했지만 세금 내기를 거부하면 땅을 빌리는 것도 어려워질 수 있으니 **울며 겨자 먹기** 식으로 어쩔 수 없

 곽두기 사전

향리 지방의 행정을 담당했던 하급 관리를 말해.

 곽두기 사전

울며 겨자 먹기 싫은 일을 억지로 마지못해 하는 것을 비유하는 말이야.

이 전세를 냈지. 게다가 관리와 향리가 여러 항목의 세금까지 전세에 붙여 농민들의 부담은 더 커졌어.

군포는 상황이 더욱 심각했어. 1년에 성인 남자 1명 당 1필을 내는 게 원칙이었지만, 실제로는 마을 단위로 액수가 정해져 있었어. 그래서 군포를 내야 할 사람이 도망가 버리면 마을의 다른 사람들이 그 몫까지 내야 했지.

관리들은 **이웃이나 친척의 몫**을 내게 하기도 했어. **갓난아기의 몫이나 이미 세상을 떠난 사람의 몫**까지 내게 하는 경우까지 있었지.

환곡은 원래 가난한 백성을 위한 제도로 세금이 아니었는데 세금처럼 바뀐 거야. 19세기의 환곡은 관청에서 겨와 모래가 섞여 못 먹을 정도의 쌀을 백성에게 **강제로 떠넘기고는 가을에 비싼 이자**를 붙여 거둬 갔지. 물론 거둬 갈 때는 온전한 쌀로 가져가고 말이야. 이 과정에서 빌린 곡식의 양을 몇 배로 부풀리기도 하고, 심지어는 아무것도 빌린 게 없는데도 장부에 빌린 것으로 기록해서 억지로 거둬 가기도 했어.

전세에다 조금 더 보태 물세, 운반세, 보관세, 농기구세까지 총 43개 잡세를 얼른 내시게!

이 많은 세금을 내고 나면 먹고 살 게 없어요!

전세

자네 아들과 아버지, 그리고 도망간 옆집 몫까지 군포를 내라!

네? 아들은 아직 갓난아이고, 아버진 지난해 돌아가셨는데…!

군포

용선생의 포인트
세도 정치로 세금 제도가 문란해지면서 백성들이 어려움을 겪음.

고마워 말게. 가을에 추수하고 나면 새 쌀에 이자까지 쳐서 갚으시게!

고맙긴요. 쌀에 모래가 반인데…!

환곡

새로운 세상을 열어 주소서

백성들을 힘들게 한 건 세금뿐만이 아니었어. 나라 밖에서는 서양 세력이 접근해 왔거든. 19세기 들어 조선의 바다에 영국과 프랑스, 미국 등 서양 선박들이 자주 나타났어. 조선 사람들은 이들 배 모양이 조선의 배와 다르게 생겼다고 **이양선**이라고 불렀어.

"설마 저 배가 우리를 공격하는 건 아니겠지?"

세금 부담에 지친 백성들은 이양선 때문에 더욱 혼란스러웠어. 사람들은 현재의 괴로운 세상이 끝나고 새로운 세상이 오기를 마음속 깊이 빌었지.

"소문 들었나? 계룡산에서 정 도령이 내려와 새 나라를 세울 거래!"

사회가 혼란스러워지자 사람들 사이에서는 **예언 사상**이 유행했어. 이씨 왕조가 망하고 정씨 왕조가 들어선다는 소문부터 미륵불이 나타나 세상을 구원할 거란 이야기도 있었지. 사람들 마음속에 새 세상을 기대하는 마음이 컸기 때문일 거야.

 더 알려 줄게!

19세기 예언 사상

19세기에는 다양한 예언 사상이 등장했어. 『정감록』은 정씨 성을 가진 사람이 조선 왕조를 무너뜨리고 새로운 세상을 열 것이라는 내용을 담고 있었지. 미래의 부처인 미륵이 내려와 백성을 구원한다는 미륵 사상이 유행하기도 했지. 당시 전국 곳곳에서 자신이 미륵이라고 자처하는 사람들이 등장했고, 누워 있던 불상이 일어날 것이라는 얘기가 퍼지기도 했어.

새로운 종교도 나타났어. 바로 천주교와 동학이야. **천주교**는 중국에 다녀온 사신들에 의해 서양의 학문으로서 조선에 소개되었어. 사람들은 천주교를 서양에서 들어왔다고 **서학**이라고 불렀지. 천주교는 하느님 앞에서 모두가 평등하고, 하느님만 믿으면 행복해질 수 있다고 하면서 사람들을 위로했어. 그러자 학문을 넘어서 차츰 신앙으로 받아들이기 시작했고, 특히 조선 사회에서 차별받던 **일반 백성들과 여성들** 사이에서 널리 퍼져 나갔지.

이때 **동학**도 새롭게 나타나 사람들 사이에서 유행했어. 동학은 서학에 반대하며 나타난 종교야. **최제우**가 유교와 불교, 도교에다 전통적인 민간 신앙까지 합쳐 만든 종교였지. 동학에서는 누구나 몸 안에 한울님을 모시고 있으니 모든 사람이 존중받아야 한다고 했어. 그래서 양반과 상민, 부자와 가난한 자, 어른과 아이도 차별해서는 안 된다고 했지.

하지만 나라에서는 천주교와 동학 모두를 금지했어. 이들이 유교 사회의 질서를 무너뜨리는 위험한 종교라는 거야. 신자들을 잡아다가 처형시키기도 했지. 하지만 천주교와 동학은 고달픈 백성들을 위로하며 빠르게 퍼져 나갔어.

더 알려 줄게!

우리나라 최초의 신부, 김대건

김대건은 순교자 집안에서 태어났어. 증조부와 아버지 모두 신앙을 지키다 목숨을 잃었거든. 그는 프랑스 신부의 도움으로 마카오 건너가 신학을 공부하고 조선에 들어와 천주교를 알리다 관군에 붙잡혀 사형을 당했어.

하느님 앞에서는 모두가 평등하니 부인도 나와 같소.

그러면 평등하게 빨래부터 나눠서 합시다.

용선생의 포인트
사회가 혼란해지자 예언 사상이 유행하고, 새로운 종교인 서학과 동학이 널리 퍼짐.

들불처럼 일어나는 농민 봉기

세도 정치 아래에서 신음하던 백성들은 더 이상 참지 않고 들고일어나 적극적으로 저항하기 시작했어. 지배층은 백성들의 저항을 '민란'이라고 불렀는데, 19세기는 백성들의 봉기가 끊이질 않아서 '민란의 시대'라고도 부르지. 그 시작을 알린 건 1811년 '**홍경래의 난**'이었어.

☆ 시험에 꼭 나와!

평안도는 예로부터 지역 차별을 겪어 왔지. 평안도 출신으로 높은 관직에 오른 이가 없고, 평안도 출신과는 친구도 하지 말라는 얘기까지 나돌았어. 그런데 평안도는 청나라와 국경이 맞닿아 청나라와 무역으로 부를 쌓은 사람이 많았거든. 또 지하자원도 풍부해 곳곳에 광산도 개발되었지. 이렇게 평안도에서 상공업이 크게 발달하자 탐관오리들이 군침을 흘리며 백성들을 쥐어짰어. 지역 차별에다 탐관오리의 수탈까지 더하니 이 지역 사람들의 불만은 더욱 심해졌지.

평안도 출신의 **홍경래**는 10년을 준비한 끝에 봉기를 일으켰어.

"지역 차별을 없애고 우릴 괴롭히는 관리들을 쓸어버리자!"

홍경래의 뜻에 많은 사람들이 힘을 모았어. **상인**과 **농민**은 물론 **수공업자**, **광산 노동자**들까지 홍경래와 함께 일어났지. 초반에 기세를 올리고 여러 고을을 점령했던 홍경래군은 중앙에서 파견된 관군에 패해 정주성으로 후퇴했어. 그리고 이 정주성에서 100일을 넘게 버텼지. 하지만 결국 관군이 화약으로 정주성의 성벽을 무너뜨리면서 홍경래군은 패하고 말았어. 관군은 여자와 아이를 제외하고 2천 명에 가까운 사람들을 처형했어.

이대로는 도저히 못 살겠다!

홍경래의 봉기는 실패하고 홍경래도 목숨을 잃었지만, 백성들 사이에서는 진짜 홍경래가 살아 있다는 소문이 나돌았어. 새로운 세상을 바라는 백성들의 가슴속에 홍경래라는 이름은 한 줄기 희망이었던 거야.

그 뒤로도 탐관오리의 횡포는 멈추질 않았고 백성들의 저항도 계속되었어. 1862년에는 **진주** 지역에서 농민 봉기가 일어났지. **백낙신**이라는 탐관오리가 세금을 다 써 버리고 나라에 바칠 세금을 다시 백성들에게 물린 거야.

"우리도 참을 만큼 참았소!"

화가 난 백성들은 관아의 창고를 공격하고 자신들을 괴롭히던 부자들의 집도 불태웠어. 봉기는 주변 지역으로 걷잡을 수 없이 퍼져 나갔지. 북으로는 함흥, 남으로는 제주도에 이르기까지 전국이 농민 봉기에 휩싸였어. 1862년 한 해 동안 70여 곳에서 농민 봉기가 일어났는데 이를 **임술 농민 봉기**라고 해.

조선 말 일어난 봉기

홍경래의 난 (1811년)

백두산

두만강

압록강

용천 곽산 박천 송림 정주

함흥

황주

한성

광주 청안

회덕 상주

공주 선산

은진 고산 개령

익산 전주 거창 안동

부안 함양 울산

단성 밀양

함평 순천 진주 창원

장흥 남해

제주

화가 난 농민들이 함흥부터 제주까지 들고일어났어!

진주 농민 봉기 (1862년)

● 홍경래의 난이 일어난 지역
● 농민 봉기가 일어난 지역

나리, 이번에는 세금을 너무 많이 걷었나 봅니다!

용선생의 포인트

탐관오리의 수탈로 전국에서 농민 봉기가 일어남.

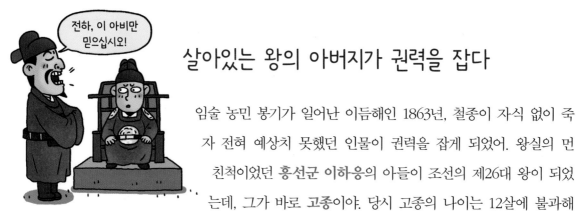

전하, 이 아비만 믿으십시오!

살아있는 왕의 아버지가 권력을 잡다

임술 농민 봉기가 일어난 이듬해인 1863년, 철종이 자식 없이 죽자 전혀 예상치 못했던 인물이 권력을 잡게 되었어. 왕실의 먼 친척이었던 **흥선군 이하응**의 아들이 조선의 제26대 왕이 되었는데, 그가 바로 **고종**이야. 당시 고종의 나이는 12살에 불과해 자연스럽게 이하응은 **흥선 대원군**이 되어 정치적 실권을 거머쥐었어. 대원군은 자신은 왕이 아니면서 자식이 왕위에 오른 사람을 말해. 조선에는 4명의 대원군이 있었는데, 살아서 대원군이 된 사람은 흥선 대원군이 유일하지.

흥선 대원군은 무너진 왕실의 권위를 세우기 위해 두 팔을 걷어붙였어. 그는 먼저 세도 가문과 그를 따랐던 대신들을 관직에서 몰아냈어. 세도가들이 권력을 휘두르는 데 이용한 **비변사라는 기구도 해체**했지. 그리고 쫓아낸 이들을 대신해 나랏일을 할 관리들을 새로 뽑았어. 붕당에 상관없이, 심지어는 무관에게 문관 벼슬을 내리기도 했어. 왕실 사람들도 많이 고용해 강력한 왕권을 뒷받침할 세력으로 키워 나갔지.

서원도 대대적으로 정리했어. 나라에서는 서원이 유학을 발전시키고 교육을 담당한다는 이유로 세금을 면제해주고 있었지. 덕분에 전국에 2,000여 개가 넘는 서원이 우후죽순처럼 생겨났어. 그런데 서원은 제사를 핑계로 백성에게 재물을 빼앗거나 노동력을 강제로 동원하기도 했지. 흥선 대원군은 양반들의 거센 반대를 무릅쓰고 47개만 남기고 서원들을 헐어 버렸어. 유생들에게는 커다란 반발을 샀지만 반대로 백성들에게는 큰 호응을 얻었지.

영심이는 궁금해!

흥선 대원군은 왜 왕이 되지 않았나요?

당시 왕실의 가장 어른은 헌종의 어머니인 신정 왕후였어. 그런데 흥선 대원군이 왕이 되면 신정 왕후가 왕실 어른 자리에서 밀려나게 되었지. 그래서 흥선 대원군은 신정 왕후에게 자신의 아들을 왕으로 임명하고 대신 신정 왕후가 수렴청정할 것을 건의했던 거야. 게다가 흥선 대원군은 철종과 6촌 형제 사이였어. 철종의 형제보다 그 아래 조카뻘에게 왕위를 물려주는 게 다른 사람들이 보기에도 자연스러웠기 때문에 고종이 왕이 되었던 거야.

영심이는 궁금해!

비변사는 무엇을 하던 기구였나요?

비변사는 국방과 관련된 회의 기구였는데, 임진왜란을 거치면서 권한이 급격하게 커졌어. 국방뿐만 아니라 외교, 산업 등 거의 모든 일을 여기서 논의했지. 흥선 대원군은 이러한 비변사를 없애고 왕권을 강화하려고 한 거야.

백성들의 가장 큰 걱정거리였던 세금 제도에도 개혁의 칼을 들이 댔어. 환곡의 부담을 없애기 위해 고을마다 백성들이 스스로 운영하는 **사창제**를 실시했지. 사창제는 일반 백성들이 곡식을 저장해 두고 재난을 당하거나 가난한 백성에게 곡식을 대여해 주는 걸 말해. 관청의 간섭으로 변질된 **진휼** 제도를 회복하려한 거야.

또 양반에게도 군포를 거두는 **호포제**를 실시했어. 호포제는 신분에 상관없이 집집마다 군포를 거두는 제도야. 그동안 양반의 특권으로 군포를 면제해 줬는데, 흥선 대원군이 없애 버린 거지. 부당하게 군포 부담을 져야 했던 백성들이 부담을 덜 수 있게 되었어. 양반들은 커다란 특권 하나가 사라지게 된 셈이었지.

서원을 없애고 세금 제도를 개혁한 일에는 백성들이 지지를 보냈지만, 백성들의 등을 돌리게 만든 일도 있었어. 왕실의 권위를 세우기 위해 임진왜란 때 불타 터만 남아 있던 **경복궁**을 새로 짓기로 한 일이었지.

"경복궁을 바로 세워 왕실의 권위를 되찾을 것이다!"

곽두기 사전

진휼 흉년을 당하여 가난한 백성을 도와주는 거야.

장하다의 꿀 정보

비서가 사포를 문질렀다.

흥선 대원군의 개혁 정책을 이렇게 정리해 봐!

비변사를 해체하고 서원을 정리하며, 사창제와 호포법을 실시했다.

하지만 궁궐을 새로 지으려면 많은 비용과 노동력이 필요했어. 흥선 대원군은 부족한 비용을 마련하기 위해 여러 방법을 동원했지. 이전에는 없던 통행세를 물리고, 여유 있는 백성들에게는 기부금을 거두어 갔어. 또 새로운 화폐인 **당백전**도 발행했는데, 상평통보의 100배의 금액으로 계산한 화폐였어. 지금으로 치면 갑자기 500만원짜리 화폐를 발행한 셈이지. 하지만 물가가 급격하게 올라 백성들만 힘들어졌어. 게다가 농사철에도 수많은 백성을 강제로 공사에 동원해서 백성들의 불만을 사게 되었지.

 용선생의 포인트
권력을 잡은 흥선 대원군이 개혁 정책을 실시하고, 경복궁을 다시 지음.

서양 세력이 강화도를 공격하다

19세기 미국과 영국, 프랑스 등 서양의 여러 나라는 동아시아의 나라에 쳐들어가 자기들과 무역을 하자고 압박했어. 청나라와 일본은 19세기 중반 서양 여러 나라의 공격으로 이미 나라의 문을 열었지.

조선에도 서양 나라의 침략이 이어졌어. **프랑스**는 프랑스 신부가 천주교 박해로 사망했다는 구실로 강화도에 쳐들어왔어. 이 사건을 병인년(1866년)에 서양인들이 난리를 일으켰다 하여 **병인양요**라고 해.

"적들이 한양으로 들어오는 관문인 강화도를 공격했다!"

프랑스 군대는 거세게 강화도를 공격했지만, 조선도 강경하게 대응했어. 육로로 올라오는 프랑스 군대를 **한성근** 장군이 **문수산성**에서 저지하고, **양헌수** 장군은 **정족산성**에서 물리쳐 승리를 거뒀지. 프랑스 군대는 강화도에서 후퇴하면서 왕실의 부속 도서관인 **외규장각의 서적**과 문화재를 마구 빼앗아 갔어.

더 알려 줄게!

조선의 천주교 박해

천주교는 조선에 전파된 뒤 크고 작은 박해를 받았어. 박해는 못살게 괴롭히는 걸 말해. 1801년 대규모의 천주교 박해가 있었고, 그 뒤로 1839년, 1846년에도 박해가 있었어. 흥선 대원군은 처음에는 천주교에 대해 우호적인 입장이었지만, 영국과 프랑스 연합군이 북경을 점령하고 저지른 만행에 대해 알게 되자 천주교를 박해하기 시작했어. 1866년에는 9명의 프랑스 신부들과 조선인 신도들을 처형했지. 프랑스는 이 사건을 빌미로 병인양요를 일으켰어.

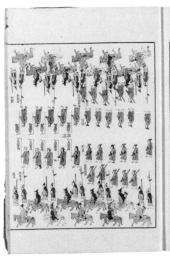

▲ 『가례도감 의궤』

영조와 정순 왕후의 혼례식을 기록한 『영조정순왕후가례도감 의궤』야. 『의궤』는 국가의 주요 행사를 글과 그림으로 자세히 기록한 책이야. 덕분에 당시의 상황을 생생하게 파악할 수 있지. 1866년 프랑스군은 강화도에 침략해 외규장각에 있던 『의궤』를 약탈해 갔어. 외규장각 『의궤』는 프랑스 국립 도서관에서 사서로 일하고 있던 박병선 박사에 의해 발견되었어. 프랑스 정부와 협상 끝에 2011년 외규장각 『의궤』는 다시 빌려 오는 형식으로 고국으로 돌아왔어. 무려 145년 만에 말이야.

▲ 수자기

전투의 지휘관을 뜻하는 장수 수
(帥)자가 쓰인 깃발이야. 이 수자기
는 신미양요 때 어재연 장군이 쓴
깃발인데, 미국이 빼앗아 갔다가
2007년에 우리나라로 돌아왔어.

 더 알려 줄게!

남연군묘 도굴 사건

병인양요가 일어나고 얼마
되지 않아 독일인 상인 오
페르트가 흥선 대원군의 아
버지인 남연군의 무덤을 파
헤치고 도굴하려는 사건이
발생했어. 조선에 통상을
요구했다가 거절당하자 보
복한 거야. 이후 흥선 대원
군은 서양 세력을 더욱 배
척하게 되었어.

같은 해에 미국 국적의 상선인 **제너럴셔먼호**가 평양까지 와서 통상을 요구한 사건도 있었지. 조선이 그들의 요구를 거부하자 배에서 포를 쏘며 평양 사람들을 공격했어. 평안도 관찰사였던 **박규수**는 군사들과 백성들을 이끌고 제너럴셔먼호를 대동강에서 불태워 버렸지. 몇 년 후 제너럴셔먼호 사건을 핑계로 이번에는 **미국**이 쳐들어왔어. 신미년(1871년)에 일어난 이 사건을 **신미양요**라고 해. 강화도의 **광성보**에서는 **어재연** 장군과 병사들이 목숨을 걸고 싸웠어. 미군은 전투에서 승리했지만, 싸움을 이어갈 자원이 부족하고 전염병이 돌아 강화도에서 곧 철수했지.

두 번의 전쟁 이후 흥선 대원군은 전국에 척화비를 세워 서양과는 ✔서술형 단골 문제야! 결코 교류하지 않겠다는 **통상 수교 거부 정책**을 백성들에게 알렸어.

용선생의 포인트
조선이 프랑스와 미국의 침입을 강화도에서 막아 냄.

척화비 ▶

흥선 대원군은 전국 곳곳에 척화비를 세웠어. 척화비에는 "외세가 침범했는데 싸우지 않는 것은 곧 나라를 팔아먹는 것이다"라고 새겨져 있지.

서양인과 친하게 지내면 재미없을 줄 알아!

왕수재의 **역사 노트**

1. 세도 정치와 사회의 혼란

① 안동 김씨, 풍양 조씨 등 몇몇 집안이 나라의 권력을 차지함(세도 정치).

② <u>삼정의 문란</u>으로 백성이 고통을 겪음. ⌐ 전세, 군포, 환곡

③ 예언 사상이나 <u>서학</u>, <u>동학</u> 등 새로운 종교와 사상이 유행함.

④ 평안도에서 <u>홍경래의 난</u>, 진주에서 <u>임술 농민 봉기</u> 등이 일어남.

2. 흥선 대원군의 집권

> 조선에 서양 세력이 침입한 순서를 묻는 문제는 자주 출제돼!

① 고종의 아버지인 <u>흥선 대원군</u>이 권력을 잡음.

② 세도 가문을 몰아내고 <u>비변사</u>를 해체함.

③ 붕당의 정치 근거지인 <u>서원</u>을 정리함.

④ <u>사창제</u>와 <u>호포제</u>를 실시해 삼정을 개혁함. ⌐ 양반에게 군포 거둠.
  ⌐ 백성이 운영하는 진휼 제도!

⑤ <u>경복궁</u>을 다시 지음. → <u>당백전</u> 화폐 발행과 공사 강제 동원으로 불만이 커짐.

3. 서양 세력의 침입

병인양요 (1866년)	• <u>프랑스</u>가 천주교 박해를 구실로 강화도에 쳐들어옴. • <u>한성근</u>이 문수산성에서, <u>양헌수</u>가 정족산성에서 프랑스군을 물리침.

⇩

신미양요 (1871년)	• <u>미국</u>이 <u>제너럴셔먼호 사건</u>(1866년)을 빌미로 강화도에 쳐들어옴. • <u>어재연</u>의 활약으로 미군이 철수함.

⇩

척화비 건립	• 흥선 대원군이 전국에 <u>척화비</u>를 세워 서양과 교류하지 않겠다고 함. 통상 수교 거부 정책 강화.

나선애의 **실력 다지기**

01 중학교 학업 성취도

㉠에 들어갈 내용으로 가장 알맞은 것은 무엇일까?

수행 평가 보고서

○○조

◎ 주제: [㉠] 의 등장

• 소수의 집안이 나라의 권력을 차지함.
• 순조에서 철종 대까지 60여 년간 이어짐.
• 관직을 사고파는 일이 많아짐.

---

① 권문세족   ② 무신 정권
③ 문벌 귀족   ④ 세도 정치

02

㉠~㉢에 들어갈 내용으로 알맞은 것을 각각 써 보자.

19세기 세도 정치로 삼정의 문란이 심각해졌다. 삼정은 토지에서 나는 곡식에 대한 세금인 (㉠)와 군역 대신 옷감을 내는 (㉡), 봄에 빌린 곡식을 가을에 갚는 (㉢)을 합쳐 부르는 말이다.

---

(1) ㉠: _____

(2) ㉡: _____

(3) ㉢: _____

03 한국사능력검정시험 35회 초급

조선 후기에 유행한 사상과 종교에 대한 설명으로 알맞지 <u>않은</u> 것은 무엇일까?

① 의상의 화엄 사상이 크게 유행했어요.
② 서학에 반대하는 종교인 동학이 등장했어요.
③ 모두가 평등하다고 주장한 서학이 유행했어요.
④ 미륵불이 나타나 세상을 구원할 것이라는 예언 사상이 유행했어요.

04 한국사능력검정시험 35회 초급

다음 학생이 생각하고 있는 사건으로 알맞은 것은?

조선 후기에 일어난 사건이야.

세도 정치를 비판했어.

평안도 지역에 대한 차별에 반대해서 일어났어.

① 만적의 난   ② 이자겸의 난
③ 홍경래의 난   ④ 망이·망소이의 난

05 한국사능력검정시험 37회 초급

(가)에 들어갈 내용으로 알맞은 것은 무엇일까?

흥선 대원군 이하응 (1820~1898년)

- 시대: 조선
- 업적
  - 경복궁을 다시 지었다.
  - 전국에 척화비를 세웠다.
  - 양반에게 군포를 거두었다.
  - _____(가)_____

---

① 삼별초를 조직했어요.
② 장용영을 설치했어요.
③ 서원을 대폭 정리했어요.
④ 한산도 대첩을 이끌었어요.

06

다음 자료에서 설명하는 사건으로 알맞은 것은 무엇일까?

　프랑스군이 강화도를 침략하자 양헌수 장군은 500여 명의 병사를 거느리고 강화도 남쪽의 정족산성으로 갔다. 양헌수 장군은 정족산성에서 프랑스군을 물리쳤다.

---

① 병인양요　　　　② 병자호란
③ 신미양요　　　　④ 임진왜란

07 한국사능력검정시험 36회 초급

다음 자료에 대한 탐구활동으로 가장 알맞은 것은 무엇일까?

이달의 문화유산
어재연 장군의 '수(帥)'자기

신미양요 때 미군에게 빼앗긴 '수(帥)'자가 쓰인 어재연 장군의 깃발이 2007년 우리나라에 돌아왔다.

---

① 운요호 사건에 대해 살펴보아요.
② 홍경래 난의 영향을 살펴보아요.
③ 제너럴셔먼호 사건의 영향을 살펴보아요.
④ 화성 건설에 대해 살펴보아요.

08　서술형 문제

흥선 대원군은 신미양요 이후 전국에 비석을 세웠어. 흥선 대원군이 세운 비석의 이름을 쓰고, 비석을 세운 목적을 간단하게 써 보자. [3점]

_____

_____

_____

선생님, 이번 두 번째 강화도 답사는 저에게 맡겨 주세요. 열심히 준비했거든요.

그래? 그럼 오늘은 수재만 믿고 갈게. 어디로 가면 될까?

오늘 갈 곳을 지도에 표시해 보았어요. 안전한 운전을 부탁드립니다!

고려궁지 용흥궁

강화도

광성보

이 휑한 곳은 어디지?

이곳은 강화 고려궁지야. 고려가 몽골과 싸울 때 왕이 피란한 궁궐이지.

아무것도 남아 있지 않아서 아쉽다!

여기서 10분만 걸어가면 조선 시대의 왕인 철종이 살았던 용흥궁이 있어.

정말? 얼른 가 보자!

원래는 허름한 집이었는데, 철종이 왕이 된 후 기와집을 세웠대.

왕이 강화도에 살았다니 너무 신기해요!

마지막으로 우리가 볼 곳은 광성보야. 어재연 장군이 미군과 끝까지 맞서 싸운 곳이지.

저기 대포도 보여!

광성보에는 신미양요 당시 미군과 싸우다 죽은 51명의 시신이 묻혀 있어.

나라를 위해 목숨을 바친 분들이야.

구벅

수재가 미리 조사해 와서 우리에게 알려 주니 답사가 정말 재밌다!

형! 앞으로도 계속 부탁해!

쳇!

선생님, 저도 강화도에서 꼭 소개해 주고 싶은 곳이 있는데 거기로 가요!

그래? 가 보자!

이곳은 강화도에서 제일 맛있는 꽃게탕 집이에요. 맛있어서 둘이 먹다 둘 다 죽는다는….

아이고, 하다가 그럼 그렇지!

꽃게탕

후다닥

한국사의 축소판 강화도

강화도는 우리 역사에서 정말 중요한 역할을 했던 섬이야. 강화도는 한강, 예성강, 임진강 등 여러 강들이 황해에서 만나는 지점에 있어. 고려의 수도인 개경이나 조선의 수도인 한양과도 가까웠지. 또 우리나라 섬 중에서 네 번째로 크다고 해. 이런 지리적 특성 때문에 강화도는 옛날부터 중요한 역할을 했어. 마니산에는 단군이 하늘에 제사를 지내기 위해 지었다는 참성단이 있어. 고려 시대에는 몽골에 대항하기 위해 수도를 강화도로 옮기고 성과 궁궐을 지었어. 조선 시대까지도 왕들의 주요 피난처로 쓰였지. 조선 후기에는 통상을 요구하는 외국 배들이 강화도에 자주 나타났어. 프랑스, 미국, 일본 등이 강화도를 공격했지.

4. 근대 국가를 건설하려는 노력

동학 농민군의 백산 봉기 기록화
전라도 고부의 백산에서 모인 1만여 명의 동학 농민군을 그렸어.
동학 농민군은 이후 황토현에서 관군과 맞붙어 첫 승리를 올렸어.

1875	1876	1882	1884	1894
운요호 사건	강화도 조약 체결	임오군란	갑신정변	동학 농민 운동

강화도 조약으로 나라의 문을 열다

무섭게 휘몰아치던 흥선 대원군의 권력도 영원한 것은 아니었어. 아들인 고종이 성인이 되면서 직접 정치를 하겠다고 나섰거든. 유생들이 대원군을 비판하는 상소를 올리자 고종은 자신의 아버지인 흥선 대원군을 정치에서 물러나게 했어. 흥선 대원군이 물러나자 고종의 **왕비 민씨(명성 황후)**의 친척들이 집권 세력으로 떠올랐지.

한편, 흥선 대원군이 물러나자 나라의 문을 열어 서양 세력과 수교를 맺고 새로운 사상과 문물을 받아들이자는 목소리가 높아지기 시작했어. **박규수**는 청나라에 사신으로 다녀왔고, 제너럴셔먼호 사건 등으로 서양 세력을 직접 마주할 기회가 있었지. 그래서 그는 **서양의 새로운 문물과 학문을 도입**해서 나라를 부강하게 만들어야 한다고 주장했어.

하지만 그 반대편에는 여전히 **서양 세력과의 교류를 반대**하고 기존의 유교 질서를 지켜야 한다고 생각하는 이들이 있었어. **최익현**을 비롯한 유생들은 서양 세력의 요구를 받아들여 교역에 나설 경우, 백성들의 삶이 어려워지고 풍속이 문란해져서 나라가 위기에 처할 것이라고 주장했어.

이러한 분위기 속에서 또다시 외세가 접근해 왔는데, 이번에는 서양 국가가 아니라 이웃 나라 **일본**이었어. 일본은 19세기 중반 미국의 압박을 받아 개항했지만, 이후 급격하게 서양 문물을 받아들여서 서양식 무기와 군대를 갖추고 있었지.

박규수(1807~1877)
북학파 실학자인 박지원의 손자로, 국제 정세에 밝았어. 평양의 백성들과 함께 제너럴셔먼호 사건을 경험했지. 개항에 대한 박규수의 주장은 김옥균, 박영효, 김윤식, 유길준 등의 개화파에게 이어졌어.

최익현(1833~1906)
흥선 대원군을 비판하는 상소를 올려 고종이 직접 정치에 나서는 계기를 만든 주인공이야. 강화도 조약을 맺는다는 소식을 듣고 광화문 앞에서 목숨을 걸고 개항에 반대하는 상소를 올렸지. 이후 일본의 침략에 저항하는 의병을 이끌었어.

일본은 1875년 서양식 군함인 운요호를 파견해서 강화도 초지진의 조선군과 전투를 치른 후, 영종도에 상륙해 살육과 약탈을 저질렀어. 그 후 운요호 사건에 대하여 조선의 책임을 물으며 정부에 일방적으로 통상 **조약**을 요구해 왔지.

물론 일본의 강압이 컸지만, 고종과 신하들도 개항해야 한다는 생각을 하고 있었어. 결국 이듬해 조선과 일본은 '**조일 수호 조규**'라는 이름의 조약을 체결했지(1876년). 보통은 **강화도 조약**이라고 불러. 조선은 강화도 조약으로 **부산**과 **인천**, **원산**의 항구를 일본에 열게 되었어. 우리나라가 드디어 외국에 문을 열게 된 사건이었지.

그러나 강화도 조약의 내용을 살펴보면 일본이 조선을 침략하기 위한 뜻이 숨어 있음을 알 수 있어. 우선 '조선은 자주적인 나라로 일본과 평등한 권리가 있다'는 조항은 겉보기에는 조선의 자주성을 인정하는 것처럼 보이지만, 사실은 청나라가 조선과 일본 사이에 끼어드는 것을 막으려는 의도가 깔린 조항이었어.

또 조선의 해안을 일본이 자유롭게 측량할 수 있다는 조항이 들어 있는데, 이것은 조선의 바다를 일본이 언제든 침범해 경제적으로나 군사적으로 중요한 정보를 빼내어 가기 쉽게 하려는 의도였지.

그뿐만 아니라 개항한 항구에서 일본인이 조선인에게 범죄를 저질

곽두기 사전

조약 '조약'이란 문서를 통해 체결되는 국가 간의 합의를 말해.

열무당 ▶
일본은 회담 중인 조선 대표단을 겁주기 위해 열무당에 기관총을 설치하고 무력을 과시했어.

러도 조선의 법으로 심판하는 것이 아니라 일본 관리가 심판하게 하는 '치외법권'의 조항도 있어. 이는 조선에서 일본인들이 아무리 큰 죄를 저질러도 조선의 법으로 그 죄를 물을 수 없도록 한 조항이야. 개항장의 일본인들을 보호하는 동시에 조선인들에 대한 차별과 부당한 절차를 강요하는 조항이었지.

강화도 조약은 조선이 외국과 맺은 최초의 근대적 조약이었어. 그러나 한편으로는 시험에 꼭 나와! 조선을 침략하고자 하는 일본의 의도가 반영된 불평등 조약이기도 했지.

이제 나라의 문을 세계로 열게 된 조선은 급격한 변화에 어떻게 대응해 나갔을까?

용선생의 포인트

조선이 일본과 최초의 근대적 조약인 강화도 조약을 맺고 나라의 문을 열었음.

영심이는 궁금해!

강화도 조약이 조선에 불리한 내용인데도 합의한 까닭은 무엇인가요?

당시 조선은 국제 정세에 어둡고 외국과의 조약 체결에 대한 정보가 부족했어. 그에 반해 일본은 개항을 강요한 미국 등 서양의 여러 나라와 조약을 체결한 경험이 있었지. 일본은 자신들이 당한 대로 조선을 침략하려 했던 거야.

개화 정책을 둘러싼 갈등

조선 정부는 강화도 조약을 맺은 뒤 서양식 근대 문물을 수용하기 위한 개화 정책을 추진했어.

"우리도 새로운 문물을 받아들여 강력한 군대를 기르고 나라를 부강하게 만들어야 한다!"

고종은 서양의 문물을 받아들여 나라를 새롭게 바꾸려는 계획을 세웠지. 이를 당시에 '**개화**'라고 했어. 그리고 개화 정책을 담당하는 기관으로 **통리기무아문**이라는 관청을 설치했어.

조선은 일본 외에 서양의 여러 나라와 외교 관계를 맺는 일을 서둘렀어. 강화도 조약을 맺고 몇 년 뒤 미국, 영국, 독일 등 서양 여러 나라와도 잇따라 외교 관계를 맺었지. 그리고 주변 나라로 사신과 유학생들을 보내 서양의 기술을 배워 오게 했어.

개화 정책을 추진하면서 특별히 신경을 쓴 것은 군대와 관련된 부분이었어. 병인양요와 신미양요, 그리고 일본의 운요호 사건을 겪으면서 서양의 무기와 군사 기술이 뛰어나다는 것을 알게 됐거든. 그래서 서양식 군대인 **별기군**을 새로 만들었어. 별기군에는 일본인 교관을 데려와 근대식 군사 훈련을 시키고, 무기도 일본식 소총을 들여와 사용했어.

군사 부분 외에도 **박문국**에서는 우리나라 최초의 신문인 『한성순보』를 발행했고, **우정총국**에서는 근대적인 우편 제도가 시행되는 등 사회 전체에 걸쳐 개화 정책이 추진되었어.

더 알려 줄게!

외국으로 보낸 사신단

고종은 일본과 중국, 그리고 멀리 미국에도 사신단을 파견했어. 근대 문물을 배워 오길 바란 거야. 일본에 보낸 관리들은 수신사라고 부르고, 청나라에 보낸 관리들은 영선사라고 해. 특히 영선사는 신식 무기 제조 기술을 배워 오는 데 힘썼어. 1882년 미국과 조약을 체결한 이후에는 미국에도 보빙사를 파견했어.

하지만 정부의 개화 정책이 추진되는 동안 반대의 목소리도 커졌어. 최익현을 비롯한 유생들은 개항 전부터 일본이나 서양과의 교류를 반대했는데, 여기에는 경제적인 이유도 있었지. 조선은 농산품을 주로 생산하고 일본이나 서양은 공장에서 만든 물건들을 파는데, 당시 조선의 경쟁력으로는 크게 손해를 입을 것으로 생각했던 거야.

실제로 개항 이후 백성들의 경제생활에 많은 문제가 발생했어. 일본과의 무역으로 쌀을 비롯한 많은 양의 곡식이 나라 밖으로 빠져나갔던 거야. 곡식이 부족해져 곡식 가격이 크게 올랐고, 이 때문에 땅을 가진 지주나 일부 상인들은 이익을 보았지만, 대부분의 농민과 도시 하층민들의 생활은 크게 어려워졌어. 게다가 발달된 서양식 기계 공업으로 생산된 공산품이 유입되면서 수공업 중심인 조선의 산업은 경쟁력을 잃고 대부분 무너졌지. 이 때문에 많은 백성들이 정부가 추진한 **개화 정책에 반감**을 갖게 되었어.

"개화? 말만 번지르르하지. 일본 사람들이 들어오면서 살림살이만 더 어려워졌어!"

특히 조선의 구식 군대에 소속된 군인들의 반감은 컸어. 이들은 신식 군대인 별기군에 비해 차별 대우를 받고 있었지. 정부의 재정이 부족한 데다 관리들의 부정부패까지 더해져 구식 군인들은 급료조차 제대로 받지 못했거든. 그러다가 13개월을 기다려 드디어 받은 쌀에는 겨와 모래가 섞여 먹지도 못할 지경이었지.

더 알려 줄게!

위정척사 운동
바른 것은 지키고, 서양의 문물과 사상은 물리쳐야 한다는 주장이야. 양반 유생층을 중심으로 일어났지. 이들은 강화도 조약도 반대했는데, 일본도 서양의 문물을 받아들였으니, 서양 세력과 다를 바 없다고 본 거지. 고종의 개화 정책에도 불만을 갖고, 영남 지역 유생 1만여 명이 집단으로 상소를 올리기도 했어.

"개화 정책이라는 게 결국 우리 군인들을 굶기는 것이냐?"

구식 군대 군인들은 더 이상 참지 못하고 반란을 일으켰어. 이 반란 사건을 임오년(1882년)에 군인들이 반란을 일으켰다고 해서 **임오군란**이라고 불러. 군인들이 반란을 일으키자 개항 후에 생활의 어려움을 겪던 도성의 백성들도 가담했지.

군인들은 민씨 세력의 정부 관리들과 별기군을 훈련시키던 일본인 교관을 살해했고, 일본 공사관을 습격하여 불태웠어. 성난 군중들은 개화 정책의 책임이 왕비 민씨에게 있다고 생각하고 그를 잡으려고 했지만, 왕비는 도망쳐 잡지 못했지.

군인들은 권력에서 물러난 흥선 대원군을 다시 불러들여 개화 정책을 되돌려 놓으려고 했어. 하지만 민씨 세력이 반란을 진압하기 위해 청나라에 군대를 요청한 거야! **청나라 군대**는 흥선 대원군을 납치하고, 임오군란을 일으킨 군인과 백성들을 진압해 버렸어. 민씨 세력은 다시 권력을 차지할 수 있었지만, 이후 청나라는 조선에 군대를 주둔시키고 본격적으로 **내정**에 **간섭**하기 시작했지.

한편 임오군란으로 피해를 본 일본은 이를 기회로 조선을 압박하며 배상금을 요구하고 나섰어. 동시에 한양에 일본군을 주둔시키는 등 청나라를 견제하고자 했지.

곽두기 사전

내정 간섭 다른 나라가 나라 안의 정치에 간섭하고 힘을 써서 억지로 강제하는 거야.

용선생의 포인트

조선 정부가 개화 정책을 펼쳤으나 이에 반감을 가진 군인들이 임오군란을 일으킴.

개화파가 정변을 일으키다

임오군란 이후 청나라의 내정 간섭이 심해지면서 개화 정책도 순조롭게 진행되지 못했어. 답답한 상황이 이어지자 개화를 추진하던 신하들이 두 흐름으로 나뉘기 시작했지.

김홍집, **김윤식**, **어윤중**과 같은 인물들은 현실적으로 청나라에 의지하면서, 조선의 제도와 사상을 유지하고 서양의 기술만 받아들이자는 생각이었어. 이들을 **온건 개화파**라고 하는데, **고종**이나 **민씨 세력**도 같은 입장이었지.

이와는 달리 **김옥균**과 **박영효**, **홍영식**, **서재필**과 같은 젊은 관료들은 일본을 모델로 해서 서양의 법과 제도까지도 적극적으로 받아들여 조선을 빠르게 서양식 근대 국가로 바꾸어야 한다고 주장했지. 이들을 **급진 개화파**라고 불러.

김옥균을 비롯한 급진 개화파는 청나라의 군대가 잠시 조선에서 빠져나간 사이, 정변을 일으켜 권력을 잡고 근대적 개혁을 이루겠다는 결심을 했어. 그들은 청년 장교들을 모으고 일본의 군사 지원을 약속받았지. 그리고 **우정총국**이 개국하는 것을 축하하는 잔치에 정변을 일으키기로 했어.

축하 잔치에는 민씨 세력의 고위 대신들과 여러 나라의 외교관들도 참석했지. 잔치가 시작되자 갑자기 밖에서 불길이 일고 함성 소리가 들렸어. 정변이 시작된 거야. 김옥균 등은 왕과 왕비를 다른 곳으로 옮기게 하고 반대파 대신들을 제거해 권력을 차지하는 데 성공했어. 갑신년(1884)에 일어난 이 정변을 **갑신정변**이라 불러.

▲ **갑신정변의 주역들**
갑신정변을 주도한 인물들이야.
왼쪽부터 박영효, 서광범, 서재필,
김옥균이야.

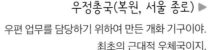

우정총국(복원, 서울 종로) ▶
우편 업무를 담당하기 위하여 만든 개화 기구이야.
최초의 근대적 우체국이지.

급진 개화파는 새로운 정부를 구성하고 동시에 청나라와의 사대 관계 청산, 신분 제도 폐지, 세금 제도 개혁 등의 내용을 담은 14개 조의 개혁안을 발표했어.

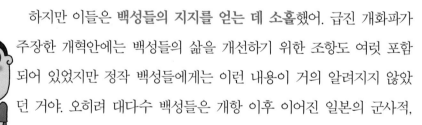

갑신정변의 개혁안

* 청나라에 대한 조공을 바치지 않고 높은 나라로 떠받들지 않는다.

* 신분제를 폐지하고 능력에 따라 관리를 임명한다.

* 세금 제도를 고쳐 관리의 부정을 막고 나라의 살림살이를 튼튼히 한다.

* 부정한 관리를 처벌하고 백성들이 빚진 쌀을 면제한다.

갑신정변의 개혁안 가운데 조선 사회에 가장 큰 변화를 가져올 수 있는 내용은 신분 제도를 폐지하겠다는 조항이었어. 수백 년 동안 이어 오던 양반, 상민, 천민의 구분을 없애고 누구나 널리 인재를 등용하여 나라의 힘을 키우고자 한 이들의 주장은 훗날 갑오개혁에 반영되어 우리나라가 근대적인 사회로 나아갈 수 있게 하는데 큰 기여를 했어. 급진 개화파는 대부분 양반 명문가 출신이었음에도 서양의 평등사상을 받아들여 조선을 변화시키고자 노력했다는 점을 높이 평가할 수 있지.

하지만 이들은 **백성들의 지지를 얻는 데 소홀**했어. 급진 개화파가 주장한 개혁안에는 백성들의 삶을 개선하기 위한 조항도 여럿 포함되어 있었지만 정작 백성들에게는 이런 내용이 거의 알려지지 않았던 거야. 오히려 대다수 백성들은 개항 이후 이어진 일본의 군사적,

갑신정변의 전개 과정

사상까지 모조리 바꾸려면 반대 세력을 제거해야 해!

우정총국 축하연

불이야!

정변이 일어났다!

청에 대한 조공을 폐지하고, 신분제도 없앤다!

청나라에 도움을 요청해야겠어!

3일 후

아직은 때가 아닌가 봐!

경제적 침략 행위에 분노했는데, 갑신정변은 바로 그 일본군과 손을 잡고 일으킨 일이었지. 그래서 백성들은 갑신정변과 이를 주도한 급진 개화파들을 역적으로 생각했어.

게다가 청나라가 다시 군대를 보내 급진 개화파들을 공격했고, 도움을 약속했던 일본군은 청나라 군대에 밀리자 곧 전투를 포기하고 후퇴해 버리고 말았어. 결국 갑신정변의 주역들은 죽거나 잡히고, 또는 일본으로 망명을 해야 했어.

갑신정변은 우리나라의 지배층 가운데 일부가 근대 국가를 세우기 위해 큰 변화를 일으키려 했다는 점에서 의의가 있어. 하지만 백성들의 지지를 얻는 데 실패했고, 국제 정세에 어두워 일본을 너무 쉽게 믿었고, 그 방법도 너무 과격했다는 한계점이 있지.

✔ 서술형 단골 문제야!

 용선생의 포인트

급진 개화파가 갑신정변을 일으켰으나 청나라의 개입으로 실패함.

백성들이 개혁을 주장하며 일어서다, 동학 농민 운동

임오군란 뒤 본격적으로 조선에 들어온 청나라 상인들은 일본 상인들과 경쟁하며 내륙까지 진출했어. 백성들의 생활은 더욱 어려워졌지. 그런데 조선 정부는 백성을 보호해 주지 못했고, 오히려 관리들의 부정부패와 지방관의 수탈이 극에 달한 상황이었어.

당시 **전라도 고부**의 군수였던 **조병갑**은 악명 높은 탐관오리였어. 고부는 비옥한 곡창 지대였는데, 조병갑은 여기에 부임하자마자 온갖 방법으로 백성들의 재물을 수탈해 자기 잇속을 챙겼지.

백성들을 잡아다 없는 죄를 뒤집어씌운 후 재산을 빼앗는가 하면, 자기 아버지를 기리는 비석을 세운다며 주민들에게 세금을 강제로 거두기도 했어. 또 고부 농민들을 동원해 만석보라는 큰 저수지를 만들었는데, 여기에 동원된 농민들은 물 사용료를 내고 강제로 물을 써야 했지.

이때 **전봉준**이라는 고부 지역의 동학 조직 지도자가 있었어. 전봉준은 조병갑의 폭정과 수탈에 반발하는 농민들의 민심을 읽고, 동학 교도들을 중심으로 **사발통문**을 돌리며 봉기를 준비했어.

"어찌 수령이라는 자가 백성들을 괴롭히며 자신의 잇속만 차린단 말인가!"

이들은 약속된 날짜에 고부 관아를 공격하여, 억울하게 갇힌 사람을 풀어 주고 농민에게 곡식을 나누어 주었어.

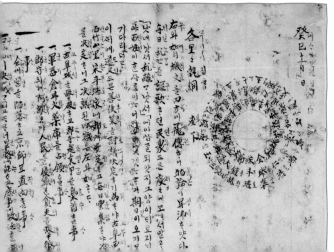

◀ **사발통문**
고부의 동학 교도들이 작성한 결의문이야. 사발을 엎어 놓고 그 둘레에 참여자들의 이름을 돌려 가며 적었어. 주모자가 누군지 모르게 말이야.

그런데 이후 사건의 진상을 조사하기 위해 파견된 관리가 문제를 더 크게 만들었어. 조병갑에게 책임을 물은 게 아니라 고부 지역의 동학교도들이 문제의 원인이라고 본 거야. 그러고는 이들을 가혹하게 탄압했지. 이에 분노한 농민들은 동학 지도자였던 전봉준과 **손화중**, **김개남**을 중심으로 크게 봉기를 일으켰어. 동학교도와 농민들이 힘을 모아 **동학 농민 운동**을 일으킨 거야(1894년).

☆시험에 꼭 나와!

"우리가 일어난 까닭은 **도탄**에 빠진 백성들을 구하고 이 나라를 튼튼한 반석 위에 올리기 위해서이다!"

이들은 '**보국안민**', '**제폭구민**'의 구호를 내세우며 백성들을 억압하는 나라를 바로잡겠다는 뜻을 밝혔어.

새로운 세상을 만들고자 하는 동학 농민군의 사기는 드높았어. 동학 농민군은 전라도 부안에서 벌어진 황토현 전투를 시작으로 관군과의 대결에서 연이어 승리를 거두었지. 이윽고 전라도에서 가장 큰 고을인 **전주성을 점령**하는 데 성공하고 전라도 일대를 장악했어. 농민군은 기세를 올렸고 조선 정부는 크게 당황했지.

곽두기 사전

도탄 몹시 난처하고 괴로운 처지를 말해.

곽두기 사전

보국안민과 제폭구민
보국안민은 나라 일을 돕고 백성을 편안하게 한다는 뜻이야. 제폭구민은 폭도를 제거하고 백성을 구한다는 의미지.

영심이는 궁금해!

일본군은 왜 덩달아 군대를 파견했나요?

갑신정변 이후에 청나라와 일본은 조약을 맺었어. 그 내용은 청나라나 일본이 조선에 군대를 보내면 다른 나라에 이 사실을 알려야 한다는 것이었어. 그런데 청나라가 알리지 않고 조선에 군대를 보내자 이를 빌미로 일본의 군대가 조선에 들어온 거야.

전주성이 함락되자 정부는 임오군란 때처럼 다시 **청나라**에 지원군을 요청했어. 그런데 청나라가 군대를 파견하기로 하자 이를 보고 있던 **일본**도 조선에 있는 자국민을 보호하겠다는 구실로 군대를 파견했지.

외국의 군대가 들어온다는 소식이 들리자 동학 농민군은 외국군의 개입만큼은 막아야 한다고 생각했지. 그리하여 동학 농민군 지도부는 '잘못된 정치를 바로잡는다'는 의미의 '**폐정 개혁안**'을 제시했고 정부군은 이들이 요구한 개혁안을 실천하겠다고 약속했어. 그 후 농민군은 전주성을 나와 해산하고 각자 고향으로 돌아갔지.

〈폐정 개혁안〉

* 탐관오리와 못된 양반은 그 죄를 조사해 벌한다.

* 노비 문서를 불태운다.

* 법으로 정해지지 않은 세금을 거두지 않는다.

* 일본에 협력하는 사람을 엄히 벌한다.

폐정 개혁안의 일부야. 농민군은 이러한 개혁안으로 과거의 부정부패를 없애고, 신분 차별이 없는 새로운 나라를 만들려고 했지. 또 외세의 침입에도 적극적으로 대항해 자주적인 나라를 만들려고 했던 것도 알 수 있어.

 용선생의 포인트

동학교도와 농민들이 동학 농민 운동을 일으켜 정치를 바로잡을 것을 주장함.

외세를 몰아내기 위해 다시 일어선 농민군

동학 농민군이 고향으로 돌아갔지만 일본은 한반도에서 군대를 물릴 생각이 없었어. 일본은 이전부터 조선을 침략할 기회를 엿보고 있었는데, 마침 청나라 군대가 출병하자 이때다 싶어 조선에 군대를 보낸 거야. 일본군은 먼저 고종이 머물던 **경복궁을 점령**해 일본에 협력하도록 조선 정부를 위협하였고, 뒤이어 청나라 군대를 기습적으로 공격해 **청일 전쟁**을 일으켰어(1894년).

"일본이 나라를 침략하는데 우리 동학 농민군이 어찌 가만히 있을 수 있겠는가?"

일본군이 경복궁을 습격했다는 소식을 전해 들은 전봉준과 동학 농민군은 일본을 몰아내기 위해 다시 일어났어. 이번에는 전라도 지역뿐만 아니라 인근의 충청도와 경상도까지 포함한 전국 각지에서 농민군이 합류해 그 숫자가 엄청났지. 이들은 일본군을 몰아내기 위해 한양이 있는 북쪽으로 향하기 시작했어.

그사이 청일 전쟁에서 사실상 승리를 거둔 일본은 조선 정부에 동학 농민군의 토벌을 함께하겠다고 제안해 왔어. 조선 정부는 일본의 제안을 받아들였고, **관군과 일본군**은 함께 남쪽으로 이동했지. 동학 농민군은 공주 **우금치**에서 관군과 일본군에 맞서 전투를 벌였어. 그러나 무기로는 고작 죽창과 옛날식 조총을 갖춘 동학 농민군이 최신식 기관총과 대포까지 갖춘 일본군의 우세한 화력에 대항하기에는 무리였지. 농민군은 결국 참혹하게 패배했어.

> 🐛 **곽두기 사전**
>
> **청일 전쟁** 청나라와 일본이 조선의 지배권을 두고 다툰 전쟁이야.

우금치의 위치

우금치는 충남 공주에 있는 고개 이름이야. 동학 농민군의 최대 격전지였던 이곳에는 그들을 위로하는 동학혁명군위령탑이 세워져 있어. 사적.

더 알려 줄게!

이소사

동학 농민군으로 활약한 여성이야. 말을 타고 동학 농민군을 지휘했다고 해. 일본군과 싸우다 사로잡혀 모진 고문을 받다가 목숨을 잃었어. 당시 일본군이 쓴 동학 농민군 토벌기인 『동학당정토약기』에도 이소사에 대한 기록이 남아 있어.

▲ 이송되는 전봉준

1895년 2월, 일본 영사관에서 조사를 받은 전봉준이 재판을 받기 위해 법무아문으로 이송되기 직전에 찍은 거야. 가운데 앉아 있는 사람이 전봉준이야.

영심이는 궁금해!

동학 농민군의 바람은 이뤄졌나요?

폐정 개혁안에 노비 문서를 없애라는 조항이 있었지? 1894년부터 정부가 갑오개혁을 추진하는데, 이때 신분 제도가 공식적으로 폐지되지. 노비 제도가 완전히 없어진 거야.

이후 동학 농민군은 남쪽으로 후퇴했는데 일본군은 이들을 끝까지 추격해서 대대적으로 농민군을 학살했지. 전봉준을 비롯한 동학 농민 운동 지도자들도 체포되었어. 동학 농민 운동은 실패로 끝나고 말았지.

비록 동학 농민 운동은 실패로 돌아갔지만 농민군이 요구한 평등 사회 등의 개혁안들은 훗날 정부가 진행한 **갑오개혁에 반영**되었어. 조선이 앞으로 나아갈 방향을 제시한 셈이지. 또한 외세를 몰아내기 위해 일본군과 맞섰던 동학 농민군들 중 살아남은 이들은 이후 본격적으로 한반도를 침략하기 시작한 일본에 맞서 **의병에 가담**하는 등 항일 투쟁에 앞장서서 용감히 활약했어.

용선생의 포인트

일본의 침략에 대항하기 위해 동학 농민군이 다시 일어났으나 우금치에서 패배함.

왕수재의 **역사 노트**

1. 강화도 조약의 체결

① 운요호 사건을 계기로 '조일수호조규(**강화도 조약**)'를 체결함(1876년).

↳ 외국과 맺은 최초의 근대적 조약, 불평등 조약!

② 강화도 조약의 내용

- 부산, 인천, 원산 등 3개의 항구를 개항함.

- 조선의 해안을 자유롭게 측량 가능.

- **치외 법권** 규정

  ↳ 일본인이 죄를 지어도 조선 정부가 심판할 수 없음!

2. 개화를 둘러싼 갈등

동학 농민 운동의 전개 과정과 의의는 시험에 자주 나와!

① 통리기무아문을 설치하고 개화 정책을 시행함.

② 서양식 부대인 **별기군**을 만듦.

③ 구식 군대에 대한 차별 대우로 **임오군란**이 일어남(1882년).

3. 갑신정변(1884년)

① **급진 개화파**가 우정총국 개국 축하연에서 갑신정변을 일으켰으나 실패함.

② 근대 국가를 세우기 위한 정변이었다는 점에 의의가 있지만, 백성의 지지를 얻지 못했고 일본에 의지했다는 점에서 한계를 가짐.

4. 동학 농민 운동

① 고부에서 **전봉준** 등 동학 농민군이 봉기를 일으킴.

② 농민군이 **전주성을 점령함**.

③ 청나라와 일본이 군대를 파견하자 동학 농민군이 정부에 **폐정 개혁안**을 제시함.

④ 일본이 **경복궁을 점령**하자 동학 농민군이 다시 일어났으나 **우금치**에서 대패함.

⇒ 근대 국가로 나아가기 위한 방향 제시했고 후에 동학 농민군이 항일 투쟁에 앞장섰다는 점에서 의의를 가짐.

나선애의 **실력 다지기**

01
한국사능력검정시험 41회 초급

(가)에 들어갈 내용으로 알맞은 것은 무엇일까?

강화도 조약에 대해 조사한 내용을 말해 볼까요?

(가)

우리나라가 일본과 맺은 조약이에요.

불평등한 내용이 담겨 있어요.

① 서원 철폐의 원인이 되었어요.
② 운요호 사건이 계기가 되었어요.
③ 성균관이 세워지는 배경이 되었어요.
④ 금난전권이 폐지되는 결과를 낳았어요.

02

강화도 조약에 대한 설명으로 알맞지 <u>않은</u> 것은 무엇일까?

① 일본이 치외법권을 보장받았어요.
② 조선이 목포와 울산의 항구를 열었어요.
③ 일본과 최초의 근대적 조약을 맺었어요.
④ 일본이 조선 연안을 자유롭게 측량할 수 있게
했어요.

03

다음과 같이 주장한 사람들에 대한 설명으로 알맞지 <u>않은</u> 것은 무엇일까?

> 조선의 제도와 사상은 유지하면서 서양의 기술을 받아들이는 개화가 필요합니다.

① 대표적인 인물로 김홍집이 있어요.
② 현실적으로 청에 의지해야 한다고 했어요.
③ 우정총국 개국 축하 잔치를 틈타 갑신정변을
일으켰어요.
④ 이들을 온건 개화파라고 해요.

04
한국사능력검정시험 33회 초급

다음 가상 일기를 통해 알 수 있는 사건으로 알맞은
것은?

> 1882년 ○○월 ○○일
> 오늘 구식 군인들이 선혜청을 습격했다. 그동안 별기군
> 이라는 신식 군인에 비해 차별을 받아 왔고, 밀린 월급
> 으로 받은 쌀에 겨와 모래가 섞여 있었던 것이 원인인
> 것 같다. 상황이 어떻게 전개될지 궁금하다.

① 갑신정변　　　　② 병인양요
③ 임오군란　　　　④ 홍경래의 난

05 중학교 학업 성취도

㉠ 사건이 일어난 시기를 연표에서 알맞게 고른 것은 무엇일까?

> **㉠**
>
> • 배경
> -청의 내정 간섭으로 인해 개화 정책이 지연됨.
> - 일본이 지원을 약속함.
> • 주요 인물 : 김옥균, 박영효 등
> • 전개 : 우정총국 개국 축하연 때 정변을 일으킴.
>   → 개혁안 발표
>   → 청군의 개입으로 3일 만에 실패

1871		1876		1882		1894		1896
	(가)		(나)		(다)		(라)	
신미양요		강화도 조약		임오군란		갑오개혁		아관 파천

① (가)　　② (나)　　③ (다)　　④ (라)

06

다음 동학 농민 운동의 전개 과정을 순서대로 바르게 나열해 보자.

> ㉠ 청나라와 일본이 전쟁을 일으켰어요.
> ㉡ 전봉준이 고부에서 봉기를 일으켰어요.
> ㉢ 농민군이 전주성을 점령하고 전라도 일대를 장악했어요.
> ㉣ 농민군이 우금치에서 관군과 일본군에 맞서 싸웠으나 패배했어요.

(　　　)→(　　　)→(　　　) →(　　　)

07 한국사능력검정시험 38회 초급

밑줄 그은 '이 사람' 으로 알맞은 것은 무엇일까?

이 사진은 동학 농민군의 지도자인 이 사람이 재판을 받으러 가는 모습 입니다. 그는 녹두 장군이라고 불리기도 했습니다.

① 김옥균　② 김홍집　③ 유득공　④ 전봉준

08 서술형 문제

김옥균 등 급진 개화파가 일으킨 갑신정변은 삼일 만에 끝나고 말았어. 갑신정변의 역사적 의미와 한계에 대해 아래 두 단어를 이용해 간단히 써 보자. [3점]

> **근대 국가　　백성의 지지**

_____

_____

_____

_____

동학 농민군의 바람은 무엇이었을까?

동학 농민군의 바람은 그들이 제시했던 폐정 개혁안에 잘 나타나 있어. 폐정 개혁안의 주요 내용은 신분제 폐지, 부패한 관리 처벌, 세금 제도 개선, 일본에 협력하는 사람 처벌, 과부의 재혼 허용, 토지의 균등한 분배 등이었지. 이러한 조항들을 보면 동학 농민군이 나쁜 제도와 풍습을 없애고 차별 없는 나라를 만들려고 했던 점을 알 수 있어. 또한 외세의 간섭과 침략에 저항해 나라의 자주성을 지키려 했다는 점도 알 수 있지.

2 일제의 침략에 맞선 노력

교과 연계

초등 사회(5-2) 2-2. 일제의 침략과 광복을 위한 노력
중학 역사 ② Ⅵ. 근·현대 사회의 전개

이제부터 조선은
황제의 국가이니라!

을사늑약
풍자화

1905년 을사늑약

1919년 3·1 운동

1800

1900

1897년 대한 제국 선포

1910년 국권 피탈

일장기가 걸린
경복궁 근정전

한국광복군 결성식
1940년에 만들어진 대한민국 임시 정부의 군대야.

대한 독립 만세!

와아

와아

1940년 한국광복군 조직

1920

1940

1932년 윤봉길의 의거

우리나라는
일제의 지배에 어떻게
맞서 싸웠을까?

윤봉길 의사
1932년 중국 상하이 훙커우 공원에서 폭탄을 던져 일본군에 큰 피해를 주었어.

1. 나라를 지키기 위한 노력
2. 3·1 운동과 대한민국 임시 정부 수립
3. 식민 통치의 변화와 독립운동의 전개
4. 민족 말살 정책과 일제의 패망

1. 나라를 지키기 위한 노력

덕수궁 석조전(서울 중구)

1910년 고종 황제가 세운 건물이야. 궁궐 안에 지은 최초의 서양식 건물인데, 돌로 지었다고 해서 석조전이라고 해. 내부에는 거실과 접견실, 황제와 황후의 침실 등이 있었어.

1894	1895	1896	1897	1905	1909
갑오개혁	을미사변	아관 파천, 독립 협회 설립	대한 제국 수립	을사늑약 체결	안중근, 이토 히로부미 사살

백성들의 의식이 성장하다

1894년 일본은 동학 농민 운동을 빌미로 조선에 들어와 우선 경복궁을 점령하고 김홍집을 내세워 친일 내각을 구성했어. 그리고 **과거제와 신분제 폐지, 국왕의 권한 제한** 등의 내용을 담은 개혁안을 발표했지. 갑오년(1894)에 시행된 개혁이라 **갑오개혁**이라고 해. 일본의 입김이 거세게 작용하긴 했지만, 고종과 신하들도 개혁의 필요성을 느끼고 있었기 때문에 광범위한 개혁이 시행되었어.

이후 청일 전쟁에서 승리를 거둔 일본은 조선에 더 큰 영향을 끼쳤어. 청나라를 물리쳤으니 조선을 침략하는 데 더 이상 걸림돌이 없던 거야. 그런데 이런 일본의 움직임에 제동을 건 나라가 등장했어. 바로 북쪽의 **러시아**야.

러시아는 남쪽으로 영향력을 넓히고 있었는데, 조선을 두고 일본과 정면으로 충돌하게 되었지. 러시아는 일본이 청일 전쟁의 승리로 **랴오둥반도**를 차지하자 일본을 견제하기 시작했어. 프랑스, 독일과 힘을 합친 러시아는 랴오둥반도를 다시 돌려주라고 요구했어. 서양의 힘센 나라들을 상대하기 어려웠던 일본은 청나라에 랴오둥반도를 돌려주었지. 이 사건을 **삼국 간섭**이라고 해. 이 사건을 본 고종과 왕비 민씨는 러시아를 이용해 일본을 견제해야겠다고 생각했어. 그래서 러시아에 적극적으로 손을 내밀었지.

일본은 조선에서 상황이 불리해지자 조급해졌어. 그래서 끔찍한 일을 계획했지. 바로 조선의 왕비를 제거하기로 한 거야. **낭인**들을 앞세운 일본은 경복궁에 침입해 왕비를 **시해**하고 말았어. 이 끔찍한 사건을 **을미사변**(1895년)이라고 해.

 영심이는 궁금해!

갑오개혁은 어떤 내용인가요?

1894년부터 1896년까지 세 차례에 걸쳐 진행되었어. 우선 개혁을 단행할 군국기무처를 설치하고, 신분 제도와 과거 제도를 폐지했지. 이후 지방 행정 구역을 개편하는가 하면, 사법권을 독립시켜 수령의 권한을 약화시켰어. 3차 개혁은 을미개혁이라고 하는데, 단발령을 실시하고 이때부터 오늘날과 같은 태양력을 사용하기로 했지.

 곽두기 사전

낭인 일정한 직업이 없이 이리저리 떠돌아다니는 건달을 말해.

 곽두기 사전

시해 왕이나 왕비 등 윗사람을 죽이는 것을 말해.

▶ 건청궁 옥호루
경복궁의 왕비 민씨(명성 황후)의 침실이야. 명성 황후는 이
곳에서 일본인들에게 시해되었어. 이후 정치 상황이 혼란스
러웠기 때문에 명성 황후의 장례식은 명성 황후가 죽은 지
2년째 되는 1897년 11월에야 치러졌어.

을미사변 이후 일본은 노골적으로 조선의 정치에 간섭했어. 온 사
회를 서구와 같이 근대화해야 한다고 했지. 지금 쓰는 **양력**
을 쓰기 시작한 것도 이때부터야. 또 서양인들처럼 머
리를 짧게 자르라는 **단발령**을 내리게 했지.

"머리카락을 자르려거든 내 목을 잘라라!"

조선의 선비들은 단발령에 강하게 반발했어. 유
교에서는 머리카락 한 올도 부모가 주신 것으로 소
중히 여겨야 한다는 가르침이 있었거든. 그런데, 다
짜고짜 강압적으로 머리를 짧게 자르라고 하니 반발이 심했지. 전국
에서 왕비의 죽음과 단발령에 분노한 의병이 일어나기도 했어.

왕비가 죽자 신변의 위협을 느낀 고종은 일본의 눈을 피해 러시아
의 공사관으로 거처를 옮겼어. 이를 **아관 파천**이라고 해. 고종이 러
시아 공사관에 머물자 나랏일을 제대로 보지 못하게 되었어. 주변 강
대국들은 이때다 싶어 조선의 이권을 앞다투어 침탈했지.

백성들은 나라의 권리를 되찾아야 한다고 주장했어. 이때 갑신정
변에 참여했던 서재필이 귀국해 『독립신문』을 창간했어. 서재필은
나라의 힘을 키우기 위해서는 무엇보다 백성들의 의식이 성장해야

어머니, 이 불효자를 용서해 주세요.

곽두기 사전

양력 우리가 현재 쓰고 있
는 달력으로 지구가 태양의
둘레를 한 바퀴 도는 365일
을 1년으로 정한 방법이야.

곽두기 사전

아관 파천 당시에는 러시
아를 아라사라고 불렀어. 파
천은 임금이 다른 곳으로 거
처를 옮긴다는 뜻이야. 즉
러시아 공사관으로 임금이
거처를 옮겼다는 거야.

▶ 『독립신문』
외국인에게도 한국의 상황을 알리기 위해
한글과 영어 두 버전으로 제작했어.

▲ 서울 독립문
독립문은 프랑스 파리의 개선문을 본떠 만들었어. 사적.

한다고 생각했어. 그래서 나라 안팎의 소식을 쉽게 알 수 있도록 신문을 제작한 거야.

이어 정부 관리와 지식인을 중심으로 **독립 협회**가 만들어졌어. ☆시험에 꼭 나와! 독립 협회는 백성들의 성금을 모아 청나라 사신을 맞이하던 영은 문을 헐고 그 자리에 **독립문**을 세웠지. 그리고 백성들이 모여서 자기 생각을 표현할 수 있는 **만민 공동회**를 열었어. 만민 공동회는 백성 누구나 자유롭게 참여해 나랏일에 대해 이야기할 수 있었는데, 러시아의 내정 간섭이나 일본 및 서구 열강의 침략을 비판하며 조선의 정치를 바로잡으려고 했지.

만민 공동회는 백성들의 큰 호응을 얻었어. 수많은 사람들이 종로 거리에 모여들었는데, 상인과 학생은 물론 사회적으로 차별받던 백정, 기생까지 연단에 나가 조선의 여러 가지 문제에 대해 자기 생각을 이야기할 수 있었대. 독립 협회와 만민 공동회의 활동 등으로 사람들은 일반 백성도 나랏일에 참여할 수 있다고 생각하기 시작했단다.

▲ 만민 공동회
1898년에 최초로 열린 민중 대회야. 독립 협회 주도로 처음 개최했지만, 이후에는 민중들 스스로 열었어. 이후 해산되기까지 1만여 명의 사람들이 참여했어.

용선생의 포인트

을미사변과 아관 파천 등으로 나라가 흔들리는 가운데 독립 협회와 만민 공동회 활동으로 사람들의 의식이 성장했음.

'황제의 나라' 대한 제국을 세우다

더 알려 줄게!

대한국 국제
대한 제국이 공포한 헌법이
야. 제(制)는 황제의 명령
으로 제정·반포되었다는 뜻
이지.

제1조: 대한국은 세계 여
러 나라가 인정한 자주 독
립 제국이다.
제2조: 대한국의 정치는
영원히 불변할 전제 정치
이다.
제3조: 대한국 대황제는
무한한 군주권을 가진다.
제4조: 대한국 백성이 군
주권을 침해하면 백성의
도리를 잃은 것으로 간주
한다.

이처럼 대한국 국제는 대한
제국이 자주 독립국임을 밝
히고, 황제가 강력한 권력
을 갖게 만든 법이었어.

고종이 러시아 공사관에 머무는 동안 땅에 떨어진 국가의 위상을
되찾아야 한다는 상소가 빗발쳤어. 독립 협회나 만민 공동회에서도
이러한 주장은 계속되었지.

1897년 고종은 러시아 공사관에 머문 지 1년 만에 경운궁(덕수궁)
으로 돌아왔어. 하지만 일본의 위협은 계속되었지. 고종은 일본의 위
협에서 벗어나 새로운 나라를 만들어야겠다고 결심을 했어.

고종은 나라 이름을 '대한 제국'으로 바꾸고 환구단에서 황제로
즉위했어. 그리고 '광무'라는 연호도 쓰기 시작했지. 조선은 더 이상
왕이 다스리는 나라가 아니라 황제가 다스리는 제국이라는 것을 전
세계에 선포한 거야. 일본과 러시아 등의 열강으로부터 나라의 독립
을 지키겠다는 의지를 드러낸 것이었지.

이후 고종은 대한 제국의 헌법이라고 할 수 있는 '대한국 국제'를
반포했어. 대한국 국제는 대한 제국이 황제에게 모든 권한이 집중된
군주 국가라는 점을 확실히 했지.

▲ 황궁우와 환구단(서울 중구)
3층 8각으로 된 황궁우는 위패를 모시는 곳이고, 환구단은 황제가 하늘에
제사를 지내던 제단이야. 지금은 황궁우만 남아 있어. 사적.

"대한 제국은 옛것을 근본으로 하고 새것을 참고한다."

구본신참은 대한 제국의 개혁 원칙이었어. 대한 제국은 이 원칙에 따라 전통적인 제도를 바탕으로 서양의 근대 문물을 수용했지.

먼저 산업과 기술을 발전시키기 위해 섬유·철도·광업 등의 근대적 공장과 회사를 세웠어. 또 해외로 유학생들을 보내 근대 산업 기술을 배워올 수 있도록 했지. 그리고 서양의 의료 기술이 뛰어나다는 것을 알고 **서양식 병원**을 세워 의사를 키워 냈어.

산업과 더불어 교육의 중요성을 강조해 소학교, 중학교, 기술 학교, 외국어 학교 등을 세워 인재를 길러 냈지. 정부뿐만 아니라 전국 각지에서는 개인과 단체, 외국에서 건너온 선교사들이 사립 학교를 세워 근대식 교육을 시행했어. 이때 세워진 대표적인 사립 학교가 바로 원산 학사와 이화 학당이야. 1883년에 문을 연 **원산 학사**는 우리나라 최초의 근대 학교지. **이화 학당**은 외국인 선교사가 세웠는데, 우리나라 최초의 여자 학교야.

하지만 이런 정책을 펼치는 데는 많은 돈이 들었어. 대한 제국은 필요한 자금을 외국에서 빌려 왔지. 그러다 보니 열강들의 간섭을 피하기 힘들었어. 또 황제에게 모든 권한이 집중되어 있었던 반면 백성들의 권리를 보장하는 데는 관심을 기울이지 않았지. 근대 국가로 가는 길목에 있었지만, 아직은 한계를 가진 개혁이었어.

 곽두기 사전

구본신참 옛 구(舊), 근본 본(本), 새 신(新), 살필 참(參). 옛것을 근본으로 하고 여기에 새로운 것을 참고한다는 뜻이야.

▲ 파리 만국 박람회 한국관 포스터
대한 제국은 자주국으로 인정받기 위해 외교에 힘을 기울였어. 1900년 파리 만국 박람회에는 경복궁 근정전을 본떠 한국관을 만들어 대한 제국과 관련한 도자기, 서책, 가구, 의복, 무기 등을 전시했지. 서양 사람들은 우리의 한지와 인쇄술에 크게 감탄했다고 해.

 용선생의 포인트
고종이 대한 제국을 선포하고 점진적인 개혁을 실시함.

사람들의 삶의 모습이 변화하다

　　대한 제국 시기에는 사람들의 생활 모습이 많이 바뀌었어. 옷차림도 눈에 띄게 달라졌지. 여전히 한복을 입은 사람들이 많았지만, 차츰 서양식 **양복과 드레스**를 입는 사람도 늘어났어. 화려한 색깔의 옷과 구두, 모자들이 점점 거리를 채우기 시작했지. 관리와 군인들의 옷차림도 서양식으로 바뀌었어. 몇 년 사이에 사람들의 겉모습이 확연히 바뀌기 시작한 거지.

　　서양식 요리와 간식들도 들어왔어. 궁궐에서는 서양식 요리를 준비하여 다른 나라 외교관들을 대접했고, 후식으로는 **커피와 홍차**까지 준비했다고 해. 서양식 음식과 식사 문화는 상류층들을 중심으로 더욱 확산되었지.

　　최초의 **철도**도 이 시기에 만들어졌는데, 서울의 노량진과 인천 제물포를 연결한 **경인선**이 바로 우리나라 최초의 철도야. 경인선은 미국 회사와 함께 작업을 시작했지만, 자금이 부족해 미국 회사가 떠나고 일본 회사가 들어와 완성하게 되었지. 이후 일본은 **경부선과 경의선**까지 만들어 부산-서울-의주로 이어지는 철도를 완성했어.

　　그런데 일본이 철도 건설에 참여한 건 많은 문제를 낳았어. 일본은 러시아와 전쟁을 치르기 위해 한반도에서 전쟁 물자를 빠르게 이동하려는 목적으로 철도를 만들었거든. 그 이후에도 일본은 철도를 이용해 우리나라의 경제를 침탈했어. 게다가 건설 과정에서도 한국인들의 땅을 강제로 빼앗는다든지, 노동력을 착취하기도 했어.

우리나라 최초의 **전기**도 이때부터 사용되었어. 전기가 처음 사용된 것은 경복궁이었지. 궁궐에 있다는 신기한 '물불'을 보기 위해 대신과 궁녀 할 것 없이 매일 수많은 사람이 모였대. 사람들이 구경한 '물불'은 바로 전등이야. 전등을 밝히기 위해서 발전기를 연못에 설치해 두었기 때문에 물에서 켜지는 불, 물불이라고 불렀대.

최초의 전깃불을 밝힌 후 고종은 한성 전기 회사를 세웠어. 그리고 서울의 전차, 전기, 전화 사업을 본격적으로 시작했지. 전화의 등장으로 소식을 쉽고 편하게 전달할 수 있게 되자 사람들의 생활은 눈에 띄게 달라졌어.

▲ 근대화 사업으로 변화된 서울
1900년 초의 서울 남대문로야. 나라에서는 좁은 길을 닦아 넓고 평탄하게 만들었어. 또 전기를 사용하는 등불과 전차도 들어왔지. 사람들은 저절로 움직이는 전차를 타고 원하는 곳으로 빠르게 이동하게 되었어.

전차의 등장은 이동 수단의 획기적인 발전이었어. 사람들은 빠르고 편리한 전차를 타 보기 위해 지방에서 서울로 올라오기도 했어. 어떤 사람은 전차를 타는 재미에 빠져서 일하는 것도 잊어버려 빈털터리가 되기도 했대.

용선생의 포인트
서양 옷과 음식, 철도, 전기 등이 들어오면서 사람들의 생활 모습이 바뀜.

이 날을 목 놓아 크게 통곡하노라!

 영심이는 궁금해!

주변의 다른 나라들은 모두 일본의 침략을 모른 척 한 거예요?
당시 대한 제국과 관련 깊은 나라는 청나라, 일본, 러시아, 미국, 영국 등이었어. 청나라는 청일 전쟁 이후 조선에 더 이상 힘을 쓰지 못하는 상황이었지. 러시아도 러일 전쟁 이후 일본을 인정하게 됐어. 영국은 일본과 동맹 관계에 있었기 때문에 일본의 침략 행위를 내버려 두었지. 또 미국은 일본과 밀약을 맺었는데, 미국의 필리핀 지배와 일본의 대한 제국 지배를 서로 모르는 척 한다는 내용이었어.

 곽두기 사전

늑약 나라 사이에 억지로 맺은 조약을 말해.

이토 히로부미(1841~1909)
농민 집안에서 태어났지만 일본의 총리에까지 오른 사람이야. 한국 침략에 앞장서 우리에게는 침략의 원흉이지만, 일본에서는 일본의 근대화를 이끈 인물로 존경받아.

대한 제국은 서양 여러 나라들과 **외교 활동**을 벌였어. 군사력과 경제력이 약한 상황에서는 여러 나라에게 독립국으로 인정을 받는 것이 가장 중요하다고 생각했기 때문이야. 또 대한 제국에서 이익을 다투고 있는 여러 강한 나라들 사이의 세력 균형을 유지해서 나라를 지키려고 한 까닭도 있었지.

하지만 일본은 더 이상 한반도를 침략하는 데 다른 나라가 끼어드는 것을 용납하지 않았어. 청일 전쟁 이후 10여 년간 힘을 기른 일본은 이번엔 러시아와 **러일 전쟁**을 벌였지. 일본은 이 전쟁에서 러시아에 승리를 거뒀어. 그러자 다른 나라들도 대한 제국에 대한 일본의 지배를 인정하게 됐어. 이제 일본은 다른 나라의 간섭도 받지 않고 본격적으로 대한 제국의 국권을 빼앗을 수 있게 된 거야.

1905년 일본의 특사로 대한 제국에 온 **이토 히로부미**는 덕수궁을 일본 군사들로 포위했어. 그리고 고종이 있는 중명전까지 일본 헌병을 데리고 들어와 고종과 대신들을 총칼로 위협해 조선이 일본의 보호를 받는다는 내용의 협약을 강제로 체결하게 했어. 을사년에 강제로 체결된 조약이라 하여 **을사늑약**이라고 불러.

을사늑약은 고종이 아닌 **이완용, 이지용, 박제순, 이근택, 권중현**, 이 다섯 대신들이 체결했어. 사람들은 이들이 을사년에 나라를 팔아 먹었다고 하여 **을사오적**이라고 불렀지.

을사늑약으로 일본은 대한 제국의 **외교권**을 **빼앗았어**. 다시 말해 일본의 허락 없이는 어떤 외교적 활동도 할 수 없게 한 거야. 그리고 한국에 **통감부**를 만들어 대한 제국의 국내 정치를 더욱 속속들이

▲ 을사늑약 풍자화
헐버트가 발행한 『코리안 뉴스페이퍼』에 실렸어. 일본군이 칼로 위협하고, 을사오적이 고종 대신 서명하고 있어. 고종은 불같이 화난 모습이야. 헐버트는 육영 공원 영어 교사인데, 고종에게 정치·외교적으로 자문을 하고 한국의 국권 회복을 위해 힘썼어.

통제하고 감독했지. 통감부의 초대 통감은 을사늑약을 체결하도록 협박한 이토 히로부미였어.

✔ 서술형 단골 문제야!

그러나 <u>을사늑약은 고종의 동의 없이 이루어졌다는 점, 한일 양국의 평화적인 절차가 아닌 일본의 위협과 강제에 의해 맺어졌다는 점</u>, 대한 제국의 법률을 무시했다는 점에서 정식 조약으로 인정할 수 없었지.

"이 날을 목 놓아 크게 통곡하노라!"

을사늑약이 맺어졌다는 것이 알려지며 일본의 침략에 대한 분노와 원통함이 하늘을 찌르게 되었어. **장지연**은 너무나 억울하고 분한 마음을 담아 『**황성신문**』에 「**시일야방성대곡**」, 즉 이 날을 목 놓아 크게 통곡한다는 뜻의 글을 실었어.

선비들은 을사오적의 처단과 을사늑약 무효를 주장하는 상소를 올렸어. 상인들은 상점 문을 닫고 학생들은 수업을 거부하며 일본을 규탄하고 조약 무효화를 외쳤지.

스스로 목숨을 끊어 조약의 부당함을 말하고자 했던 사람들도 있었어. 민씨 세력의 핵심 인물 가운데 한 명이었던 **민영환**은 고종과 2천만 동포에게 보내는 유서를 남기고 자결했어. 좌의정 벼슬을 지낸 **조병세**와 이름 높은 선비였던 **송병선**도 자결로 을사늑약의 부당함을 알렸단다.

영심이는 궁금해!

일본이 이때부터 독도가 자기들 땅이라고 우긴다면서요?

일본은 러일 전쟁 중 독도를 '다케시마'라고 이름 지어 일본의 시마네현에 포함시켰어. 일본은 이때 독도가 법적으로 일본 땅에 포함되었다고 지금까지 억지 부리고 있어.

용선생의 포인트

일본이 을사늑약을 강제로 체결해 대한 제국의 외교권을 박탈함.

고종이 황제 자리에서 물러나다

고종은 을사늑약이 황제의 동의 없이 이루어졌으며 일본의 위협에 의해 맺어졌으므로 무효라고 선언했어. 그리고 을사늑약의 부당함과 일본의 침략을 전 세계에 알리려고 했지.

1907년, 일본으로부터 당한 억압을 알리고 국제 사회에 도움을 요청하기 위해 고종은 비밀리에 네덜란드 **헤이그의 만국 평화 회의**로 특별 임무를 맡은 외교관들을 보냈어. 이 사람들을 **헤이그 특사**라고 해.

특사인 **이준, 이상설, 이위종**은 네덜란드에 도착하여 을사늑약의 부당함과 대한 제국의 상황에 대해 이야기하려고 했지만, 회의에 참석하는 것조차 거절당했어. 을사늑약으로 외교권이 없어졌으니 국제 회의에 참석할 수 없다는 것이었지. 게다가 일본과 동맹국이었던 영국이 특사들을 방해해서 결국 특사들은 회의에 참석하지도 못하고 말았어.

곽두기 사전

헤이그 만국 평화 회의
제국주의 국가들 간의 군사 경쟁이 심각해지고 전쟁의 위험이 커지자 군사 비용을 줄이고 세계 평화를 유지하는 방법에 대해 논의하기 위해 열린 국제 회의야.

▲ 이준, 이상설, 이위종
세 특사는 각자 다른 시기에 한국을 출발하여 네덜란드에 모였어. 세 특사는 헤이그의 숙소에 태극기를 걸고 활동을 시작했지. 이들은 비록 회의에 참석할 수는 없었지만, 각국 신문 기자들이 모인 회의에서 연설해 전 세계의 언론인들에게 한국의 비참한 상황을 알렸어.

"그 조약 자체가 무효란 말이오!"

특사였던 이준은 너무나 원통해서 스스로 음식을 끊고 네덜란드에서 생을 마감하고 말았어.

더 기가 막힌 건 일본의 대응이었어. 일본은 헤이그 특사들이 대한 제국의 특사인 척 했다며 재판에 넘겼어. 그리고 헤이그 특사를 보냈다는 이유로 고종을 **퇴위**시켜 버렸지. 일본 군대의 포위 속에 고종은 아들인 **순종**에게 황제 자리를 물려준다는 형식으로 물러났어. 하지만 사실은 일본에 의해 퇴위당하고 만 거야.

이에 그치지 않고 일본은 **대한 제국의 군대마저 해산시켰어.** 일본을 향한 군대의 저항을 미리 막으려는 속셈이었지. 그리고 새로운 조약인 **한일 신협약**(정미 7조약)을 맺어 대한 제국의 법과 행정까지 장악해 버렸어. 대한 제국은 이제 이름만 남은 상황이 돼 버렸지.

곽두기 사전

퇴위 임금의 자리에서 물러나는 거야.

용선생의 포인트

외교적으로 을사늑약의 부당함을 호소하려 했지만, 헤이그 특사를 보냈다는 이유로 고종을 퇴위시킴.

일본의 침략 과정과 조약

① 한일 의정서(1904.2.) - 일본이 대한 제국의 영토를 마음대로 사용할 수 있음.

② 제1차 한일 협약(1904.8.) - 대한 제국의 재정과 외교 업무에 일본인 고문을 둠.

③ 러일 전쟁(1904~1905) - 일본이 대한 제국에 대한 식민 지배를 강대국들에게 인정받음.

④ 제2차 한일 협약(을사늑약, 1905.11.) - 대한 제국의 외교권을 빼앗음, 통감부 설치

⑤ 한일 신협약(정미 7조약, 1907.7.) - 대한 제국의 군대를 해산시킴, 일본인 통감이 대한 제국 정부의 업무를 장악

⑥ 한일 병합 조약(1910.8.) - 대한 제국의 국권을 빼앗음.

나라를 지키기 위한 백성들의 노력

일본의 침략에 대한 제국의 백성들이 가만히 참고만 있었던 것은 아니었어. 그들은 다양한 형태로 국권을 되찾으려고 노력했지. 대표적인 방법이  의병 항쟁과 애국 계몽 운동이었어. ☆시험에 꼭 나와!

을사늑약으로 일제가 노골적으로 침략해 오자 전국적으로 의병이 일어났어. 의병은 을사늑약의 폐기를 요구하며 총과 칼을 들고 일제에 맞섰지. 의병장은 양반 출신이 많았지만, 시간이 지날수록 평민 출신의 의병장도 늘어났어. **평민 의병장**이었던 **신돌석**은 태백산 호랑이라 불리며 활발하게 의병 활동을 펼쳤는데, 그의 부대는 한때 수천 명에 이르기도 했대.

고종 황제가 강제로 퇴위당하고 대한 제국의 군대가 해산되자 의병 항쟁은 더욱 격렬해졌어. 특히 해산된 **대한 제국의 군인들이 의병에 합류**하면서 새로운 무기와 전술이 도입되어 조직력과 전투력이 향상되었지. 이때부터 항일 의병 운동은 **의병 전쟁**으로 발전했어.

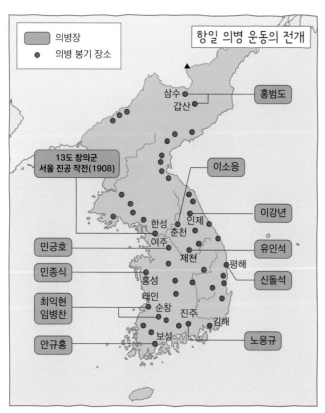

전국 방방곡곡에서 활동했던 의병들은 하나의 연합 부대를 조직해서 서울로 진격하려는 작전을 세웠어. 경북의 의병장 **이인영**을 총대장으로 한 연합 부대는 일본을 몰아내기 위하여 '**13도 창의군 서울 진공 작전**'을 계획하고 한성을 향해 진격 작전을 벌였어. 하지만 화력이 우세한 일본군의 반격으로 이 작전은 실패하고 말았지.

일본은 의병 투쟁이 가장 활발했던 호남 지역의 의병을 몰살하기 위한 '남한 대토벌 작전'을 실행하는데, 의병을 도왔다는 이유로 일반 백성들까지 학살하면서 수많은 희생자를 냈어. 결국 남한 대토벌 작전 이후 국내의 의병 활동은 거의 불가능하게 되었지. 살아남은 의병들 일부는 일본군의 탄압을 피해 국외로 이동하여 독립군으로서 무장 항쟁을 이어갔어.

한편, 애국 계몽 운동은 민족의 실력을 키워 국권을 지키려는 운동이었어. 주로 개화 지식인과 개혁적 성향의 유학자들이 주축이 됐지. 이들이 주장한 방법은 바로 **교육과 언론 활동**이었어. **이승훈**은 **오산 학교**를 설립하고, **안창호**는 **대성 학교**를 설립했지. 또 서북 학회, 기호흥학회와 같은 많은 학회들이 조직되어 사회 문제를 연구했어.

언론 활동도 활발하게 진행되었지. 『**황성신문**』은 국어와 한문을 섞어 써서 지식인들 사이에서 인기가 많았고, 『**대한매일신보**』는 영국인인 **베델**이 대표로 있었기 때문에 일제에 대해 강한 비판을 실은 기사들을 쓸 수 있었어. 영국과 일본은 동맹 관계라 영국인을 함부로 처벌하기 어려웠거든.

경제적으로 일본의 지배에서 벗어나려는 운동도 있었어. 대한 제국은 근대적 시설을 만들면서 일본에 막대한 빚을 지게 되었지. 국민들은 빚을 갚아 나라의 독립을 유지하자는 **국채 보상 운동**을 전개했어. 이 운동은 대구에서 시작해 『대한매일신보』 등이 동참하면서 전국적으로 확대되었지. 하지만 통감부의 방해로 중단되고 말았어.

여성 의병 윤희순
(1860~1935)

윤희순은 시아버지가 의병 활동을 할 때 의병들의 사기를 높이기 위해 의병가를 짓고, 의병 활동을 적극적으로 도왔어. 나라를 일제에 빼앗기자 만주로 이주해 평생 자식들의 독립군 활동을 도왔지.

▲ 베델(1872~1909)

영국 출신 언론인이야. 러일 전쟁 후 특파원 자격으로 조선에 왔다가 그만두고 한국인 양기탁과 함께 『대한매일신보』를 창간했어. 일본의 침략 행위를 비판하고 의병 활동을 알렸지.

용선생의 포인트

국권을 되찾기 위해 의병 항쟁과 애국 계몽 운동이 일어남.

누가 죄인인가! 나라를 지키고자 한 안중근

안중근은 애국 계몽 운동으로 나라의 힘을 키우려고 했어. 학교를 설립하고 직접 아이들을 가르치기도 했지. 하지만 이것만으로는 나라를 지키기 어렵다고 생각해서 북**간도**로 망명해 의병 활동에 참여했어.

안중근은 뜻을 함께한 동지들과 **단지회**라는 이름의 결사를 조직했지. 단지회 동지들은 왼손 약지 한 마디를 잘라 태극기에 '대한 독립'이라는 글자를 쓰고 이토 히로부미와 친일파를 암살하기로 맹세했어.

안중근은 1909년 하얼빈 역에서 한국 침략에 앞장섰던 이토 히로부미를 권총으로 저격해 사살했어. ☆시험에 꼭 나와!

"코레아 우라! 코레아 우라! 코레아 우라!"

이토 히로부미가 쓰러지는 것을 본 안중근은 태극기를 꺼내 목청껏 외쳤어. '코레아 우라!' 러시아 말로 '한국 만세!'라는 뜻이야. 안중근은 그 자리에서 붙잡혔고 뤼순 감옥으로 옮겨져 일본의 재판을 받았어.

안중근은 일본 법정에서 이토 히로부미를 죽인 것이 개인적인 원한 때문이 아니고, **동양의 평화**를 위해서라고 주장했어. 그리고 일제의 만행을 전 세계에 알렸지. 그러나 일제는 공정한 재판을 하지 않았고 안중근은 사형을 당하고 말았어.

용선생의 포인트

안중근이 이토 히로부미를 사살함.

곽두기 사전

간도 중국 만주 지방에 있는 지린성의 동남부 지역이야.

더 알려 줄게!

안중근의 유언

"내가 죽은 뒤에 나의 뼈를 하얼빈 공원 곁에 묻어 두었다가 우리 국권이 회복되거든 고국으로 옮겨서 장사를 지내다오. 나는 천국에 가서도 또한 마땅히 우리나라의 회복을 위해 힘쓸 것이다. ....(중략)... 대한 독립의 소리가 천국에 들려오면 나는 마땅히 춤추며 만세를 부를 것이다."

왕수재의 **역사 노트**

1. 갑오개혁과 을미사변

갑오개혁 (1894년)	• 일본이 김홍집을 앞세워 친일 내각을 구성함. • 과거제, 신분제 폐지 및 국왕의 권한을 제한하는 등의 개혁안 발표

⇩

삼국 간섭	• 청일 전쟁에서 승리한 일본이 중국 랴오둥반도를 차지함. • 삼국의 압박으로 랴오둥반도를 청나라에 다시 돌려줌.

└프랑스, 독일, 러시아

⇩

을미사변 (1895)	• 일본이 왕비를 시해한 뒤, 조선의 정치에 간섭함. • 이후 양력을 쓰고 단발령을 실시함.

⇩

아관 파천	• 고종이 러시아 공사관으로 피신함.

2. 독립 협회의 활동과 대한 제국의 수립

독립 협회	• 서재필이 『독립신문』을 창간한 뒤 독립 협회를 만듦. • 청나라 사신을 맞이하던 영은문을 헐고 독립문을 세움. • 만민 공동회를 열어 백성 누구나 사회 문제를 이야기할 수 있게 함.

└우리나라 최초의 민중 대회

대한 제국	• 나라 이름을 '대한 제국'으로 바꾸고, '대한국 국제'를 반포함. • '광무' 연호를 사용하고, 구본신참의 원칙으로 개혁을 추진함.

└옛것을 근본으로 새것을 참고함!

3. 일제의 국권 침탈

① 일본이 을사늑약을 강제로 체결함. → 외교권 박탈, 통감부 설치

② 고종이 헤이그 만국 평화 회의에 특사를 보냄. → 이 일을 계기로 고종 강제 퇴위

③ 국권을 되찾기 위한 의병 항쟁과 애국 계몽 운동이 벌어짐.

④ 안중근이 한국 침략에 앞장선 이토 히로부미를 죽임(1909년).

각 사건이
일어난 순서를
잘 기억해 둬!

나선애의 **실력 다지기**

01
2020 대학수학능력시험

다음 사건의 배경으로 가장 알맞은 것은 무엇일까?

> 충직한 신하들이 왕을 구출하기로 결심했다.
> …(중략)… 이에 왕과 세자는 궁을 벗어날 수
> 있었고, 한 시간 뒤 전 세계는 아래와 같은 전
> 보를 접했다.
> "조선 왕이 궁궐에서 탈출해 러시아 공사관에
> 머무르고 있다."

① 을사늑약이 맺어졌어요.
② 러일 전쟁이 일어났어요.
③ 을미사변이 일어났어요.
④ 갑신정변이 일어났어요.

02
한국사능력검정시험 38회 초급

(가)에 들어갈 신문으로 알맞은 것은 무엇일까?

우리나라 근대 신문	
• 창간 시기: 1896년 • 창간 인물: 서재필 등 • 주요 특징 　- 한글판과 영문판으로 발행함. 　- 나라 안팎의 소식을 백성들에게 알림.	(가)

①『만세보』　　　　②『독립신문』
③『황성신문』　　　④『대한매일신보』

03

다음 건축물과 관련된 나라에 대한 설명으로 알맞지 <u>않은</u> 것은 무엇일까?

▲ 황궁우와 환구단

① '광무' 연호를 사용했어요.
② '대한국 국제'를 반포했어요.
③ 을사늑약 이후에 세워졌어요.
④ 나라 이름을 '대한 제국'으로 바꿨어요.

04
한국사능력검정시험 31회 초급

(가) 조약의 결과로 알맞은 것은 무엇일까?

> 나는 을사년에 일본에 의해 강제로 맺게 된 (가)에 의해 항거하며 죽음으로써 동포에게 사죄하려고 한다.

민영환

① 척화비가 세워졌어요.
② 갑오개혁이 실시되었어요.
③ 일본에 외교권을 빼앗겼어요.
④ 인천, 원산이 처음으로 개항되었어요.

05

아래 특사단이 파견된 배경으로 알맞은 것은 무엇일까?

헤이그 특사

① 을미사변이 일어났어요.
② 을사늑약이 체결되었어요.
③ 강화도 조약이 맺어졌어요.
④ 동학 농민 운동이 일어났어요.

06

한국사능력검정시험 38회 초급

(가)에 들어갈 민족 운동으로 알맞은 것은?

> **<조사 보고서>**
>
> ○○ 모둠
>
> ◎ 주제: [(가)   ]
> ◎ 방법: 답사, 문헌 조사, 인터넷 검색 등
> ◎ 내용: 일본에게 진 빚을 갚아 나라를 지키고자 한 운동임. 1907년 대구에서 시작되어 전국으로 확산됨.

① 국채 보상 운동　　② 3·1 만세 운동
③ 6·10 만세 운동　　④ 민립 대학 설립 운동

07

중학교 학업 성취도

밑줄 그은 '항일 운동가'에 해당하는 인물로 알맞은 사람은 누구일까?

> **<○○ 일보>**
>
> **유해도 찾지 못한 항일 운동가**
>
> 　그는 중국 하얼빈 역에서 한국 침략에 앞장섰던 이토 히로부미를 사살한 뒤, 사형 선고를 받아 세상을 떠났다.
> 　그는 국권이 회복되면 고국에 묻어 달라는 유언을 남겼으나 아직까지 그의 유해가 묻혀 있는 장소를 알지 못한다.

① 김옥균　　　　② 서재필
③ 안중근　　　　④ 최익현

08

서술형 문제

러일 전쟁에서 승리한 일제는 궁궐을 포위하고 고종과 대신들을 총칼로 위협해서 을사늑약을 강제로 체결했어. 을사늑약을 정식 조약으로 인정할 수 없는 까닭을 간단히 써 보자. [3점]

_____
_____
_____
_____
_____

역사반 **탐구 활동**

서울 중구 정동

또 차이다니…!
벌써 열 번째야.

여기
데이트 코스로
유명한 곳 맞지?

그래서 그런가?
답사할 생각도
안 하시고…

벌써
30분 째야.

다들 정동에 대해
조사해 왔으니까,
우리끼리 다니자!

좋아!

살금

살금

덕수궁 안에
웬 유럽의 궁전?

여긴 덕수궁 석조전이야.
영국인이 설계해
만든 건물이지.

석조전 안에는 고종 황제가 사용했던 가구
들을 두어서 당시의 생활 모습을 재현했어.

중명전은 황실 도서관이야. 덕수궁에
불이 났을 때 고종이 머물렀지.

이곳에서
을사늑약도
체결되었어.

우리 역사의 슬픔이
담긴 곳이구나.

이번에는 내가 설명할 차례야. 너희 아관 파천 알지?

고종이 러시아 공사관에 피신했던 사건이잖아!

이곳이 그 러시아 공사관이야. 지금은 지하와 탑옥 부분만 남아 있어.

고종은 이곳에 머물렀을 때 어떤 심정이었을까?

헉, 벌써 시간이 이렇게 됐네!

선생님이 우릴 찾으실 거야. 얼른 가자!

왜 저렇게 사람들이 모여 있을까?

잠깐! 저 사람 용선생님 아냐?

철칵 우하하

철칵

가을은 고독의 계절! 내 짝은 어디에!

아이, 창피해! 도망가자!

차 악

개항기 정동 답사

러시아 공사관

서울 시청

석조전

황궁우

정동 제일교회

덕수궁

배재 학당

시청역

서울 지하철 시청역에서 내리면 정동을 답사할 수 있어!

2. 3·1 운동과 대한민국 임시 정부 수립

탑골 공원 팔각정(서울 종로)

고종 때 영국인 브라운이 현대식 공원인 탑골 공원을 만들 때 지어졌어.
1919년 3·1운동 당시 학생과 여러 계층의 사람들이 여기서
독립 선언문을 낭독하고 만세 시위를 벌였어.

1910	1911	1912	1919
국권 피탈	105인 사건	토지 조사령 공포	3·1 운동, 대한민국 임시 정부 수립

주권을 빼앗기고 일제의 무단 통치가 시작되다

1910년 8월 29일, 우리 민족은 **한일 병합 조약**으로 일본에 주권을 빼앗기고 식민지가 되었어. 대한 제국은 역사 속으로 사라지고 말았지. 이제 우리 민족은 나라의 일을 스스로 결정할 수 없게 돼 버리고만 거야!

일제는 통감부를 폐지하고 **조선 총독부**를 세워 대한 제국을 완전히 집어삼켰어. 조선 총독부는 식민지 조선의 모든 것을 관리하고 지배하기 위해 만들어진 곳이야. 조선 총독은 행정, 입법, 사법, 군사 통수권을 모두 가지고 식민지 조선을 다스렸어.

"일본 제국과 조선이 하나가 되는 것은 조선인들을 더 잘살게 하기 위함이다!"

일제의 앞잡이들은 한일 병합이 조선에 도움이 된다고 떠벌렸어. 하지만 한국인들의 저항이 만만찮았기 때문에 총독부는 폭력으로 한국인들을 굴복시켰지. 특히 군인 경찰인 **헌병**으로 한국인의 자유를 통제하고 감시했어.

곽두기 사전

일제 '일본 제국주의' 또는 '일본 제국'을 줄인 말로, 보통 일본의 침략적인 성격을 드러낼 때 써.

영심이는 궁금해!

조선, 대한 제국, 한국 등 같은 나라인데 이름이 여러 개라 헷갈려요.

1897년 고종은 '대한 제국'으로 나라 이름을 바꿨지만, 일반 백성들에게는 '조선'이라는 이름이 여전히 더 익숙했어. 게다가 일본은 대한 제국을 식민지로 만들고 우리나라를 '식민지 조선'이라고 불렀지. 그래서 일제 강점기에는 조선, 대한 제국, 한국이라는 이름을 모두 사용했어.

▲ 일장기가 걸린 근정전

일제는 한국인들의 행동뿐만 아니라, 말 한마디조차 철저하게 감시했어. 그들이 보기에 조금이라도 수상한 것이 있다면 가혹한 규칙을 적용해 무자비하게 처벌했지. 이렇게 총칼과 몽둥이를 앞세워 무력으로 다스리는 방식을 **무단 통치**라고 불러.

헌병 경찰은 일제에 저항하는 독립운동은 물론, 그와는 전혀 상관없는 보통 사람들의 일상생활도 엄격하게 단속했어. 헌병이 아닌 학교의 교사나 관청의 관리들까지 제복을 입고 칼을 차 한국인들에게 두려움을 주었지.

헌병 경찰은 정식 법 절차나 재판을 거치지 않고 한국인들을 마음대로 잡아 가두거나 형벌을 내릴 수 있었어. 일제가 만든 처벌 규칙을 보면 허락 없이 단체에 가입하는 사람, 쓸데없는 연설을 하는 사람, 일정한 직업이나 거주지가 없이 떠도는 사람, 굴뚝을 청소하지 않는 사람, 술에 취해 돌아다니는 사람까지도 처벌했어. 사회 질서를 위해 필요한 규칙들도 있었지만, 문제는 이런 규칙들을 지키게 하려고 **폭력적인 방법**을 사용했다는 거야.

일제는 한국인을 처벌하는 방법으로 '**조선 태형령**'이란 법을 만들었어. 태형이란 사람을 엎드리게 한 후 매로 치는 거야. 매를 맞으면 피를 흘리는 경우는 보통이고 심하면 사망할 수도 있는 매우 잔인한 형벌이었어. 조선 총독부는 일본에는 없는 이 형벌을 식민지 조선인들에게 적용했지. 당시 헌병 발자국 소리를 들으면 울던 아이가 울음을 멈춘다고 할 정도로 헌병은 한국인들에게 두려운 존재였대.

▲ 태형
일본에서는 태형을 옛날 법이라고 해서 1882년에 폐지했는데, 식민지 조선에서는 계속 시행했어.

일제는 경제적으로도 식민지 조선을 침탈했어. 토지의 주인을 명확하게 한다는 명분으로 전국에 **토지 조사 사업**을 실시했지. 이 과정에서 조선의 농민들이 큰 피해를 보았어. 토지 주인은 정해진 기간 안에 자신의 땅을 직접 신고해야 했는데, 이 기간 내에 신고하지 않은 땅은 주인 없는 땅으로 여겨 빼앗아 가 버렸지.

조선은 오랫동안 같은 땅에서 농사를 지어 온 사람들을 함부로 쫓아내지 못하게 했거든. 그런데 일제는 이런 권리를 인정해 주지 않았고, 이 때문에 농민들은 땅을 빌려 농사짓는 일마저 어렵게 된 경우가 많았어.

한일 병합 이전에도 조선의 농민들은 지배층의 과도한 수탈과 외세의 침략으로 힘들어 하고 있었어. 그런데 일제의 수탈이 본격화하면서는 아예 **고향을 등지고 떠나야 하는 상황**으로 내몰리게 되었지. 고향을 떠난 농민들은 도시에서 막노동을 하면서 근근이 생계를 이어 가거나, 이마저도 어려운 사람들은 만주나 **연해주** 등 국외로 떠나는 길을 선택해야 했어.

영심이는 궁금해!

토지 조사 사업을 실시한 진짜 목적은 뭐예요?

조선 왕실 소유의 토지를 차지하려는 목적이 컸다고 해. 왕실 소유의 토지는 개인이 소유한 게 아닌 경우가 많았는데, 이런 토지를 주인이 없는 토지로 만들어서 총독부가 차지하고, 다시 헐값으로 일본인 지주들에게 넘겼지.

곽두기 사전

연해주 러시아의 동남쪽 끝에 있는 지방이야. 두만강을 사이로 우리나라와 접하고 있어.

용선생의 포인트

일제가 조선 총독부를 세우고 헌병 경찰을 앞세워 무단 통치를 실시하고, 토지 조사 사업을 실시해 경제적으로 침탈함.

일제의 폭력에 굴하지 않고 싸우다

 더 알려 줄게!

마지막 의병장 채응언

한반도 중북부 지역에서 활약한 의병장이야. 일제가 우리나라를 병합한 후에도 끝까지 의병 활동을 이어가다가 헌병에게 체포되고 말았어. 조선의 마지막 의병장이라고도 불러.

일제의 삼엄한 감시 속에서도 주권을 회복하기 위해 싸웠던 독립운동가들이 있었어. 대한 제국 시기에 국권을 지키려던 의병 항쟁이나 애국 계몽 운동이 강제 병합 이후에도 이어졌거든. 이들은 조선 총독부의 탄압으로 비밀 조직을 만들어 활동해야 했지.

안창호, 양기탁, 신채호 등은 국권을 회복하기 위해 **신민회**라는 비밀 조직을 만들었어. 신민회는 평양과 정주에 대성 학교와 오산 학교를 세워 인재를 키워 내고 민족의식을 높이고자 했지. 그리고 국외에 무관 학교와 독립군 기지를 세워 독립 전쟁을 준비했어.

일제는 신민회를 없애기 위해 사건을 조작했어. 총독을 암살하려는 음모를 꾸몄다는 누명을 씌워 황해도와 평안도의 독립운동가들을 탄압한 거야. 이때 600여 명을 체포하고 그중 105명을 감옥에 가둬 버렸어. 이 음모 조작 사건을 '**105인 사건**'이라고 해.

 곽두기 사전

망명 정치적인 이유로 자기 나라에서 괴롭힘을 당해 못 살고 다른 나라로 몸을 피하는 걸 말해.

조선 총독부는 독립운동가들을 체포한 다음 고문을 했어. 고문으로 사망하는 사람도 있었고, 살아남더라도 질병, 배고픔 등 독립운동가들의 고통은 이루 말할 수 없을 정도였지. 이 과정에서 신민회는 결국 힘을 잃어 점차 없어지게 되었어. 그러자 많은 독립운동가들은 조선을 떠나 국외로 **망명**해 독립운동의 불씨를 지폈지.

대한 광복회는 무장 투쟁을 통해 독립을 이루고자 했던 단체야. 만주에 무관 학교를 세우고 군사 자금을 모아서 무기를 사려고 계획했지. 대한 광복회는 국민이

118

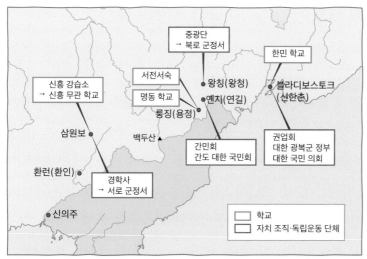

◀ 만주와 연해주 지역의 학교와
독립 운동 단체

만주에서는 국권을 빼앗기기 이전부터 용정촌과
명동촌에 서전서숙과 명동 학교가 세워져 민족 교
육을 실시하고 있었어. 연해주에서는 한국인 마
을인 신한촌이 형성되었는데, 여기서 이상설, 이
동휘 등이 권업회를 조직하고 대한 광복군 정부를
만들었어.

주권을 갖는 나라를 세우고자 했어. 하지만 일제에 조직이 발각되어
강제로 해체되고 말았지.

한편, 일제의 감시를 피해 나라 밖 **만주**와 **연해주**에서도 독립운동
이 활발하게 전개되었어. 이들은 일본과 무력으로 싸우기 위해 독립
운동 기지를 세우고 군사 훈련을 했지. 만주와 연해주 지역은 일찍이
많은 조선인들이 이주해 있던 곳이야. 그리고 한반도와 거리가 가깝
고 일본의 간섭이 적었기 때문에 독립운동 기지를 세우기에 적합한
곳이었지.

신민회의 **이회영**은 만주에 **신흥 강습소**를 만들어 수백 명의 독립
군을 키워 냈어. 신흥 강습소는 이후 **신흥 무관 학교**로 이름을 바꾸
어 독립군 양성을 통한 독립운동의 기반을 마련했지. 이들 지역에서
독립군은 독립운동을 위한 군사 활동 이외에도 학교를 세우고 자치
기구를 만들어 세력을 넓혀 나갔어.

 용선생의 포인트

신민회와 대한 광복회 등이 독립운동을 펼쳤고, 만주와 연해주에서는 독립
운동 기지가 만들어져 독립군을 양성함.

민족 자결주의와 2·8 독립 선언

일제의 무단 통치가 시행되고 있던 시기에 제1차 세계 대전이 일어나 유럽을 중심으로 전 세계의 여러 나라가 전쟁에 휩싸였어. 전쟁은 1918년 영국, 프랑스, 미국 등 연합국의 승리로 끝이 났지.

전쟁이 끝난 뒤 앞으로의 세계 질서를 어떻게 세울 것인가를 두고 승전국들이 의논했어. 그런데 당시 세계 최강국으로 등장한 **미국의 대통령 윌슨**이 '**자기 민족의 일은 그 민족 스스로가 결정해야 한다**'는 주장을 펼쳤어. 왜 이런 주장을 했냐고? 뒤늦게 전쟁에 합류한 미국은 승전국인 영국과 프랑스가 패전국인 **독일**과 **오스트리아의 식민지**를 차지해 세력을 키울까 봐 걱정됐어. 그래서 전쟁이 끝난 직후 파리 강화 회의에서 이런 주장을 펼친 거야.

윌슨의 이런 주장을 '**민족 자결주의**'라고 해. 덕분에 독일과 오스트리아의 식민지였던 서아시아와 유럽의 여러 민족들이 독립할 수 있었어.

더 알려 줄게!

제1차 세계 대전

20세기 초 무렵, 유럽의 강국들은 누가 식민지를 더 많이 차지하는가를 두고 경쟁하고 있었어. 그래서 영국-프랑스-러시아의 삼국 협상 세력과 독일-오스트리아-이탈리아의 삼국 동맹 세력이 각각 형성되었지. 그러던 중 오스트리아의 황태자 부부가 암살당하는 사건이 벌어졌어. 이 사건은 곧 거대한 전쟁으로 확대되었어. 영국의 동맹국이었던 일본도 참전했어. 전쟁이 미국과 삼국 협상 세력의 승리로 끝나자 영국과 동맹이던 일본도 승전국이 되었단다.

✔ 서술형 단골 문제야!

윌슨의 민족 자결주의는 식민지 상황에 있었던 여러 국가들에게 독립에 대한 희망을 주었어. 우리나라의 독립운동가들도 파리 강화 회의에 **김규식**을 대표로 파견해 우리 민족이 처한 상황과 독립에 대한 바람을 전 세계에 알리고자 노력했지.

하지만 파리 강화 회의에서 별다른 성과를 거두기는 어려웠어. 파리 강화 회의는 전쟁이 끝난 뒤 세계 질서를 논의하는 자리였고, 회의의 주인공은 승전국이었거든. 그런데 당시 **일본은 연합국에 속해서 승전국**의 하나였어. 그러니 승전국의 식민지였던 조선의 대표들이 성과를 거둘 수는 없는 상황이었던 거야.

민족 자결주의도 결국은 강자를 위한 논리였어. 그런데도 파리 강화 회의에 우리 민족의 대표가 참석했다는 소식이 국내외 알려져 여러 독립운동에 자극제가 되었지. 게다가 당시 여러 나라가 독립을 하면서 우리나라가 독립운동을 하는 데 유리한 상황이 조성되었어.

이런 분위기에서 일본에 유학하고 있던 한국의 학생들이 독립선언을 했어. 1919년 2월 8일 도쿄에서 있었던 이 선언을 2·8 독립 선언이라고 해. 우리나라도 아닌 일본에서 독립 선언이라니 정말 놀라운 일이지? 일본에 유학한 남녀 유학생들은 우리나라의 독립 의지를 전 세계에 알리기 위해 독립 선언서를 만들어 각국 공사관과 일본 정부, 국회 등에 보내고 선언식을 했지. 이 소식은 곧 국내외의 독립운동가들에게 알려졌고, 또 다른 독립 선언이 울리는 계기가 되었지.

▲ 김규식
어려서부터 미국 선교사에게 서양식 근대 교육을 받고 미국으로 유학을 갔어. 외국어에 뛰어난 재능이 있던 김규식은 파리 강화 회의에 한국 대표로 참여해 한국 독립운동에 관한 소식을 세계에 알렸지.

▲ 2·8 독립 선언 참여 학생들
조선 기독교 청년 회관에서 열린 이 선언식에는 600여 명에 달하는 도쿄의 한국인 유학생들이 모였다고 해. 조선 청년 독립단이라는 단체가 중심이 되어 독립 선언을 계획했어.

용선생의 포인트
윌슨의 민족 자결주의와 도쿄 유학생들의 2·8 독립 선언이 독립운동의 자극제가 됨.

1919년 3월 1일, 터져 나온 대한 독립 만세의 함성!

곽두기 사전

고무 격려를 받아 용기가 나는 것을 말해.

곽두기 사전

천도교 동학이 이름을 바꾼 종교야. 손병희는 동학의 이름을 천도교로 바꿨어. 세력이 컸던 천도교는 3·1 운동에서 핵심적인 역할을 맡았지.

나라 밖 사정에 귀 기울이고 있던 민족 지도자들은 2·8 독립 선언 소식을 듣고 크게 **고무**되었어. 그즈음 대한 제국을 다스렸던 **고종이 사망**했는데, 일제가 독살했다는 소문이 돌아서 한국인들의 감정이 크게 요동쳤지. 게다가 10년간의 무단 통치에 대한 불만도 겹쳐서 사람들은 크게 분노하고 있었어.

이런 국내외의 상황은 대대적인 독립운동을 하기에 아주 좋은 기회가 되었지. 국내의 **천도교**, 기독교, 불교 등의 종교 지도자들은 전국적인 독립 투쟁을 벌이기로 뜻을 모았어.

손병희, 이승훈, 한용운 등 종교계 지도자들과 **학생 단체**의 회원들은 독립 선언서를 만들고 만세 운동과 독립 선언식을 하기 위한 준비를 체계적으로 진행했어. 이때 만들어진 **3·1 독립 선언서**에는 조선이 주권을 가진 독립국임을 선언하고 동양의 평화를 깨뜨리는 일제의 만행을 고발하는 내용을 담았지. 그리고 종교계 지도자들로 이루어진 **민족 대표 33인**이 여기에 서명했어.

만세 운동을 벌이기로 한 3월 1일이 되자 민족 대표 33인은 만세 운동이 폭력적인 시위가 될 것을 우려해 약속된 탑골 공원으로 가지 않고, 태화관이라는 요릿집에서 독립 선언서를 낭독했지.

3·1 독립 선언서 ▶
민족대표 33인이 한국의 독립을 선언한 글이야. '기미독립선언서'라고도 해. 2·8 독립 선언서를 참고하여 최남선이 초안을 작성하고, 한용운이 공약 세 조항을 덧붙였어.

민족 대표들은 나타나지 않았지만, **탑골 공원**에 모인 사람들은 만세의 함성을 지를 준비가 되어 있었어. 한 학생이 팔각정으로 뛰어올라 독립 선언서를 낭독했지.

"우리는 오늘 조선이 독립국이라는 것과 조선인이 자주적인 사람이라는 것을 선언한다. 이를 세계에 알려 인류의 평등이라는 뜻을 명백케 하는 동시에, 자손만대에 알려 민족 스스로의 힘으로 사는 권리를 영원토록 누리게 하겠다!"

독립 선언서 낭독이 끝나자 사람들은 너 나 할 것 없이 한목소리로 목이 터져라 외쳤어.

"대한 독립 만세! 대한 독립 만세!"

탑골 공원을 메운 수천 명의 목소리는 곧 공원 밖을 넘어 만세 행렬로 이어졌어. 일본 경찰들은 만세 행렬을 가로막고 해산을 요구했지만, 사람들은 굴복하지 않고 대한 독립 만세를 외쳤지. 시간이 지나자 온 경성에 만세 소리가 가득 차게 되었단다.

▲ 유관순(1902~1920)
충남 천안의 아우내 장터에서 만세 운동을 이끈 학생 독립운동가야. 서울의 이화 학당에 다니다가 3·1 운동이 일어나자 고향인 천안으로 돌아가 만세 운동을 이끌었어. 이때 유관순의 부모가 경찰의 손에 죽고 유관순은 감옥에 갇혔지. 유관순은 감옥에 갇혀서도 만세 운동을 이끌었고, 이 때문에 심한 고문을 받다가 18살의 어린 나이로 생을 마감하고 말았단다.

> **용선생의 포인트**
>
> 3·1 운동이 일어나 조선이 독립국임을 외침.

대한 독립 만세의 함성이 전 세계에 퍼져 나가다

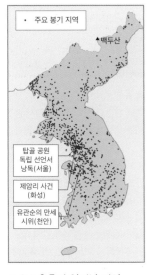

▲ 3·1 운동이 일어난 지역
일제의 탄압에도 불구하고 만세 시위는 전국으로 퍼져 나갔어.

3·1 운동은 3월 1일 하루 만에 끝난 게 아니었어. 3월 1일은 운동이 끝난 날이 아니라 시작된 날이었지. 3·1 운동은 차츰 전국으로 퍼져 나갔어. 전국의 중소 도시로 확산된 만세 운동은 4월 초까지도 계속되었지. 경성에서 만세 운동을 경험한 사람들은 자신의 고향으로 내려가 만세 운동을 조직하고 실행했어. 여기에는 **학생**뿐만 아니라 **농민, 상인, 목사, 기생** 등 직업에 상관없이 많은 사람들이 참여했단다.

만세를 외치는 데는 나이도 없었어. 개성의 만세 운동에서는 8살이 안 된 소년들이 맨 앞줄에 서서 행진하기도 했고, 대구에서는 14살이 안 된 소녀들 30명이 맨 앞에 서서 태극기를 흔들었지. 종교 지도자와 학생들이 시작한 만세 운동이 이제 **민족 전체의 운동**이 된 거야.

사람들은 자기가 할 수 있는 방법으로 만세 운동을 전개해 나갔어. 농민들은 장날에 대규모 시위를 벌이고, 상인들은 자발적으로 가게를 닫아 독립의 의지를 보였지.

전국 각지에서 만세 운동이 일어나자 일제는 무력을 동원해 총칼로 만세 운동을 진압했어. 그러자 만세 운동도 더욱 격렬해져서 일제의 **관청**이나 **경찰서** 등을 공격하고 일본인을 쫓아내기도 했지.

덕수궁 앞을 가득 메운 ▶
만세 시위

만세 운동이 점점 더 격렬해지자 일제는 사람들을 죽이고, 심지어는 아예 마을을 없애 버리기까지 했어. 경기도 화성의 작은 마을 **제암리**에서는 만세 시위 때, 일본인 소학교가 불타면서 일본인들이 인근으로 피신하게 된 사건이 벌어졌어. 일제는 이 사건에 대한 보복으로 마을 주민 모두를 예배당에 모이게 한 후 밖에서 문을 걸어 잠그고 교회에 불을 질렀어. 그리고 빠져나오려는 사람들을 향해 마구 총을 쏘았지. 이 사건으로 수십 명이 그 자리에서 죽었고 교회는 물론 **마을 전체가 불타서 흔적도 없이** 사라져 버리고 말았어.

▲ 불에 타 버린 제암리 교회
선교사인 스코필드(F.W. Schofield)는 경기도 화성 제암리에서 벌인 일제의 만행을 사진에 담아 전 세계에 알렸어.

일제의 이러한 만행을 세상에 알린 건 서양인 선교사들이었어. 일본에도 이러한 소식이 전해졌지만, 총독부는 이 사건을 인정하지 않고 없었던 일처럼 덮어 버렸어.

일본의 탄압에도 불구하고 만세 시위는 계속해서 퍼져 나갔어. 만세 시위는 국내에만 일어났던 게 아니야. 만주, 연해주와 같이 독립군 기지가 있는 곳은 물론, 미국을 비롯해서 **우리 민족이 있는 곳이라면 어디서든** 대한 독립 만세 소리를 들을 수 있었단다.

▲ 미국 필라델피아 동포들의 만세 시위
1919년 3·1 운동 소식이 알려지자 미국의 동포들도 한국의 독립 운동을 지지하고 대한민국 임시 정부 수립을 알리기 위해 필라델피아 독립관 앞에서 자유 한인 대회를 열었어.

용선생의 포인트

일제의 탄압에도 불구하고 만세 운동이 전국으로 확대되고, 외국에서도 만세 운동이 펼쳐졌음.

대한민국 임시 정부, 하나로 힘을 모으다

3·1 운동은 독립운동 역사에서 한 획을 그은 사건이었어. 3·1 운동으로 우리 민족의 힘을 확인할 수 있었지만, 한편으로는 민족을 이끌어갈 대표 단체가 필요하다는 것도 확인했지. 그래서 독립운동가들은 나라 안팎에 여러 임시 정부를 세웠어. 그 가운데 영향력이 컸던 것은 **경성의 한성 정부, 중국 상하이의 임시 정부와 연해주의 대한 국민 의회**였어.

한성 정부는 국내의 13도 대표들이 중심이 되어 만들었는데, 국민 대회를 열어 정부를 구성했어. 외교 활동에 주력하고 있던 독립운동가들은 중국 상하이에서 임시 정부를 만들었지. 또 대한 국민 의회는 러시아 혁명의 영향을 받아서 연해주 지역의 한인들이 모여서 조직했어. 이들 세 단체는 독립운동을 어떤 방향으로 전개할 것인가에 대한 생각은 조금씩 달랐지만, 모두 국민이 나라의 주인이 되는 **민주 공화국**을 만들려고 했어.

☆ 시험에 꼭 나와!

오늘날 <u>대한민국의 뿌리가 되는 **대한민국 임시 정부**도 바로 이들의 손에 의해 만들어졌지.</u> 1919년 4월 11일 상하이에서 나라의 이름과 임시 헌법을 발표했어.

이때 바로 '**대한민국**'이라는 나라 이름이 처음 쓰이게 된 거야. 신한 민국, 조선 공화국, 고려 공화국 등의 후보가 있었는데, 빼앗긴 나라 '대한 제국'을 되찾아야 하니 나라 이름은 '**대한**'이 되었지. 그런데 새로 세울 나라는 왕이 다스리는 왕국이나 황제가 다스리는 제국이 아니라, 국민이 주인이 되는 '**민국**'이어야 했기 때문에 '대한민국'이라고 정한 거야.

곽두기 사전

민주 공화국 공화국은 왕이 없는 정치 제도를 갖춘 나라를 뜻해. 나라를 다스리는 중심이 누구인가에 따라서 귀족 공화국, 민주 공화국 등으로 나눠. 민주 공화국은 모든 권력이 국민에게 있으며 입법, 사법, 행정이 각각 분리된 삼권 분립 제도를 갖추었다는 특징이 있어.

◀ 대한민국 임시 정부 청사 (중국 상하이)
대한민국 임시 정부는 1919년부터 1932년까지 상하이에 있었어.
1926년부터 1932년까지 청사였던 곳은 현재 임시 정부 시절에 쓰던 가구, 책, 사진 등을 전시하고 있어.

3·1 운동 이후 큰 변화 가운데 하나는 더 이상 과거의 조선이나 대한 제국을 그대로 되살리려고 하지 않았다는 점이야. 새로 세울 나라는 **국민이 주인이 되는 나라**여야 한다는 게 당시 대부분 독립운동가들이 가진 생각이었어. 대한민국 임시 정부의 **임시 헌법**에는 이러한 점이 밝혀져 있어.

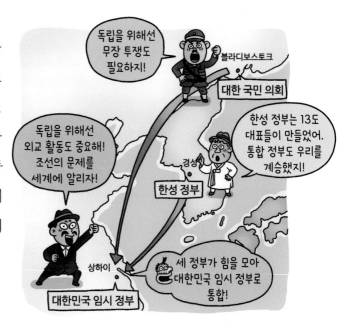

"대한민국은 민주 공화제로 한다."

임시 헌법의 첫 번째 조항이야. 현재 우리나라 헌법 제1조 1항은 '대한민국은 민주 공화국이다'인데, 매우 비슷하지? 대한민국 임시 정부는 국민이 주인이 되는 나라로, 모든 국민이 자유롭고 평등한 나라를 지향했어.

상하이 외에도 경성과 연해주에 있던 임시 정부의 지도자들은 민족의 힘을 하나로 모으기 위해서 정부를 통합하는 데 뜻을 함께했지. 1919년 9월 드디어 세 정부가 뜻을 모아 하나의 임시 정부로 통합했어. 그리고 중국 상하이에 근거지를 두었지.

상하이는 임시 정부 활동을 하기에 유리한 점이 많은 지역이었어. 프랑스의 **조계지**로 일본의 압박을 피하기 유리했고, 많은 외국인들이 드나들어 세계의 여러 소식을 빠르게 알 수 있었고, **외교 활동**을 하기에도 편했지.

🐞 **곽두기 사전**

조계지 외국인 전용 주거 지역이라고 생각하면 돼. 조계지의 외국인은 그 나라가 아닌 조계 국가의 영토에 살고 있는 것으로 간주했지. 예를 들어 중국에 있는 프랑스 조계지는 중국 영토가 아니라 프랑스 영토로 생각했단 말이야.

곽두기 사전

내각 나라의 행정을 담당하는 최고 조직을 말해. 대통령과 국무총리, 각 부의 장관들로 구성하지.

▲ 독립 공채

독립 공채는 독립 운동을 위해 만들어진 것인데 독립한 이후 갚겠다는 조건으로 정부가 사람들에게 돈을 빌린 것이었어. 하와이에 사는 동포들이 가장 열심히 모금해 돈을 보내 주었다고 해. 멕시코, 연해주, 용정의 동포들도 한 푼 두 푼 모아서 공채를 구입해 독립운동에 힘을 보탰어.

 곽두기 사전

침체기 일이 잘되거나 나아가지 못하고 제자리에 머물러 있는 시기를 말해.

대한민국 임시 정부가 세워지고 곧 임시 정부를 이끌어갈 **내각**이 발표됐어. 대통령에는 미국과의 외교를 중요하게 생각한 **이승만**을, 국무총리에는 대한 국민 의회의 대표였던 **이동휘**를 선출했지.

임시 정부는 비밀 행정 업무를 담당하기 위한 **연통제**를 조직하고, 비밀 연락 체계인 **교통국**을 설치했어. 이를 통해 국내외의 독립운동을 지휘하고 여기에 필요한 자금도 모았지. 또 **독립 공채**를 발행해 재정을 확보하려고 했어. 그뿐만 아니라 『**독립신문**』을 발행해 임시 정부의 항일 활동을 알렸지. 그 외에도 미국을 비롯한 여러 나라에 위원부를 설치하고 외교 위원을 파견하기도 했어.

대한민국 임시 정부는 독립운동의 방법에 대해 여러 가지 생각을 하는 사람들이 하나로 힘을 모았다는 데 의의가 있어. 하지만 시간이 지날수록 어떤 방향으로 독립운동을 펼칠 것인가를 두고 의견 차이가 벌어졌어. 외교가 중심이어야 한다는 입장과 민족의 실력을 먼저 키워야 한다는 입장, 무장 투쟁으로 나라를 되찾아야 한다는 입장들이 서로 충돌했지. 1923년 국민 대표 회의를 열어 의견을 모아 보고자 했으나 결국 실패하고 많은 독립운동가들이 대한민국 임시 정부를 떠났어. 이 때문에 대한민국 임시 정부는 한동안 **침체기**에 빠지게 되었지.

 용선생의 포인트

3·1 운동 이후 상하이에 통합된 대한민국 임시 정부를 수립함.

왕수재의 **역사 노트**

1. 일제의 무단 통치

① 일제가 한일 병합 조약(1910년)을 맺은 후 조선 총독부 설치함.

② 헌병 경찰을 통해 한국인을 통제하고 감시함.

③ 토지 조사 사업 실시로 토지를 빼앗긴 많은 농민이 국외로 떠남.

3·1 운동의 배경과 대한민국 임시 정부의 수립은 시험에 자주 출제된다는 말씀!

2. 1910년대 국내외 민족 운동

① 신민회: 안창호, 양기탁 등이 세운 비밀 조직 → '105인 사건'으로 해체

② 대한 광복회: 무장 투쟁을 통한 독립 계획. 국민이 주권을 갖는 나라를 세우려고 함.

③ 신흥 강습소(신흥 무관 학교): 이회영이 만주에 설립, 독립군을 키워 냄.

3. 3·1 운동(1919년)

① 배경: 윌슨의 민족 자결주의, 도쿄 유학생의 2·8 독립 선언, 고종 독살설 등

자기 민족의 일은 그 민족 스스로 결정해야!

② 경과: 탑골 공원에서 독립 선언서 낭독을 시작으로 전국 각지와 해외에서 만세 운동이 일어남.

4. 대한민국 임시 정부 수립(1919년)

배경	• 3·1 운동 이후 독립운동을 이끌어 갈 정부의 필요성 제기
임시 정부 수립 및 통합	• 국내: 13도 대표가 중심이 되어 한성 정부를 만듦. • 상하이: 외교 활동 주력 독립운동가가 상하이 임시 정부를 만듦. • 연해주: 러시아 혁명의 영향을 받은 한인이 대한 국민 의회를 만듦. → 세 정부가 통합해 상하이에 민주 공화국을 지향한 대한민국 임시 정부를 수립함. 국민이 주인이 되는 나라!
활동	• 연통제 조직, 교통국 설치 • 독립 공채 발행, 『독립신문』 발행

01 한국사능력검정시험 34회 초급

(가)에 들어갈 일제의 정책으로 알맞은 것은 무엇일까?

1910년대 일제는 (가) 을 실시했습니다. 이 과정에서 조선 총독부가 차지한 땅이 크게 늘어났습니다. 조선 총독부는 이 땅을 동양 척식 주식회사를 비롯한 일본인에게 싼 값으로 팔아 넘겼습니다.

① 단발령   ② 조선 태형령
③ 산미 증식 계획   ④ 토지 조사 사업

02

다음 일제의 무단 통치에 관한 설명으로 알맞지 <u>않은</u> 것은?

① 조선 태형령을 만들었어요.
② 보통 경찰제를 실시했어요.
③ 학교의 교사들도 제복을 입고 칼을 찼어요.
④ 헌병 경찰이 한국인을 마음대로 잡아 가둘 수 있었어요.

03 한국사능력검정시험 32회 초급

다음 대화에 나타난 단체로 알맞은 것은 무엇일까?

안창호, 양기탁 선생 등이 만든 비밀 단체가 일제에 의해 해체 되었다는 소식 들었나?

그래. 대성 학교와 오산 학교를 세워 민족 교육에도 힘썼다는데 안타까운 일이야.

① 신민회   ② 의열단
③ 독립 협회   ④ 조선어 학회

04

빈칸에 들어갈 단어로 알맞은 것은 무엇일까?

이회영은 독립운동가와 항일 독립군을 키워 내기 위해 만주에 ☐☐☐ 를 설립했어요.

① 오산 학교
② 대성 학교
③ 이화 학당
④ 신흥 강습소

05

빈칸에 들어갈 단어로 알맞은 것을 써 보자.

> 미국의 윌슨 대통령은 파리 강화 회의에서 [   ] 를 주장했다. 이것은 '자기 민족의 일은 그 민족 스스로가 결정해야 한다'는 주장으로 식민지 국가에 영향을 주었다.

06 한국사능력검정시험 40회 중급

(가) 단체에 대한 설명으로 알맞은 것을 〈보기〉에서 모두 고른 것은 무엇일까?

> 내가 맡게 된 임무는 자금 조달이었으며, 상하이 출발에서부터 국내 잠입, 상하이 귀환의 모든 경로 및 절차는 [(가)] 의 지시에 따르도록 되어 있었다. ……나는 3월 초순에 상하이를 출발했다. 국내 잠입 경로는 연통제를 따랐다. ……이것은 아버님과 남편이 상하이에 갔을 때도 이용했던 선편으로 [(가)] 와 국내를 잇는 주요 통로였다.

〈보기〉
㉠ 교통국을 운영했어요.
㉡ 독립 공채를 발행했어요.
㉢ 통리기무아문을 설치했어요.
㉣ 105인 사건으로 해체되었어요.

① ㉠, ㉡   ② ㉠, ㉢   ③ ㉡, ㉢   ④ ㉢, ㉣

07 2019 대학수학능력시험

다음 선언서가 발표된 민족 운동에 대한 설명으로 알맞은 것은 무엇일까?

> ### 선언서
> 우리는 이제 우리 조선이 독립국임과 조선인이 자주민임을 선언하노라.
> (…)
> 공약 3장
> 하나. 오늘 우리의 거사는 정의, 인도, 생존, 존엄을 위한 민족적 요구이니 오직 자유적 정신을 발휘할 것이오. 결코 배타적 감정에 매몰되지 말라.
> 하나. 최후의 한 사람까지. 최후의 일각까지 민족의 정당한 의사를 쾌히 발표하라.
> 하나. 모든 행동은 무엇보다 질서를 존중해 우리의 주장과 태도를 어디까지든지 광명정대 하게 하라.
>
> 기미년 3월
> 조선 민족 대표 33인

① 을사늑약에 영향을 끼쳤어요.
② 수신사를 파견하는 계기가 되었어요.
③ 독립 협회가 만들어지는 계기가 되었어요.
④ 대한민국 임시 정부 수립에 영향을 끼쳤어요.

08 서술형 문제

3·1 운동이 일어날 수 있었던 배경에 대해 간단하게 써 보자. [3점]

_____

_____

_____

모두 독립운동가에 대해 조사해 왔지? 어느 조부터 발표할까?

나라를 위해 힘쓴 독립운동가

저희요!

우아~. 콧수염이 정말 멋진데?

우리가 발표할 인물은 안창호야!

안창호는 독립을 위해 민족의 실력을 키워야 한다고 주장했어. 평양에 대성 학교를 세워 인재를 길렀지.

또 미국 샌프란시스코에서 흥사단을 세워 한국인의 실력 양성 운동에 앞장섰어.

저 멀리 미국에서도 우리나라 독립을 위해 힘썼네.

넌 독립운동을 위해 네가 가진 돈 전부를 내놓을 수 있어?

안 되지! 내가 할아버지, 할머니 어깨를 주물러서 힘들게 받았단 말이야!

부자로 손꼽혔던 이회영과 형제들은 전 재산을 독립운동을 위해 사용했는데 현재 돈으로 600억이나 된대.

나는 천 원도 아까운데…. 정말 대단하다!

신흥 무관 학교에서는 무엇을 배웠을까?

이회영과 그의 형제들이 세운 신흥 강습소는 독립에 이바지할 군인을 기르려고 했어. 신흥 강습소는 나중에 신흥 무관 학교로 이름을 바꾸었지. 신흥 무관 학교는 기본적으로 군사 학교였기 때문에 군사 교육에 많은 시간을 썼어. 또한 학생들의 민족정신을 길러 주기 위해 국어, 국사, 지리 교육을 강조하기도 했어. 강한 민족정신을 가진 인재를 양성하는 것이 독립을 쟁취하기 위해서 꼭 필요하다고 생각했던 거야. 신흥 무관 학교는 폐교될 때까지 2,100명의 독립군을 배출해 우리나라의 독립운동에 크게 기여했어.

3. 식민 통치의 변화와 독립운동의 전개

울지 마세요!

한국의 아들 손기정, 남승룡 선수!

가슴에 일장기라니!

우승한 손기정 선수는 결승선 통과 후 만세도 환호도 부르지 않고 묵묵히 땅만….

손기정 시상식
손기정(가운데)과 남승룡(왼쪽) 선수는 1936년 제11회 베를린 올림픽에 일본 대표로 출전하여 마라톤 종목에서 금메달과 동메달을 땄어. 『조선중앙일보』와 『동아일보』는 손기정의 가슴에 일장기를 지운 사진을 신문에 실었다가 발행이 중단되기도 했어.

1920
봉오동 전투, 청산리 대첩

1926
6·10 만세 운동

1927
신간회 설립

1929
광주 학생 항일 운동

1932
윤봉길 의거

'문화 통치', 조선을 분열시켜라

3·1 운동은 식민지 조선을 크게 바꾸었어. 일제는 총과 칼로 한국인을 다스리는 데 한계가 있다는 걸 알게 됐지. 게다가 3·1 운동을 무자비하게 탄압한 사실이 전 세계에 알려지자 일본을 향한 국제적 여론도 악화되었어.

일제는 세계의 여론을 진정시키기 위해 조선 총독부의 통치 방식을 바꾸기로 했어. 이른바 '문화 통치'를 내세우기 시작한 거야.

"조선인의 문화와 자유를 보장하겠다!"

1920년 조선 총독으로 부임한 **사이토**의 말에 한국인들은 어리둥절했어. 정말 한국인들은 자유를 누릴 수 있게 된 것일까? 일제의 '문화 통치'의 실상은 과연 무엇일까?

일제는 '문화 통치'를 하겠다며 먼저 헌병 경찰 제도를 폐지했어. 군인 경찰인 헌병이 아니라 **보통 경찰**이 한국의 치안을 담당한다고 했지. 하지만 실상은 헌병에서 경찰로 이름만 바뀌었을 뿐, 오히려 경찰의 수와 경찰 관련 예산을 3배나 넘게 늘려 한국인들에 대한 **감시를 강화**했어.

또 완전히 금지되었던 언론과 출판, 집회의 자유도 허용했어. 한국인들이 원한다면 신문, 잡지, 책 등을 만들 수 있게 됐지. 이 시기에 우리 민족 신문인 『조선일보』와 『동아일보』도 창간되었어.

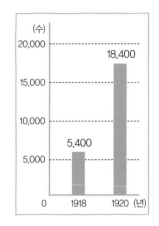

▲ 급격히 늘어난 경찰
일제는 문화 통치를 실시하면서 오히려 경찰 예산을 늘리고 경찰관의 수도 예전에 비해 3배 이상 늘렸어. 한국인들을 더욱 철저하게 감시하려고 한 거야.

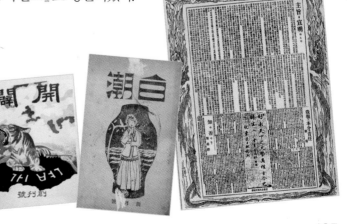

◀ 1920년대 신문과 잡지
『동아일보』 창간호와 잡지 『개벽』과 『백조』의 창간호 표지야. 1920년대에는 『조선일보』와 『동아일보』, 『중외일보』 등 신문과 『개벽』, 『폐허』, 『백조』 등 잡지도 등장했지만, 모두 조선 총독부의 감시를 받았어.

▲ 검열 당한 신문

조선 총독부는 한국인의 신문을 살펴 일제에 비판적인 기사가 있으면 삭제해 버렸어. 아예 신문 자체를 정지시키거나 없애기도 했지.

 곽두기 사전

친일파 일본과 친하게 지내는 사람들을 뜻해. 일제 강점기에는 민족을 배신하고 일본의 지배를 돕거나 협조했던 사람들을 말해.

더 알려 줄게!

대표적인 친일파

일제는 회유와 협박으로 한국인들에게 많은 영향을 미치고 있었던 사람들을 친일파로 적극적으로 포섭했어. 소설가로 많은 인기를 얻고 있었던 이광수, 3·1 운동 당시 민족 대표 중 한 명이었던 최린, 독립 선언서 초안을 작성한 최남선 등이 친일파로 변절한 대표적인 인물들이었지.

이것 역시 보기 좋은 허울이었지. 모든 신문과 책은 발행하기 전에 **총독부가 미리 검사**했고, 일본의 식민 지배를 비판하거나 민족의식을 자극하는 내용은 모두 삭제하도록 했어.

교육과 관련해서는 한국인의 교육 기간을 늘리고, 더 깊이 있는 공부를 할 수 있도록 고등 보통학교를 늘리겠다고 했어. 한국어와 한국 역사를 가르치는 것도 막지 않겠다고 했지. 하지만 초등 교육과 기술 교육 같은 아주 기초적인 부분만 확대하고 학교에서는 일본인과 한국인이 하나라는 교육을 강화했어. 또 한국어와 한국 역사를 가르치는 학교에 대해서는 지원을 하지 않았기 때문에 **사실상 바뀐 게 없었어.** 일제의 수탈에 허덕이던 한국인들에게는 스스로 힘으로 학교를 지어 운영한다는 게 불가능에 가까웠거든.

'문화 통치'를 시행하면서 일제는 좀 더 교묘하게 조선을 다스리려 했어. 한국인들 가운데 일본의 식민 지배에 찬성하는 **친일파**를 만들어서 **한국을 분열**시키려고 한 거야. 3·1 운동으로 우리 민족이 힘을 모으면 식민 통치에 큰 위협이 될 수 있다는 것을 알았기 때문이었지.

친일파들은 독립을 포기하고 완전한 일본인이 되어야 한다거나 일본법을 지키며 민족 운동을 벌여야 한다고 주장했어. 하지만 완전한 일본인이 된다는 것은 허상이었어. 일본은 한국인들에게 자국민과 같은 권리를 절대 주지 않았거든. 또 일제가 우리나라에 적용한 법은 우리나라를 강제로 침략하기 위해 만든 법이었기 때문에 그 법을 지키면서 민족 운동을 하자는 것은 사실상 독립을 포기하자는 것과 다름없었지. 이런 친일파들의 주장은 우리 민족이 하나로 **힘을 모으는 데 큰 걸림돌**이 됐단다.

일제는 다른 한편으로 경제적 수탈을 강화해 나갔어. 1920년대에는 **산미 증식 계획**, 즉 쌀을 더 많이 생산하기 위한 정책을 시행했지. 하지만 이건 일본을 위한 계획이었어. 산미 증식 계획으로 조선의 쌀 생산량은 늘어났지만, 그보다 더 많은 양을 일본으로 가져갔어. 그래서 농민들은 자신이 농사지은 쌀을 먹기가 힘들었지. 쌀 생산량을 늘리기 위해 저수지도 많이 만들었는데, 이 비용도 농민들이 부담해야 했어. 쌀이 부족해져 조선의 쌀값이 치솟았고, 높은 소작료와 각종 세금 부담으로 조선의 농민은 더욱 힘들어졌단다.

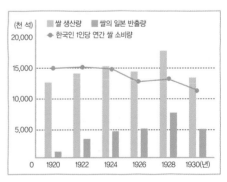

▲ 1920년대의 쌀 생산 증가량과 반출량
쌀의 생산량은 늘었지만 일본으로 가져가는 쌀의 양은 더 크게 증가했어. 그러니 한국인의 쌀 소비량은 줄어들 수밖에 없었지. 한국인의 영양 상태도 점점 나빠졌어.

용선생의 포인트
일제가 '문화 통치'를 내세워 한국인을 속이고 민족을 분열시키려 함.

조선의 힘을 기르자!

1920년대 들어서 국내의 독립운동은 크게 두 갈래로 나뉘었어. 민족주의자들은 일본과 싸우기 위해 새로운 지식을 익히고 경제력을 길러야 한다고 했어. 지식과 경제가 나라의 힘이라고 생각한 거지. 한편 **사회주의자**들은 농민과 노동자들이 앞장서 일제에 맞서 투쟁해야 한다고 주장했어. 총독부의 보호 아래에서 이익을 얻고 있는 자본가나 지주들 역시 맞서 싸워야 할 대상이라고 봤지.

민족주의자들은 우리나라의 힘을 기르자는 **실력 양성 운동**을 전개했어. 그 힘이란 바로 **산업과 교육**을 말하는 것이었지. '문화 통치'가 시행되면서 한국인들은 이전에 비해 자유롭게 회사를 만들 수 있게 되었어. 하지만 일본의 공장에서 만든 물건들이 싼 가격에 우리나라로 들어오면서 우리나라 기업은 더욱 어려워졌어.

이러한 상황을 이겨 내고자 **물산 장려 운동**이 시작됐어. '조선 사람 조선 것으로!', '내 살림 내 것으로!'라는 구호를 외치며 우리 **민족 기업이 만든 물건을 쓰자**는 운동이었지. 가격이 조금 비싸더라도 한국인 회사에서 만든 물건을 쓰면 한국의 경제를 튼튼하게 해서 나라를 살릴 수 있다고 생각한 거야.

더 알려 줄게!

사회주의의 수용

사회주의는 19세기 유럽에서 등장한 사상이야. 토지나 공장과 같은 생산 수단을 사회가 관리하고 생산물로 얻는 이익을 노동자들에게 평등하게 분배하자고 주장했지. 사회주의는 1920년대 초에 일본에서 유학하던 유학생들을 통해 조선으로 들어왔다고 해.

▲ 물산 장려 운동 광고
오른쪽부터 읽으면 '우리가 만든 것 우리가 쓰자'라는 문구가 보여. 물산 장려 운동은 표어, 포스터, 강연회, 가두 행렬 등을 통해 전국으로 퍼져 나갔어. 평양, 서울은 물론 지역의 작은 마을에서도 좋은 반응을 얻었지.

1920년 **조만식**은 평양에서 조선 물산 장려회를 만들어 전국으로 물산 장려 운동을 전파했어. 운동이 처음 시작했을 때는 많은 사람들이 호응했어. 하지만 한국 기업의 생산 시설이 부족해서 물건을 넉넉히 만들기 어려웠고, 일제의 방해로 크게 확산되지 못하고 말았지.

민족주의자들은 교육에도 큰 관심을 가졌어. 총독부는 한국인들이 대학을 설립할 수도 있다고 했거든. 이에 민족주의자들은 우리의 대학을 세워야 한다고 주장하면서 **민립 대학 설립 운동**을 전개했지. 우리 민족의 **얼**과 혼을 지킬 수 있는 고등 교육 기관이 필요하다고 생각했던 거야.

운동 초기에는 모금 활동으로 국내외에서 많은 성금이 모여들었어. 하지만 총독부는 대학 설립을 계속 방해했고, 경성에 일본의 **제국 대학**을 세우면서 한국인의 대학 설립을 막아 버렸지. 경성 제국 대학에서는 독립 의식을 일으키는 정치, 경제 등의 학부는 설치되지 않았고, 식민 통치에 효과적으로 이용할 수 있는 법문학부, 의학부 등만 설치되었어.

 곽두기 사전

얼 사람 안에 깃든 꼿꼿한 정신을 말해.

 용선생의 포인트
민족주의자들이 조선의 산업과 교육 등을 성장시키려는 실력 양성 운동을 전개함.

독립을 위해 힘을 모으다

▲ 순종의 장례 행렬
순종의 장례 행렬이 지나는 곳마다 학생들과 시민들이 모여 만세를 불렀다고 해.

1926년 대한 제국의 마지막 황제였던 순종이 세상을 떠났어. **순종의 장례 행렬**을 지키기 위해 전국에서 많은 사람들이 경성으로 모여들었지. 일제는 고종의 장례식을 계기로 3·1 운동이 일어난 것을 떠올리며 만세 운동이 일어나는 것을 막기 위해 만반의 준비를 했어.

장례식 당일인 6월 10일, 학생들은 준비된 격문을 뿌렸고, 대한 독립 만세를 외치기 시작했어. 만세 소리가 터져 나오자 거리는 순식간에 만세 함성으로 뒤덮였지. 일본 경찰은 만세를 외치는 사람들을 마구 잡아들였지만 한번 시작된 만세 소리는 멈추지 않았어. 학생들의 주도로 벌어진 이 사건을 **6·10 만세 운동**이라고 해.

6·10 만세 운동은 3·1 운동보다 규모가 크지는 않았지만, **민족주의자**와 **사회주의자**가 독립을 위해 하나로 힘을 합칠 필요성을 느끼게 하는 계기가 되었지. 어떤 사회를 만들 것인가 하는 생각은 달랐지만 일본에게 독립을 쟁취해야 한다는 점에는 모두 뜻을 모았거든. 그 결과 1927년에는 서로 손을 잡고 **신간회**를 만들었어. 신간회는 일본과 타협하지 않고, 정치적 경제적으로 각성해 하나의 민족으로 뭉칠 것을 규칙으로 삼았어. 신간회는

☆ 시험에 꼭 나와!

신간회 파이팅!

대한독립 만세!

지금은 힘을 합쳐야 할 때!

→ 사회주의자

민족 주의자 →

신간회

이념이 다를지라도

독립으로 가는 길

140

전국 141개 지회와 4만 명의 회원을 지닌 **최대 항일 단체**로 자리 잡게 되었지. 총독부는 신간회의 결성을 허가하기는 했지만, 그들의 활동을 그대로 놔둘 생각은 없었어. 총독부의 간섭으로 신간회 본부에서는 총회조차 열기 어려웠지.

하지만 전국 각지에 뻗어 나간 신간회 지회는 활발한 활동을 이어 갔어. **야학**을 지원하고 강연회나 연설회 등을 통해 민중을 깨우치려고 했지. 농민과 노동자들의 이익을 침범하는 일제의 정책에 맞서 투쟁을 벌이기도 했어. 또 학생들의 동맹 휴학을 지원하고 청년 단체, 여성 단체와도 연계해 사회 여러 분야에서 민족 운동을 진행했지.

이런 가운데 1929년 11월 **광주 학생 항일 운동**이 일어났어. 광주에서 나주로 가는 기차에서 일본인 학생과 한국인 학생 사이에 다툼이 일어났는데, 일본 경찰은 일본인 학생 편만 들어 한국인 학생만 처벌했지. 게다가 신문에서도 한국인 학생에게 불리한 내용만 기사로 썼어.

이 소식을 들은 한국인 학생들은 남녀 가리지 않고 시위에 나섰어. 일제는 시위를 막기 위해 강제로 학교 문을 닫게 하고 학생들을 붙잡아 갔지만 시위 열기를 막을 수는 없었지. 6·10 만세 운동으로 항일 의식이 한껏 고조되었던 데다가 그동안 식민지 차별 교육으로 받았던 울분과 설움까지 한꺼번에 폭발했기 때문이야. 여기에 신간회가 나서서 학생들의 항일 운동이 전국으로 퍼져 나갈 수 있게 도왔거든. 시위에 참여한 학생들은 5만 4천여 명이나 되었다고 하는데, 이는 3·1 운동 이후 **최대 규모**라고 해.

곽두기 사전

야학 제대로 된 교육을 받지 못한 사람들에게 밤에 수업을 하는 교육 기관이야.

더 알려 줄게!

학생 독립운동 기념일
11월 3일은 학생 독립운동 기념일이야. 바로 1929년 11월 3일에 있었던 광주 학생 항일 운동을 기념하기 위해 지정된 날이지.

용선생의 포인트
6·10 만세 운동과 광주 학생 항일 운동이 일어나고, 민족주의자와 사회주의자가 힘을 합쳐 신간회를 설립함.

민족의 정신을 지켜 내자

더 알려 줄게!

한글 사전 편찬

조선어 연구회(조선어 학회)는 1929년부터 『조선어 사전』 편찬 작업을 시작했어. 일상에서 쓰이는 순 우리말과 한자말, 널리 쓰이는 외래어와 사투리, 전문 용어 등을 골라서 뜻을 정리했지. 이 사전은 해방 이후인 1947년에 『큰사전』이라는 이름으로 출판되었어.

일제는 한국인의 정신을 굴복시키기 위해 노력했는데, 특히 한국의 말과 글을 없애는 데 힘을 쏟았어. 학교나 일상생활에서도 일본어를 사용하도록 갖가지 방법을 동원했지.

하지만 한국인들은 이에 저항해 우리말을 지키려고 노력했어. **주시경**은 일제의 강제 병합 이전인 1908년 국어 연구 학회를 조직하고 한글 보급에 앞장섰지. 그리고 주시경의 제자들이 **조선어 학회**를 만들어 일제 강점기에도 한글 연구를 이어 갔어. **이윤재, 김윤경, 최현배** 등의 국어학자들은 연구를 거듭하여 한글 맞춤법 통일안을 만들고 한글 사전을 편찬하는 데 힘을 기울였지.

대중들에게 한글을 보급하는 운동도 함께 이루어졌어. 글을 모르는 농촌 사람들에게 한글을 가르치기 위해 언론을 중심으로 활동이 이루어졌지.

"아는 것이 힘, 배워야 산다!"

조선일보는 전국에 **문자 보급 운동**을 벌여 한글 교재를 나누어 주고 사람들이 글자를 배울 수 있도록 했어. 또 동아일보는 **브나로드 운동**을 펼쳤어. 브나로드는 '민중 속으로'라는 뜻의 러시아 말이야. 농민들의 문맹 퇴치와 생활 개선을 위해 그들 속으로 들어가야 한다는 의미였지.

◀ **조선어 학회**
우리말 연구를 목적으로 조직된 단체야. 잡지 『한글』을 발간하고, 연구 발표회와 강연회를 통해 우리말의 우수성을 알렸어. 맞춤법 통일안을 만들고 한글 사전 편찬을 준비하기도 했지. 하지만 1942년 '조선어 학회 사건'으로 주요 회원들이 감옥에 갇히게 돼.

작가들도 민족의 혼을 담아 독립을 노래했어. **한용운, 이육사, 윤동주**는 일제의 회유를 뿌리치고 우리말로 시를 지어 일제의 정책에 저항했단다.

일제는 우리의 **역사도 왜곡**하고 축소했어. '한국인들은 스스로 할 수 있는 일이 없어서 역사적으로 늘 다른 나라의 도움을 받아 왔다', '뒤떨어진 조선 사회를 잘살게 해 준 일본에게 고마워해야 한다', '조선인은 단결할 줄 모르고, 조선은 당파 싸움 때문에 망했다'라는 게 일제의 주장이었지.

조선의 역사학자들은 각자 자신의 입장에서 식민 사관의 부당함을 알리려 했어. **신채호**는 신문에 일제 침략의 부당함을 밝히고, 『조선 상고사』, 『조선사 연구초』 등의 역사책을 써서 고조선부터 우리 민족이 주체적으로 발전한 민족임을 밝혔어. 또 『이순신전』, 『을지문덕전』과 같은 영웅들의 전기를 써서 독립에 대한 의지를 불어넣고자 했지.

박은식은 『한국통사』에서 일제가 조선을 침략한 과정과 독립운동의 과정을 자세하게 기록해 역사로 남겼어. 또 민족의 혼이 살아나야 민족이 다시 일어날 수 있다고 주장했지.

백남운은 사회주의적인 관점에서 우리 역사를 분석했어. 『조선사회경제사』에서 우리 민족의 역사도 세계의 다른 나라들과 마찬가지로 역사 발전 단계를 거쳐 주체적으로 발전해 온 역사임을 드러냈어.

▲ 신채호(1880~1936)
단군과 부여, 고구려를 중심으로 우리 고대사의 체계를 세웠어. 우리나라에서 최초로 근대적인 방법으로 역사책을 써서 근대 역사학의 출발이라고 평가해.

▲ 박은식(1859~1925)
『한국통사』 외에도 『안중근전』, 『동명성왕실기』 등의 책을 썼어. 여러 신문과 잡지에 나라를 생각하는 글을 쓰고, 애국 계몽 운동을 펼쳤지. 대한민국 임시 정부의 대통령을 지내기도 했어.

용선생의 포인트
지식인들이 우리나라의 말과 역사를 지키기 위해 노력함.

민족의 독립을 위해, 싸우자 독립군이여!

일본에 국권을 빼앗긴 이후 무장 독립운동의 필요성을 느낀 사람들은 만주와 연해주로 건너가 여러 **독립군** 부대를 조직했어. 이들은 이미 거주하고 있던 동포들의 도움을 받아 군사 훈련을 하거나 군대를 키워 냈어.

독립군은 늘 열악한 환경과 싸워야 했어. 돈이 넉넉하지 않아서 굶주리는 일도 많았고, 만주의 추운 날씨에도 시달렸지. 또 일제의 감시를 피하고자 떠돌아다니는 삶이 이어졌어.

어려운 조건 속에서도 독립군들은 압록강과 두만강을 건너 일본 관공서나 일본군을 공격했어. 물론 일본은 독립군을 눈엣가시로 여겼기 때문에 그들을 추격해 만주까지 쫓아가 공격을 퍼부었지.

여러 독립군 중에서도 **홍범도**가 이끌던 독립군 부대는 만주에서 여러 차례 일본군을 공격해서 용맹을 떨치던 부대였지. 그런데 독립군에게 패한 일본군이 **전열**을 정비해 홍범도 부대의 본거지인 **봉오동**까지 밀고 올라온 거야!

홍범도는 주민들을 안전한 곳으로 대피시킨 후, 일부러 일본군에게 쫓기는 척 전술을 펼쳤어. 그리고 일본군이 봉오동 깊숙한 골짜기까지 들어온 순간, 숨어 있던 독립군이 골짜기를 에워쌌어. 그리고는 ⭐ 시험에 꼭 나와! <u>일본군을 크게 무찔러 대승을 거뒀지!</u> 이 전투가 바로 **봉오동 전투**(1920년)야. 봉오동 전투는 일본 정규군과의 첫 번째 대규모 전투였는데, 독립군의 완벽한 승리로 끝이 났어.

▲ 홍범도(1868~1943)
1920년에 여러 독립군을 통합해 봉오동 전투를 승리로 이끌고, 같은 해 벌어진 청산리 전투에도 참여해 크게 활약했어. 이후에는 러시아로 가서 독립군을 키워 냈지.

 곽두기 사전

전열 전쟁에 참가하는 부대가 줄서서 있는 걸 말하는데, 보통 전쟁 준비 상태를 뜻해.

봉오동 전투에서 패한 일본군은 물러서지 않고 다시 싸울 채비를 갖췄어. 전투의 분위기가 감돌자 홍범도의 부대는 **김좌진**의 **북로 군정서군**과 힘을 합쳤지.

독립군 부대는 다가올 전투를 준비하며 **청산리**에 진을 쳤어. 무기와 병력에서 독립군과 상대가 안 될 정도로

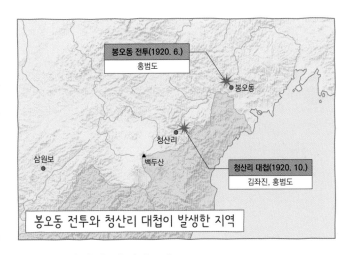

봉오동 전투와 청산리 대첩이 발생한 지역

강력했던 일본 정규군을 상대로 독립군 부대는 용감하게 맞섰어. 며칠 동안이나 벌어진 이 전투에서 독립군은 아주 크게 승리했지. 이 전투가 바로 **청산리 대첩**(1920년)이야! 청산리 대첩은 독립군이 거둔 가장 큰 승리였어.

두 전투에서 독립군이 승리했다는 소식은 암울했던 식민지 상황의 우리 민족에게 용기를 불어넣었어. 또 무장 투쟁을 통해 독립하는 것이 불가능한 것만은 아니라는 사실도 일깨워 주었지.

하지만 청산리 대첩 이후 일본의 무자비한 보복이 뒤따랐어. 독립군을 소탕하려다 전투에서 크게 패배한 일본군은 만주의 죄 없는 주민들을 학살하기 시작했어. 숨어 있는 독립군을 잡겠다는 핑계를 대면서 두 달 동안 간도 지역의 한국인 마을을 쑥대밭으로 만들었지.

일제의 이런 만행으로 수천 채의 집이 불타고, 3,000명이 넘는 사람들이 잔인하게 살해당했어. 이 사건을 **간도 참변**이라고 해. 간도 참변으로 독립군의 활동은 위축될 수밖에 없었지.

▲ 김좌진(1889~1930)
국내에서 애국 계몽 운동에 힘쓰다가 만주로 가서 북로 군정서를 이끌었어. 청산리 대첩 이후에는 만주에 군사 학교를 세워 독립군을 키워 냈지.

용선생의 포인트
독립군이 봉오동 전투와 청산리 대첩에서 일제를 크게 물리침.

조국을 위한 마음으로 수류탄을 던지다

🙂 영심이는 궁금해!

암살이나 테러는 좋지 않은 방법 아닌가요?

맞아. 민간인들도 피해를 입을 수 있고, 사람들에게 공포를 심어주기 때문에 문제를 해결하는 좋은 방법은 아니야. 하지만 일제의 탄압이 심해지면서 평화적인 만세 운동이나 계몽 운동만으로는 우리 민족이 독립을 얻을 수 있을 희망이 보이지 않았어. 그래서 일부 독립운동가들은 암살이나 테러와 같은 충격적인 방법으로 국내와 국제 사회에 우리 민족의 현실을 알리고 독립을 쟁취하려 했던 거야.

독립운동의 큰 흐름은 무장 투쟁과 실력 양성, 외교적인 방법 등으로 나뉘었어. 하지만 다른 한편에서는 이러한 방법으로는 독립이 어렵다고 생각한 이들이 있었어. 이들은 일제를 몰아내기 위해서는 **암살**, **테러** 같은 방법을 써야 한다고 했지. 이러한 독립운동 방법을 **의열 투쟁**이라고 해.

1919년 **김원봉**은 일제의 감시를 피해 만주에서 자신과 뜻을 같이하는 동지를 모았지. 그리고 '정의로운 일을 맹렬히 실행한다'는 뜻으로 **의열단**을 만들었어.

"폭력적인 방법으로 조국에 충성하자!"

의열단은 이러한 행동 지침을 가지고 행동했어. 새로운 단원을 뽑을 때는 애국심과 비밀 요원의 자격 등을 몇 차례에 걸쳐 아주 엄격하게 심사했다고 해.

1920년부터 의열단은 조선 곳곳에 있었던 비밀 조직망과 협력하여 본격적인 의열 투쟁을 시작했어. 경찰의 중요 인물을 암살하고 경

▲ 김원봉
일제 강점기에 의열단과 조선 의용대를 이끌며 무장 투쟁과 의열 투쟁을 계속했어. 대한민국 임시 정부와 손을 잡고 한국광복군에 참여하기도 했지.

찰서에 폭탄을 던졌지. 또 일제의 수탈에 앞장선 **동양 척식 주식회사**와 식산 은행에 폭탄을 던지기도 했어. 그리고 의열단원 **김익상**은 조선 총독부에 잠입해서 폭탄을 터뜨렸지. 연이은 의열단의 활약에 일제와 친일파는 공포에 떨었어.

한편 대한민국 임시 정부는 초창기보다 활기가 많이 떨어졌어. 서로 다른 뜻을 가진 사람들이 모이다 보니 대표를 어떻게 뽑을지, 어떤 사람을 대표로 뽑을지를 두고 싸움이 끊이질 않았지. 독립운동의 방향을 두고도 논쟁이 계속되면서 뜻이 맞지 않은 사람들은 임시 정부를 떠나기도 했어. **김구**는 임시 정부의 위기를 돌파하기 위해 의열 투쟁을 결심했어. 그리고 소수의 인원을 모아 **한인 애국단**을 조직했지.

1932년 1월, 한인 애국단 단원 이봉창은 일본을 발칵 뒤집을 만한 거사를 일으켰어. **이봉창**은 임시 정부의 지원으로 일본으로 건너갔어. 일본 천황이 거리에 나와 이동할 때 **천황의 마차를 향해 폭탄을** 던진 거야! 하지만 폭탄이 마차에 도달하기 전 미리 터져 버리면서 천황 암살은 실패하고 말았어. 암살은 실패했지만 일본의 수도 한복판에서 천황에게 폭탄을 던졌으니, 일본은 큰 충격을 받았지.

그로부터 몇 달이 지나 중국 상하이에서 한인 애국단원의 거사가 다시 일어났어. 일본은 중국을 차지하려고 기회를 엿보고 있었는데, 이때 상하이에서 중국과 전투를 벌여 승리했지. 그리고 이 승리를 기념하기 위해 상하이 훙커우 공원에서 기념행사를 열었어.

곽두기 사전

동양 척식 주식회사
1908년에 일제가 한국의 토지를 빼앗고, 일본인의 한국 이민을 돕기 위해 세운 회사야.

▲ 김익상(1895~?)
평양 숭실학교를 졸업했어. 의열단에 입단한 뒤, 김원봉으로부터 총독 암살 밀령을 받고 전기 수리공으로 변장해 조선 총독부에 폭탄을 터뜨렸지.

▲ 이봉창(1901~1932)
일본 오사카에서 철공소 직원으로 일하다가 일본인의 양자가 되어 일본을 돌아다녔어. 1931년 상하이로 건너가 한인 애국단에 가입하고 김구의 지시로 일본으로 다시 건너가 일본 천황 암살을 시도했지.

▲ 윤봉길(1908~1932)
국내에서는 야학에서 학교에 다니지 못하는 청소년들을 가르쳤어. 이후에 나라를 위해서 큰일을 하기로 마음먹고 중국으로 망명해 대한민국 임시 정부의 지도자였던 김구를 만났어.

1932년 4월 29일 홍커우 공원에는 일장기를 든 수많은 일본인들로 뒤덮였어. 한인 애국단의 단원 **윤봉길**은 오른손에 일장기, 왼손에는 물통과 도시락으로 위장한 폭탄을 들었어. 11시가 되자 중국 침략을 주도했던 일본군 총사령관과 함대 사령관, 육군 대장 등이 자리에 나란히 앉았지.

일본 국가가 울려 퍼지는 그 순간, 윤봉길은 준비한 물통 폭탄을 단상을 향해 힘껏 던졌어. 물통 폭탄은 홍커우 공원을 가득 채울만한 폭음과 연기를 내뿜으며 단상에 명중했어! 홍커우 공원은 순식간에 아수라장으로 변했지. 윤봉길은 일본 헌병에게 곧바로 붙잡혔어. 윤봉길은 끌려가는 순간에도 군중을 향해 외쳤어.

"일본 제국주의를 타도하자!"

☆ 시험에 꼭 나와!

윤봉길의 폭탄으로 일본군 장교와 일제의 중요 인물들이 죽거나 다쳤지. 중국 국민당을 이끌던 **장제스**는 윤봉길의 거사를 두고 이렇게 평가했어.

"중국 100만 군대가 할 수 없는 일을 조선의 한 청년이 해냈구나!"

✔ 서술형 단골 문제야!

윤봉길의 의거로 중국 국민당 정부는 대한민국 임시 정부를 적극적으로 지원하게 되었고, 이로 인해 대한민국 임시 정부의 활동은 다시 활기를 찾게 되었지.

용선생의 포인트

의열단은 의열 투쟁으로 독립을 쟁취하려 했고, 한인 애국단의 이봉창과 윤봉길은 일제를 향해 폭탄을 던짐.

◀ 윤봉길과 김구의 시계
윤봉길이 거사를 위해 떠나던 날 김구에게 '제 시계는 6원을 주고 산 것인데, 선생님의 시계는 2원짜리이니 제 것과 바꿉시다. 제 시계는 한 시간 밖에 쓸 데가 없습니다'라고 했다. 김구는 윤봉길을 떠나보내며 시계를 교환했다고 해. 왼쪽은 윤봉길이 지니고 있던 김구의 시계이고, 오른쪽은 김구가 지니고 있던 윤봉길의 시계야.

왕수재의 **역사 노트**

1. 일제의 '문화 통치'

① 일제가 3·1 운동 이후 '문화 통치'를 실시해 보통 경찰제를 실시하고 언론·출판·집회의
자유를 일부 허용함.

↗ 검열 당한 신문 기억나지?

② 실상은 독립운동 감시와 탄압이 강화되었으며, 친일파 양성으로 민족 분열을 하려고 함.

③ 산미 증식 계획을 실시해 늘어난 생산량보다 더 많은 쌀을 일본으로 가져감.

↘ 한국인 영양실조!

2. 국내의 실력 양성 운동

① 물산 장려 운동(1920년): 우리 민족, 기업이 만든 물건을 쓰자는 운동, 조만식이 전파

② 민립 대학 설립 운동: 우리 대학을 세우자는 운동 → 실패

3. 1920년대 독립운동의 전개

국내 독립운동	국외 무장 독립 투쟁
• 6·10 만세 운동(1926년): 순종의 장례 행렬에 만세 운동이 일어남. • 신간회 설립(1927년): 6·10 만세 운동을 계기로 사회주의자와 민족주의자가 힘을 합쳐 만듦. • 광주 학생 항일 운동(1929년): 3·1 운동 이후 최대 규모 시위, 신간회가 참여함.	• 봉오동 전투(1920년): 홍범도의 독립군이 봉오동에서 일본군을 크게 물리침. • 청산리 대첩(1920년): 독립군 연합 부대 (김좌진)가 일본군을 물리침.

4. 의열단과 한인 애국단

① 의열단: 김원봉이 조직, 김익상 등의 의거

② 한인 애국단: 김구가 조직, 이봉창·윤봉길의 의거

국내와 국외의
독립운동을
꼭 기억해!

01

일제가 식민 통치 방식을 다음과 같이 바꾼 계기가 된 사건으로 알맞은 것은 무엇일까?

> 일제는 헌병 경찰 제도를 폐지하고 보통 경찰이 조선의 치안을 담당하게 했다. 또, 이제까지 금지되었던 언론과 출판, 집회의 자유도 일부 허용했다.

① 3·1 운동　　　② 6·10 만세 운동
③ 산미 증식 계획　④ 광주 학생 항일 운동

02　　한국사능력검정시험 35회 초급

(가)에 들어갈 민족 운동으로 알맞은 것은 무엇일까?

수행 평가 보고서

◎ 주제: ＿＿＿(가)＿＿＿

- 시작: 1920년 평양에서 시작됨.
- 구호: '내 살림 내 것으로', '조선 사람 조선 것', '우리가 만든 것 우리가 쓰자'
- 당시 광고

---

① 국채 보상 운동　　② 문자 보급 운동
③ 물산 장려 운동　　④ 민립 대학 설립 운동

03　　한국사능력검정시험 42회 중급

다음 가상 뉴스에서 보도하고 있는 사건에 대한 설명으로 알맞은 것은 무엇일까?

① 3·1 운동의 배경이 되었어요.
② 신간회 결성의 배경이 되었어요.
③ 조선어 학회를 중심으로 추진되었어요.
④ 일제의 문화 통치가 처음 실시되는 계기가 되었어요.

04

광주 학생 항일 운동에 대한 설명으로 알맞은 것은 무엇일까?

① 신민회가 결성되는 계기를 마련했어요.
② 신간회의 지원을 받아 시위를 전개했어요.
③ 6·10 만세 운동이 일어나는 계기가 되었어요.
④ 대한민국 임시 정부가 수립되는 계기가 되었어요.

05

⑦, ⓒ에 들어갈 인물로 알맞은 인물을 각각 써 보자.

- ___⑦___ 가 이끄는 독립군 부대는 봉오동에서 일본군에 큰 승리를 거두었어요.
- ___ⓒ___ 이 이끄는 북로 군정서군 등이 청산리에서 일본군을 크게 물리쳤어요.

(1) ⑦: _____

(2) ⓒ: _____

06 2019 대학수학능력시험

(가) 단체에 대한 설명으로 알맞은 것은 무엇 일까?

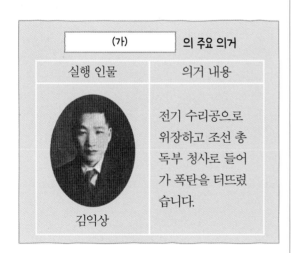

(가) 의 주요 의거	
실행 인물	의거 내용
김익상	전기 수리공으로 위장하고 조선 총독부 청사로 들어가 폭탄을 터뜨렸습니다.

① 임오군란에 가담했어요.

② 김원봉을 중심으로 결성되었어요.

③ 오산 학교와 대성 학교를 설립했어요.

④ 고종 강제 퇴위 반대 운동을 주도했어요.

07 한국사능력검정시험 43회 중급

다음 가상 시나리오의 피고인에 해당하는 인물로 알맞은 사람은 누구일까?

> S# 25, 1932년 일본 도쿄의 형무소 판사가 피고인을 심문하고 있다.
>
> 판사: 상하이로 건너가 김구와 무슨 이야기를 나누었는가?
> 피고인: 독립운동 단체에 들어가 활동하고 싶다는 뜻을 전했소.
> 판사: 김구와 무엇을 모의했는가?
> 피고인: 일왕을 죽이면 조선 독립이 촉진될 것이라는 데에 뜻을 같이 했고, 폭탄을 구해 주면 거사를 하겠다고 말했소.
> 판사: 그래서 지난 1월 8일 도쿄 경시청 앞에서 폭탄을 던진 것인가?
> 피고인: 그렇소. 일왕의 목숨을 빼앗고 싶었소.

① 김원봉

② 안창호

③ 윤봉길

④ 이봉창

08 서술형 문제

윤봉길은 상하이 훙커우 공원에서 폭탄을 던져 일본군 장교 등을 제거했어. 윤봉길의 거사가 끼친 영향을 간단히 써 보자. [3점]

_____

_____

_____

영심아, 밖에 비와?

아니, 더워서 세수 좀 했거든!

어떻게 세수를 했기에 옷이 다 젖어!

세수의 비밀을 알고 싶니? 그렇다면 신채호 선생님을 모셔 볼까?

신채호 등장이요!

역사가 신채호에게 궁금했던 것을 물어볼까?

신채호?

왜 이순신, 을지문덕 등 우리나라 역사 속 영웅의 전기를 쓰셨나요?

이순신, 을지문덕. 모두 우리나라가 위기에 처했을 때 활약한 인물이다!

적들을 물리쳤던 영웅들처럼 우리도 일본의 침략을 이겨 낼 수 있다는 용기를 주기 위해 전기를 썼지.

또 나는 일본인들이 우리 역사를 왜곡하는 것을 두고 볼 수 없었다! 그래서….

우리말과 글을 가꾸는 조선학 운동

1930년대 들어 일제가 우리말과 글을 못 쓰게 하고, 역사 왜곡이 심각해지자 한국의 지식인들은 우리의 말과 역사, 민족정신을 지키려고 했어. 이런 학문적인 흐름을 '조선학 운동'이라고 해.

1938년 역사학자 정인보의 주도 아래 실학자 정약용이 남긴 글을 모두 모아 『여유당전서』를 펴냈는데, 조선학 운동의 대표적인 성과라고 할 수 있어. 조선 후기에 연구된 실용적인 학문을 '실학'이라고 이름한 것도 이때가 처음이야. 역사학 외에도 우리말을 연구한 학자들은 신라의 옛 노래를 연구하거나 국어의 문법을 연구한 책도 펴냈어. 하지만 1940년에 들어서는 일제의 탄압으로 더 이상 발전할 수 없게 되었지.

4. 민족 말살 정책과 일제의 패망

한국광복군 결성식

1940년 한국광복군이 결성된 후 한국과 중국의 대표들이 함께 찍은 사진이야.
한국광복군은 대한민국 임시 정부의 정식 군대지. 한국광복군은
미국 전략 사무국 (OSS,지금의 CIA)과 국내 진입 작전을 추진했고,
영국군과 함께 인도와 미얀마에서 작전을 수행하기도 했어.

우리의 독립을 방해하는 자는!

가만두지 않겠다!

김구 선생님과 인증 샷이라니….

1931	1937	1938	1940	1944
만주 사변	중일 전쟁	국가 총동원법	한국광복군 창설	건국 동맹 조직

전쟁의 광기에 사로잡힌 일본

일본은 제1차 세계 대전의 승전국이 되면서 전 세계 사람들에게 깊은 인상을 주었어. 19세기 후반 미국에 의해 강제로 나라의 문을 열었던 동아시아의 나라가 반세기 만에 국제 사회의 강자로 등장했으니까 말이야. 일본의 경제 성장도 눈부실 정도였어. 특히 전쟁 기간 동안 무기를 팔아 큰 수익을 올릴 수가 있었지.

그런데 전쟁이 끝나고 1920년대 중반에 접어들면서 일본에 경제 위기가 찾아왔어. 생산한 물건을 더 팔 데가 없어 곤란하게 된 거야. 게다가 **관동 대지진**까지 겹치면서 일본 경제는 더욱 나빠졌지. 결정적으로 1929년 미국에서 시작된 **대공황**이 전 세계 경제를 위기에 빠뜨렸어. 미국과 교역이 많던 일본의 경제는 파탄에 이를 지경이었지.

경제 위기를 해결하기 위해서는 생산한 물건들을 소비할 수 있는 방법을 찾아야 했어. 일본은 **전쟁을 통해 위기를 극복하는 방법을** 선택했지. 전쟁은 막대한 물자가 필요했기 때문에 생산한 물건들을 한꺼번에 소비할 수 있거든. 그리고 영토와 식민지를 넓히면 새로운 시장도 개척할 수 있었지. 그뿐만 아니라 경제 위기로 인한 국민들의 불만을 전쟁에 대한 관심으로 돌릴 수 있었지. 또 실업자가 된 사람들을 군인으로 모집할 수도 있었어.

더 알려 줄게!

관동 대지진

1923년 일본 관동 지방에서 일어난 대지진이야. 45만 채 이상의 집들이 불에 탔고 40만 명에 이르는 사람들이 죽거나 행방불명됐어. 일본 정부는 대지진으로 일어난 사회 혼란을 막고자 한국인과 일본인 사회주의자들이 폭동을 일으킬 것이라거나, 조선인들이 우물에 독약을 탔다는 헛소문을 퍼뜨렸어. 이 소문에 일본에 있던 6천 명 이상의 한국인이 학살됐다고 해.

곽두기 사전

대공황 1929년 미국 주식 시장에서 주가가 폭락하면서 미국의 경제가 마비된 사건을 말해. 이로 인해 유럽을 비롯해 미국과 교역하던 여러 나라들이 경제 위기를 겪었어.

곽두기 사전

궤변 얼핏 들으면 옳은 말
같지만, 사실 이치에 맞지
않는 말을 뜻해.

 더 알려 줄게!

만주 사변
1931년 만주 땅에서 일본
이 관리하던 남만주 철도가
폭파되는 사건이 발생했어.
일본은 중국군 짓이라며 당
장 중국과의 전쟁을 시작했
지. 그런데 실제로 철도를
폭파한 것은 일본군 병사들
이었어. 철도 폭파는 전쟁
을 일으키기 위한 일본군의
계략이었던 거야.

 곽두기 사전

국제 연맹 제1차 세계 대
전 이후 승전국을 중심으로
만들어진 세계 평화 기구야.

하지만 주변 나라들은 당연히 전쟁으로 엄청난 피해를 볼 수밖에 없었지. 일제는 국민들을 전쟁으로 내몰기 위해서 그들의 머릿속을 완전히 바꿔 놨어. '일본은 신의 나라이기 때문에 다른 나라보다 우수하다', '일본의 천황은 살아 있는 신이다', '주변의 나라들은 일본의 지배를 받아 더욱 발전할 수 있다'는 식의 **궤변**을 사람들의 머릿속에 심었지.

일본의 침략 계획은 1931년 **만주 사변**으로 본격화됐어. 만주 사변은 일본이 만주를 차지하기 위해 벌인 침략 전쟁을 말해. 일본은 만주를 공격해 차지하고, 1932년에 **만주국**이라는 나라를 세웠어. 만주국은 일본군의 지시를 받는 꼭두각시 나라였는데, 그 넓이가 일본 본토와 조선을 합친 것보다도 훨씬 컸어.

일본이 만주를 공격하자 **국제 연맹**에서는 조사단을 파견해 일본의 행위를 규탄했어. 그러자 일본은 아예 국제 연맹에서 탈퇴해 버렸지. 더는 국제 사회의 눈치를 보지 않고 주변 나라를 침략하겠다는 뜻이었어.

◀ 만주국
만주국은 중국 동북 지방 전체를 포함하는 아주 넓은 땅이었고 인구도 3천만이나 되었어. 일제는 청나라의 마지막 황제인 푸이를 만주국의 황제로 세웠지. 하지만 푸이는 일본군 사령관의 지시를 일방적으로 따르는 입장이었어. 일본은 만주국이 일본, 조선, 중국, 몽골, 만주의 다섯 민족이 화합하는 땅이라고 선전했지만 모든 이권은 일본인들이 차지하고 있었단다.

일본의 욕심은 끝이 없었어. 1937년에는 중국 본토 전체를 차지하기 위해 **중일 전쟁**을 일으켰지. 중국을 비롯해 동아시아는 물론 동남아시아 일대까지 침략하려고 했어. 하지만 중국의 저항이 거세자 일본군은 당시 중국의 수도인 난징을 점령하고 무시무시한 만행을 저질렀어. 남녀노소를 가리지 않고 30만 명에 이르는 사람들을 마구 죽인 거야. 이 사건을 **난징 대학살**이라고 해.

1939년 유럽에서 독일이 **제2차 세계 대전**을 일으키자, 일본은 독일과 같은 편에 서서 전쟁에 참여했어. 그리고 1941년에는 미국 영토인 **하와이**를 기습 공격했어. 미국이 일본과 무역 거래를 중단하며 일본의 아시아 침략 계획을 가로막자, 미국의 본토를 공격해 **태평양 전쟁**을 일으킨 거야. 미국은 다른 나라로부터 본토를 공격받은 일이 거의 없었기 때문에 큰 충격을 받았어. 결국 당시까지 중립 상태에 있던 미국이 연합국으로 제2차 세계 대전에 참전하는 계기가 되었지. 그리고 이 전쟁은 유럽을 넘어 아시아와 세계 전체로 확대되었어.

전쟁이 확대되면서 일본은 더 많은 물자와 사람이 필요해졌어. 일제는 전쟁에 필요한 자원을 확보하기 위해 한국을 전쟁 물자 기지로 삼았어. 그리고 조선의 사람들을 전쟁에 동원하기 시작했지.

더 알려 줄게!

난징 대학살

일본군은 중국인들을 총으로 쏘거나, 불로 태우거나, 그도 아니면 산 채로 묻어 죽였어. 일본의 신문에는 두 명의 일본군이 누가 먼저 중국인 100명의 목을 자르는지 시합을 했다는 기사도 있어. 일본인들의 만행은 이루 다 말할 수 없을 정도였지.

용선생의 포인트

일본이 경제 위기를 해결하기 위해 중국, 미국과 전쟁을 벌였음.

한국인을 일본인으로 만들어라

✔ 서술형 단골 문제야!

일제는 전쟁에 쉽게 내보낼 수 있도록 한국인을 일본인처럼 생각하고 행동하게 만들고자 했어. 한국인이 천황을 위해 전쟁에 나가는 것을 자랑스럽게 생각해야만 **징용**에 대한 반발이 없으리라 생각한 거지. 이를 위해 일제는 한국인들에게 더는 **우리말과 글을 쓰지 못하도록** 했고 일상생활에서도 일본어를 사용하도록 강요했어. 학교나 관공서 등 공식적인 기관에서 우리말을 사용하지 못하는 법이 생겼지.

그뿐만 아니라 우리 땅 곳곳에 일본 신사를 세우고 신사에 절을 하도록 강요했어. 신사는 일본인들이 조상에게 제사를 지내거나 신에게 기도하는 곳이야. 그런데 신사에서 절을 하는 것은 단순히 조상에게 제사를 지내는 뜻만 가졌던 것은 아니야. 신적인 존재가 된 **천황을 숭상하는 곳**으로 신사에 참배하는 일은 모든 일본인의 애국적인 의무라고 여겼어.

1935년이 되자 일제는 모든 학생들에게, 또 중일 전쟁이 일어난 1937년에는 모든 한국인에게 **신사에 참배**를 강요했어. 신사 참배를 하지 않은 사람들은 체포해 버렸지. 일제는 신사 참배뿐만 아니라 오전 7시에 사이렌이 울리면 천황이 사는 일본 왕궁을 향해 절을 하는 **궁성 요배** 역시 강요했어.

🐦 **곽두기 사전**

징용 국가가 국민을 강제로 일정한 업무를 하게 하는 걸 말해.

▲ **내선일체**
'내(內, 일본)'와 '선(鮮, 조선)'이 한 몸이라는 뜻이야. 1937년에 일제가 중국 대륙을 침략하기 시작하자, 한국인들을 전쟁에 동원하기 위해 내선일체라는 말을 만들어 냈어.

◀ **신사 참배**
1945년까지 조선 곳곳에 천 개가 넘는 신사가 세워졌어. 학교뿐만 아니라 가정에서도 매일 아침 참배하도록 했지.

그리고 '**황국 신민 서사**'를 만들어 각종 단체와 학교, 집회, 은행, 회사, 공장 등 조선 땅 곳곳에서 강제로 낭송하도록 특별 지시를 내렸어. 황국 신민 서사는 일본인으로서 일본 천황에게 충성을 다하겠다는 일종의 맹세야.

애국 조회가 열리는 강당에는 일장기와 천황의 사진을 걸었고, 좌우에는 전쟁을 부추기는 구호들을 붙여 두었어. 기독교계 학교에서는 신사 참배와 황국 신민 서사 낭독을 거부했으나 끝내 따를 수밖에 없었지. 일제는 황국 신민 서사 말고도 **정오 묵도**를 강요했어. 정오 묵도란 정오에 사이렌이 울리면 누구든지 고개를 숙여 천황을 향한 묵념을 올리는 거야. 매일 천황을 섬기도록 해서 한국인들이 스스로 일본의 신민이라고 생각하게 만들려 했던 거지.

일제는 여기에 그치지 않고 일본식으로 성과 이름을 바꾸는 **창씨개명**을 강요했어. 양반과 선비들은 마지막 남은 성까지 일제가 빼앗으려 한다며 조선 총독부에 항의 편지를 보냈어. 여러 민족 운동가들은 민족의 혼을 완전히 말살시키는 정책이라며 비난했지.

창씨개명이 시작된 지 석 달이 지나도록 창씨개명을 하겠다고 신청한 사람들은 10%도 되지 않았어. 그러자 일본은 이름을 바꾸지 않으면 학교도 다니지 못하고 회사에 취직도 못하게 하는 등 엄청난 불이익을 주었어. 창씨개명을 하지 않고는 버틸 수 없게 만든 거야.

용선생의 포인트
일제가 한국인을 전쟁에 동원하기 위해 한국의 정신과 문화를 지우려고 함.

더 알려 줄게!

황국 신민 서사 (어린이용)

1. 우리들은 대일본 제국의 신민입니다.
2. 우리들은 마음을 합쳐 천황 폐하에게 충의를 다합니다.
3. 우리들은 고통을 참고 단련해 훌륭하고 강한 국민이 되겠습니다.

황국 신민 서사를 외우지 못하면 성인들은 경찰에게 붙잡혀 가서 조사를 받거나 벌금을 물어야 했고, 어린이들은 일본인 교사에게 매를 맞았다고 해.

일본식 이름으로 바꾸지 않으면 밥도 없어!

학교도 못 다니지!

나라를 잃으니 부모님이 주신 이름도 없어지는구나…!

호적

다 퍼무라

밥그릇에 나무 한 그루까지,
전쟁을 위해 빼앗기다

✪ 시험에 꼭 나와!

일제는 우리 땅에 풀 한 포기마저 남지 않을 만큼 <u>각종 자원을 약탈해 갔어.</u> 1938년 일본은 '**국가 총동원법**'이라는 법을 만들었는데, 이는 한반도 땅의 모든 것을 긁어모아서 일제의 전쟁을 위해 활용하겠다는 뜻이야. 일본은 일단 한반도 땅에서 나는 모든 **지하자원**을 채굴해 갔어. 금, 석탄, 철광석 등 닥치는 대로 캐 갔지만 전쟁의 규모가 커질수록 군수품을 대기에는 역부족이었지.

그러자 총독부는 농사에 필요한 극히 일부의 농기구를 제외하고 일반 가정에서 사용하고 있는 쇠붙이란 쇠붙이는 모두 거둬들였어. 무기를 만들기 위해 제사를 지내는 데 사용하는 제기나 집에 있던 귀중한 패물들을 빼앗았지. 절에 달린 종까지 국보급을 제외한 몇 개를 빼고는 모두 빼앗아 갔어. 심지어는 화로, 놋그릇, 숟가락, 젓가락, 세숫대야에 솥뚜껑, 문고리까지 싹 쓸어 갔지.

또 군인들에게 식량을 보급하기 위해 땅에서 **곡물**이 나는 족족 강제로 헐값에 팔도록 했어. 일제는 농민들에게 쌀, 콩, 보리뿐 아니라 감자, 고구마까지 강제로 **공출**하게 했지. 그래서 농민들이 먹을 것조차 부족하게 됐어.

곽두기 사전

공출 국가의 필요 때문에 국민들이 곡식이나 다른 물건들을 의무적으로 내어놓는 것을 말해.

◀ 강제로 거두어들인 놋그릇과 대신 나누어 준 사기그릇

일제는 전쟁에 필요한 무기를 마련하기 위해 금속을 강제로 가져갔어. 집, 교회, 절 등 장소를 가리지 않고 금속이면 놋그릇, 가마솥, 농기구까지 빼앗아 갔지. 오른쪽은 공출을 독려하며 준 사기그릇이야.

일본은 전쟁을 위해서 우리나라의 **돈도** 가져갔어. 공장에서 일하는 한국인들은 월급도 제대로 받지 못하고 강제로 저축을 해야 했지. 이 돈은 일본 은행을 통해서 전쟁 자금으로 흘러가고 말이야.

또 전쟁에 필요한 물자를 생산하기 위해서 우리나라에 금속, 화학, 제철 공장과 비행기나 배를 만드는 **군수품** 공장을 세웠어. 공장을 세우기 위해 자연을 파괴하거나 한국 사람이 사용하고 있는 토지와 건물을 빼앗아 군수품 공장으로 바꿔 버리는 일도 잦았지.

미국과 전쟁을 시작한 뒤에는 **비상시국**을 선포하고 **한국인에 대한 통제를 더욱 강화**했어. 보통 학교 남학생들은 진초록색 제복을 입고 머리를 박박 깎았지. 그리고 운동장에 나와 가마니 짜기를 하거나 모내기와 김매기에 동원됐어. 여학생들에게는 '몸뻬'라고 부르는 일본 여자들의 일바지를 입히고 바구니 짜기, 군복을 만드는 재봉 일을 시켰어. 학교에서는 **군사 훈련**도 받아야 했지.

전쟁이 진행되면서 물자가 점점 부족해지자 일제는 식량 소비를 제한하고 **배급제**를 실시했어. 사람들에게 정해진 만큼만 먹을 것을 나눠 주는 것인데, 배급제는 사람들을 통제하는 또 다른 수단이 되기도 했지. 총독부의 명령을 따르지 않으면 배급을 받지 못하게 하는 식으로 말이야. 식민지 조선은 전쟁을 위해 모든 것을 빼앗기고 있었어.

 곽두기 사전

군수품 전쟁에 필요한 각종 물품을 뜻해. 무기뿐만 아니라 군복, 군화, 헬멧 등 군인들이 사용하는 온갖 물건들이 다 포함돼.

 곽두기 사전

비상시국 전쟁이나 재해 등으로 나라가 큰 위기를 맞은 상황을 말해.

 용선생의 포인트
일제가 국가 총동원법을 만들어 우리나라의 자원을 빼앗음.

전쟁에 동원된 한국인들

일본은 전쟁 초기에는 한국인을 군인으로 징병하지 않았어. 한국인에게 총을 쥐어 주면 그 총이 자신들을 향할지도 모른다고 생각했으니까 말이야. 하지만 전쟁이 확대되면서 더는 일본인만으로 군인의 수를 채우기 힘들게 되자 한국인도 병사로 모집하기 시작했지.

▲ 학도병
일제는 '학도 지원병'의 이름으로 대학 및 전문 학교에 다니고 있던 한국인 학생들을 전쟁에 강제로 동원했어. 학도병 중에는 일본군에서 탈출해 독립군에 합류한 사람도 있었어.

1940년대에는 한국인 청년들은 물론 어린 학생들까지 군인으로 징병되기 시작했어. 총독부는 **학도병** 제도라는 것을 활용해서 학생들이 전쟁에 나가도록 했지. 학교에 칼을 든 장교가 나타나서 강제로 자원입대 원서를 쓰게 하거나, 가족들을 협박하여 학도병이 될 것을 강요했어. 이를 피하는 학생들은 어떻게든 붙잡아서 강제로 전쟁에 나가게 했지.

1944년에는 **징병제**가 실시되었어. 만 20세가 넘은 청년이라면 모두 전쟁에 나가야 했다는 뜻이야. 이렇게 전쟁에 끌려간 한국의 청년들은 약 20만 명이 넘었어. 때로는 일본에서 공부를 시켜 주거나 돈을 벌게 해 주겠다는 말로 속여 일본행 배에 타게 했다고 해. 하지만 그 끝은 일제를 위한 전쟁의 총알받이가 되는 것이었지.

군인이 아니더라도 전쟁에는 일손이 많이 필요했어. 일제는 많은 돈을 벌 수 있다는 말로 꾀어 한국 사람들을 일본의 공장이나 광산 등으로 데리고 갔어.

이들은 고된 노동과 위험한 환경에 노출되어 있었어. 일본인이 하기 싫어하는 위험하고 어려운 일에 한국인이 동원되었던 거지. 끌려 온 한국인들은 도망치다 붙잡혀 구타를 당하기도 했어. 그야말로 **강제 노동**과 다름없었지. 이들은 일한 대가로 임금을 받았지만, 그마저도 숙박비와 식사비 등으로 회사가 가져가 버려서 돈을 모으는 것도 어려웠다고 해.

또 하나 우리가 절대 잊어서는 안 될 사람들도 있어. 일본에 의해 원치 않게 끌려가서 일본군의 성노예가 되어야 했던 **일본군 '위안부'** 여성들이야.

일본은 공장에 취직시켜 주어 돈을 벌게 해 준다거나 공부를 시켜 준다는 식으로 여성들을 속였어. 그 가운데는 아직 어린 소녀들도 많았는데, 지역에 숫자를 할당해서 그 수를 채우지 못하면 억지로 끌고 가는 경우까지 있었대.

이렇게 끌려간 사람 중 상당수는 일본군 '위안부'라는 이름으로 만주, 필리핀, 인도네시아 등 일본군의 위안소로 보내졌어. 여기서 '위안부' 여성들은 일본군에 의해 **성적 학대와 폭력**을 당했지.

더 알려 줄게!

아직도 받지 못한 보상
일제에 강제로 끌려가 제대로 임금을 받지 못했던 한국인들은 지금까지 소송을 통해서라도 보상을 받아내려고 하고 있어. 하지만 아직도 일본은 자신들의 잘못을 인정하지 않고, 제대로 된 보상도 하지 않고 있지.

▲ 일본군 '위안부'
일제는 전쟁터에 한국과 중국, 동남아시아, 러시아 등 여러 국가의 여성들을 강제로 끌고 가 성적 노리개로 삼았어. 일본군 '위안부'로 끌려간 여성은 최소 5만 명에서 최대 30만 명에 이른다고 해.

용선생의 포인트
일제가 한국인들을 군인, 노동자, 일본군 위안부 등으로 전쟁에 동원함.

대한민국 임시 정부와 한국광복군의 마지막 전쟁

　1930년대 초 나라 밖에서 활동하던 수십 개의 독립군 부대들은 몇 개의 부대로 뭉치기 시작했어. 북만주 지역에서는 **지청천**이 이끄는 '**한국 독립군**'으로, 남만주 지역에서는 **양세봉**의 '**조선 혁명군**'으로 모여들었어. 1930년대 두 독립군 부대는 중국과 손을 잡고 여러 전투에서 승리했어. 한국 독립군은 **쌍성보 전투**와 **대전자령 전투**에서 일본군을 크게 물리쳤는데 독립군의 어려운 환경 속에서 대승을 거둔 값진 결과라고 할 수 있어.

　중국에서 활동하던 김원봉은 군대를 만들기 위해 중국의 군사 학교에 다니며 직접 훈련을 받기도 했어. 그리고 1938년 **조선 의용대**를 조직했지. 조선 의용대는 중국 국민당의 지원을 받아 활동했어.

　한편 대한민국 임시 정부는 일제의 감시를 피해 중국 곳곳을 떠돌았던 8년여간의 시간을 끝내고 마침내 1940년 중국의 임시 수도 충칭에 자리를 잡았어.

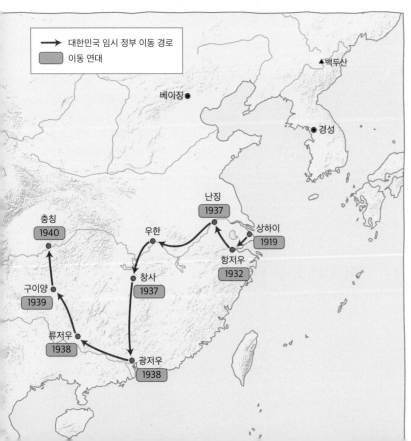

◀ 대한민국 임시 정부의 이동 경로
대한민국 임시 정부는 윤봉길의 의거 이후 일제의 감시가 심해져 상하이를 떠나야만 했어. 이후 여러 도시를 거쳐 1940년 9월 충칭에 자리 잡았어.

그러던 1941년에 일본과 미국의 태평양 전쟁이 일어나는 것을 보고 머지않아 일본이 망할 것이라고 예견하는 사람들이 생겨났어. 왜냐하면 전쟁이 너무 길어지고 일본 본토의 피해가 커지고 있는데다가 일본의 전쟁 상대도 너무 많아졌기 때문이야. 더는 일본이 버틸 수 없으리라 예측했지.

▲ 한국광복군 배지
한국광복군의 영문 약자인 'KIA(Korea Independence Army)'가 새겨져 있어.

드디어 우리 독립의 날이 손에 잡히는 듯했어. 구체적이고 본격적인 **독립 이후의 계획**이 필요했지. 독립 후에 우리 민족이 겪을 혼란을 최소화하려면 어떤 나라를 만들 것인지 미리 준비되어 있어야 했거든.

대한민국 임시 정부는 각 독립운동 단체를 하나로 모으기 위해 노력했고 내부 조직을 새롭게 정비했어. 그리고 임시 정부가 한 나라를 대표하는 정식 정부로서 인정받을 수 있도록 여러 나라와의 외교 활동에도 힘썼어.

▲ 한국광복군 서명기
한국광복군들의 서명이 담긴 태극기야. 부대를 옮기는 대원에게 동료 대원들이 독립에 대한 염원 등을 써서 선물한 거래.

또 대한민국 임시 정부의 정식 군대인 **한국광복군**을 창설했어. 태평양 전쟁 직후, <u>대한민국 임시 정부는 일본에 선전포고했어.</u> ☆시험에 꼭 나와! 선전포고란 전쟁을 시작하겠다는 선언으로 국가 대 국가 사이에서 할 수 있는 일이야. 다시 말해 대한민국 임시 정부는 **한 국가의 정부로서 일본과 끝까지 맞서 싸우겠다**는 의지를 전 세계에 알린 거야. 한국광복군은 연합국 군대의 일원이 되어 국제적으로 활약했어!

용선생의 포인트
국외에서 독립군의 무장 투쟁이 계속되고, 대한민국 임시 정부는 한국광복군을 창설함.

다가올 독립의 새날을 준비하다

일제가 못해도 백 년은 갈 것이라는 친일파들의 말과는 다르게 일본의 패배는 점차 확실해졌어. 연합국의 기세가 점점 강해지고 있었던 데다 일제에 대한 우리 민족의 저항은 더욱 확산되고 있었기 때문이지.

1941년 대한민국 임시 정부는 눈앞으로 다가온 독립을 준비하며 '대한민국 건국 강령'을 만들었어. 여기서는 먼저 일제를 처단해 하루속히 독립을 이룰 방법을 제시하고, 그 이후에 세워질 새로운 나라의 기본 원칙과 구체적인 운영 방법을 담았어. 국가 건설의 기본 방향은 크게 정치, 교육, 경제로 나누어 설명했어. 이 계획은 세 가지 분야에서 균등한 사회를 만든다는 뜻에서 '삼균주의'라고 불러.

한편 1943년 이탈리아가, 1945년 독일이 차례로 항복하며 연합국의 승리가 확실해졌어. **영국, 미국, 중국의 지도자**들은 전쟁이 끝난 후 벌어질 문제들을 어떻게 해결할 것인지 의논하기 위해 이집트 카이로에 모였어. 세 나라 지도자들은 일본이 무조건 항복할 때까지 끝까지 싸울 것이며, 일본이 침략한 나라들이 모두 제자리를 찾을 수 있도록 힘을 모으는 것에 합의했어. 이 회담을 '카이로 회담'이라고 해.

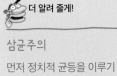

더 알려 줄게!

삼균주의

먼저 정치적 균등을 이루기 위해서는 모든 사람이 일정한 나이가 되면 차별 없이 투표권을 가지는 보통 선거를 통해 민주 공화국을 세워야 한다고 했어.
그리고 국가가 나서서 교육받을 권리를 보장하고 무료로 교육해야 교육적 균등을 이룰 수 있다고 보았지.
토지와 공장을 국가가 관리해 몇몇 사람들이 독점하지 못하게 해서 경제적 균등까지 달성하면 모든 사람이 평등하고 자유롭게 자신의 권리를 누릴 수 있다고 했어.

◀ **카이로 회담에 참석한 연합국의 수장들**
앞줄 왼쪽부터 장제스 중국 총통, 프랭클린 루스벨트 미국 대통령, 윈스턴 처칠 영국 총리야. 이들은 협력해 일본과 싸우고, 전쟁이 끝난 뒤에는 일본이 빼앗은 땅을 협의해 처리하기로 약속했어.

일제의 패망이 명백해지자 사회주의, 민족주의 할 것 없이 국내의 독립운동가들이 손을 잡았어. 해방 후 찾아올 새 나라 건설을 주체적으로 준비하기 위해서 단체를 만들었지.

1944년 **여운형**이 대표가 되어 조직한 '**건국 동맹**'은 그중에서도 가장 폭넓은 활동을 펼쳤어. 건국 동맹은 전국에 조직망을 갖추어 농민, 학생, 청년, 노동자, 부녀자들을 아울러 전쟁을 반대하는 민중 운동을 벌였지. 그리고 일제의 감시를 피해 산이 많은 곳을 중심으로 군대를 배치했어. 나라 밖의 독립군과 연계해 일제를 몰아내려는 계획이었지. 그리고 사람을 보내 나라 안팎의 여러 단체들과 긴밀히 연락을 주고받아 독립운동에 힘을 실었어.

1945년이 되면서 일제와의 최후의 결전을 준비하기 위해 여러 독립운동 세력은 하나로 뜻을 모았어. 대한민국 임시 정부는 한국광복군을 **국내로 진격시키려는 계획**을 세웠고 조선 의용군도 국내로 진입하기 위해 일본군과 치열하게 싸웠어. **동북 항일 연군**도 일본이 소련과의 전쟁을 시작하면 소련군과 함께 국내로 싸우러 들어오려는 계획을 세웠지.

 곽두기 사전

동북 항일 연군 중국 공산당의 지원을 받으며 만주에서 활동한 부대야. 이 부대는 일제와 싸우기 위해 한반도 안으로 진격하는 작전을 펼치기도 했어.

▲ 대한민국 임시 정부 주석 김구와 미국 전략 사무국 도노반 소장
1945년 8월 주석 김구와 도노반 소장이 중국 시안에서 국내 진입 작전 협의를 마치고 나오고 있어. 이들은 함께 한국으로 진입해 일본군과 맞서 싸우기로 했지.

말풍선들:
- 일제의 헛된 야욕 때문에 수많은 사람들이 죽었어요.
- 전쟁에 동원된 한국인도 엄청 많이 희생됐고요.
- 일본이 항복했으니까 일제 강점기도 끝난 거죠?
- 그렇지. 일제의 식민 지배가 남긴 상처를 어떻게 회복할지 함께 생각해 볼까?

▲ 원자 폭탄으로 폐허가 된 히로시마

히로시마에는 약 25만 명이 살고 있었는데, 그중 7만 명이 초기 폭발로 사망했고, 이후에도 많은 사람들이 방사능 오염 때문에 병에 걸리거나 사망했다고 해.

승리할 가망이 전혀 없었지만 일본은 끝까지 항복을 거부하려 했어. 전투기에 폭탄을 싣고 미군 전함에 돌진하는 자살 행위까지 일삼으며 막무가내로 버텼지. 1945년 3월 일본의 수도 도쿄에는 엄청난 양의 폭탄이 떨어져 도시가 쑥대밭이 되었어. 하지만 일본은 결코 패배를 인정하지 않았어. 결국 그해 8월 미국이 일본의 **히로시마**에 원자 폭탄을 떨어뜨렸지. 그리고 사흘 뒤에는 **나가사키**에 또 하나를 떨어뜨렸어.

원자 폭탄의 어마어마한 위력에 두 도시는 완전히 파괴되어 하루 아침에 잿더미가 되었어. 원자 폭탄 투하로 약 21만 명의 사람들이 사망했다고 해. 여기에 소련까지 일본에 선전 포고를 하자 일본 천황은 크게 당황해 더 이상 전쟁에서 버틸 수 없다고 생각했지. 드디어 1945년 8월 15일, 일본 천황은 **완전한 항복을 선언**했어. 일제의 무모한 침략 전쟁이 드디어 끝이 난 거야.

 용선생의 포인트

국내외의 독립 단체들이 독립을 위한 결전을 준비하던 중 일제가 패망함.

1. 일제의 민족 말살 정책

배경	• 대공황으로 인한 일본 경제의 파탄을 전쟁으로 극복하려 함. • 중일 전쟁(1937년), 태평양 전쟁 (1941년)을 일으킴. • 한국인을 전쟁에 동원하려고 함.
정책	• 민족 말살 통치: 신사 참배 강요, 황국 신민 서사 암송, 창씨개명 강요 • 인적·물적 수탈: 국가 총동원법(1938년), 학도병 제도, 징병제 실시, 　일본군 '위안부' 등

2. 1930~1940년대 무장 독립 투쟁

① 북만주에서 지청천의 한국 독립군이, 남만주에서 양세봉의 조선 혁명군이 일본군을 물리침.

② 김원봉이 조직한 조선 의용대가 중국 국민당의 지원을 받음.

③ 대한민국 임시 정부가 정식 군대인 한국광복군 창설한 뒤, 일본에 선전 포고함.

3. 건국 준비 활동

① 대한민국 임시 정부: '대한민국 건국 강령'을 만들어 국가 건설 기본 방향 설명

② 건국 동맹: 여운형이 대표가 되어 민중 운동 전개

4. 일제의 패망

① 카이로 회담(1943년): 영국, 미국, 중국의 지도자가 모여 전쟁 이후 문제 협의

② 미국이 히로시마와 나가사키에 원자 폭탄을 떨어뜨림.

→ 일제가 항복을 선언함 (1945.8.15.).

일제의 민족 말살 정책은 시험에 자세하게 나오니까 꼭 기억하기!

01

다음 ㉠과 ㉡에 들어갈 알맞은 단어를 써 보자.

> 일제는 만주를 차지하기 위해 1931년 ㉠ 을 일으켰다. 만주를 차지한 일제는 이 지역에 ㉡ 이라는 나라를 세우고 실질적으로 지배했다.

(1) ㉠: _____ , (2) ㉡: _____

02 한국사능력검정시험 43회 초급

(가)에 들어갈 내용으로 알맞은 것은 무엇일까?

> **<역사 다큐멘터리 제작 기획안>**
>
> ## 황국 신민 되기를 강요하다
>
> ◎ 기획 의도 : 일제가 1930년대 이후 침략 전쟁을 확대하면서 추진한 민족 말살 정책의 실상을 조명한다.
>
> • 제 1부: 신사 참배를 강요하다.
> • 제 2부: (가)
> • 제 3부 소학교를 국민학교로 바꾸다.

① 을사늑약을 체결하다.
② 창씨개명을 시행하다.
③ 조선 태형령을 시행하다.
④ 토지 조사 사업을 실시하다.

03 한국사능력검정시험 37회 초급

밑줄 그은 '이 시기'에 해당하는 일제의 정책으로 알맞은 것은 무엇일까?

> **사진으로 보는 일제의 식민지 정책**
>
>
>
> 이 시기에 일제는 신사 참배를 강요하고 놋그릇 등 금속을 강제로 빼앗아 갔습니다.

① 토지 조사 사업을 실시했어요.
② 황국 신민 서사를 외우게 했어요.
③ 신식 군대인 별기군을 양성했어요.
④ 산미 증식 계획이 처음으로 실시되었어요.

04

다음 인물과 관련된 단체를 <보기>에서 찾아 쓰세요.

> **〈보기〉**
>
> 조선 의용대   조선 혁명군   한국 독립군

(1) 김원봉: _____
(2) 지청천: _____

05
한국사능력검정시험 37회 중급

다음과 같은 시기에 있었던 일로 알맞은 것은 무엇일까?

① 105인 사건이 일어났어요.
② 한국인을 일본의 공장에 동원했어요.
③ 대한민국 임시 정부가 세워졌어요.
④ 간도 참변을 일으켰어요.

06
2020 대학수학능력시험

밑줄 그은 '이 시기'에 일제가 실시한 정책을 알맞은 것은 무엇일까?

> **8월 14일, 일본군 '위안부' 피해자 기림의 날**
>
> 일제가 국가 총동원법을 시행하던 이 시기에 일본군 '위안부'로 끌려가 고통당한 피해자들을 기리기 위해 8월 14일을 국가 기념일로 정했다.

① 통감부를 설치했어요.
② 갑오개혁을 실시했어요.
③ 곡물을 강제로 공출했어요.
④ 동학 농민 운동을 탄압했어요.

07
한국사능력검정시험 43회 중급

밑줄 그은 '작전'을 추진한 독립군 부대에 대한 설명으로 알맞은 것은 무엇일까?

> 드디어 3개월 간에 걸친 제 1기 50명의 미국 전략 정보국(OSS) 특수 공작 훈련이 끝났다. …중략… 국내로 진입한다는 것은 죽음을 각오해야만 하는 것이기 때문에 50명 모두 군은 각오로 자원했다. 밤을 틈타 낙하산을 타고 투하된다든가 잠수함으로 상륙시킨다든가 하는 구체적인 작전까지 결정되어 있었다.

① 신흥 무관 학교를 설립했어요.
② 조선 건국 동맹을 결성했어요.
③ 대한민국 임시 정부의 정식 군대예요.
④ 청산리에서 일본군을 물리쳤어요.

08
서술형 문제

일제는 1930년대 이후 한국인을 일본인처럼 생각하고 행동하게 했어. 이를 위해 어떠한 정책을 실시했는지 간단히 써 보자. [3점]

_____

_____

_____

_____

이렇게 추운데 야외 활동이라니…. 동태 되겠어!

이런 날엔 이불 밑에서 귤이나 까먹어야 하는데!

그만 좀 쫑알대고 서둘러! 12시에 수요 시위가 시작한단 말이야.

수요 시위요?

수요 시위는 일본군 '위안부' 문제 해결을 위해 매주 수요일마다 주한 일본 대사관 앞에서 열리는 집회야.

많은 사람이 일본의 사과를 요구하고 있어요!

아직도 일본은 일본군 위안부 문제를 사과하지 않았나요?

일본은 일본군 위안부들의 강제 동원을 인정하고 진심 어린 사과를 하라!

수요시위는 평화다

수요시위는 평화다

일본군 위안부 문제 해결을 위한 정기 수요 시위

日本軍「慰安婦」問題解決のための水曜デモ

일본 정부는 위안부를 강제로 동원한 적이 없다고 오리발을 내밀고 있어!

말도 안 돼!

저 소녀상, 뉴스에서 많이 봤는데….

이것은 평화의 소녀상이야. 천 번째 수요 시위 때 처음 세워졌어.

이후 평화의 소녀상은 일본군 위안부 피해자를 기리기 위해 국내외 여러 곳에 세워졌어.

꽉 쥔 주먹에서 일본의 진심 어린 사과를 받아 내겠다는 의지가 보여요!

다음날

선생님, 오늘 평화의 소녀상에게 다시 가 보면 안 될까요?

응?

어제 소녀상이 너무 추워 보여서…. 감기 걸릴까 걱정되어서요.

저희가 용돈을 모아 준비했어요.

감동~!!

일본군 '위안부'를 기억하려는 노력, 수요 시위

일본군 '위안부'는 일본군과 일본 정부가 전쟁터에 강제로 끌고 가 지속적으로 성폭력과 인권 침해를 당한 여성을 말해. 우리나라에서는 1991년 위안부 피해자 김학순 할머니가 공개 증언하고 일본을 상대로 소송을 제기하면서 알려지게 됐어. 그 이듬해부터 지금까지 우리나라 국민은 매주 수요일 정오마다 일본 대사관 앞에서 '일본군 위안부 문제 해결을 위한 정기 수요 시위'를 열고 있어. 또 '평화의 소녀상'을 국내외 여러 곳에 세워 피해 사실을 알리고 일본의 사과를 촉구하고 있지. 하지만 일본 정부는 공식적인 사과는커녕 책임 회피와 망언을 이어가고 있어.

3 6·25 전쟁과 대한민국의 발전

교과 연계

초등 사회(5-2) 2-3. 대한민국 정부의 수립과 6·25 전쟁
초등 사회(6-1) 1-1. 민주주의의 발전과 시민 참여
           2-2. 우리나라의 경제 성장
중학 역사 ② Ⅵ. 근·현대 사회의 전개

1950년 6·25 전쟁 발발

1960년 4·19 혁명

1940

1960

1945년 8·15 광복

귀국을 앞둔 대한민국 임시 정부 인사들

5·18 민주화 운동을 집압하는 계엄군

신군부가 비상 계엄령을 선포하고 민주화 운동을 진압하고 있어.

1980년 5·18 민주화 운동   1987년 6월 민주 항쟁

1980 > 2000

2000년 6·15 남북 공동 선언

해방 이후 우리나라는 어떤 모습일까?

1. 8·15 광복과 대한민국 정부 수립
2. 민족의 상처, 6·25 전쟁
3. 민주주의의 시련과 극복
4. 남북의 평화와 대한민국의 발전

6·15 남북 공동 선언

김대중 대통령(오른쪽)과 김정일 국방 위원장(왼쪽)이 평양에서 만났어.

1. 8·15 광복과 대한민국 정부 수립

해방의 기쁨

1945년 8월 16일 서울 마포 형무소에서 나온 독립운동가들이 만세를 부르고 있어. 사람들은 광복의 기쁨에 너도나도 광장으로 뛰쳐나와 전차도 못 다닐 정도로 거리를 가득 메웠어.

대한 독립 만세!

야호, 해방이다!

사람들이 다들 뛰쳐나왔나 봐!

앞으로 살기 좋은 나라가 되면 좋겠다!

휘청 휘청

1945. 8.	1945. 12.	1946. 3.	1948. 5.	1948. 8.
8·15 광복	모스크바 3국 외상 회의	제1차 미소 공동 위원회 개최	5·10 총선거 실시	대한민국 정부 수립

광복과 동시에 38도선이 그어지다

일제 강점기 동안 우리 민족은 임시 정부를 세우고 국내외에서 독립을 쟁취하기 위한 필사적인 노력을 기울였어. 우리의 외교적 노력에 연합국도 우리 민족의 독립을 돕기로 약속했지. 그리고 마침내 1945년 8월 15일 **광복**을 맞이했어.

광복 이후 사람들의 삶은 많이 바뀌었어. 학생들은 학교에서 한글을 배우고, 등교할 때마다 했던 황국 신민 서사를 외우는 일도 끝이었지. 전쟁에 사용하겠다고 집에 있는 놋그릇을 강제로 뺏어 가는 사람들도 사라졌어. 일제의 탄압을 피해 다른 나라로 도망친 사람들도 돌아올 수 있었고 말이야. 반대로 일본의 힘에 기대서 한국인을 괴롭히고 재산을 불리던 친일파들은 앞날이 막막해졌지.

"그동안 괴롭힌 사람들한테 몰매를 맞지 않으려면 어디 숨어 있어야겠어!"

특히 친일 경찰은 광복이 되자마자 출근도 하지 않고 도망쳤다고 해. 세상이 완전히 뒤집힌 거야. 괴롭힘을 당하던 한국인들의 기쁨이 물밀듯 터져 나왔지. 사람들은 광복 소식을 듣자 광장으로 뛰쳐나왔어.

"대한 독립 만세! 대한 독립 만세!"

여운형을 중심으로 한 민족 지도자들은 광복 직후 '**조선 건국 준비 위원회**'를 조직했어. 이제 일제의 지배에서 벗어났으니 새로운 정부를 세우기 위해 본격적으로 나섰지.

곽두기 사전

광복 일본에 빼앗긴 나라의 주권을 되찾는다는 말이야.

▲ 여운형 (1886~1947)
여운형은 일본이 전쟁에 질 것을 예상하고 1944년부터 나라를 세울 준비를 하고 있었어. 일본 항복 직전 한국의 치안을 책임질 권리를 조선 총독부에게서 미리 넘겨받기도 했지.

곽두기 사전

지부 본부의 이름을 걸고 한 지역의 일을 맡아보는 곳을 뜻해. '건국 준비 위원회'라는 이름의 조직이 145개의 지역에 생겼다는 거야.

 곽두기 사전

주둔 군대가 맡은 일을 해결하기 위해 일정한 곳에 머무르는 것을 말해.

"우리의 질서는 우리 손으로! 우리의 민중은 우리가 지킨다!"

조선 건국 준비 위원회는 이념을 가리지 않고 우리 민족을 아우르는 민주주의 정부를 만들려고 했어. 광복된 지 보름 만에 전국에 145개의 **지부**가 만들어질 정도로 전국적인 지지를 받았지. 건국 준비 위원회는 각 지역에서 자치적으로 질서를 유지하는 역할을 했어. 그 덕에 지지는 더욱 높아져서 당시 국내를 대표하는 정치 단체가 되었지.

하지만 우리나라는 다른 나라들에겐 **패전국인 일본의 식민지일** 뿐, 독립된 나라로서 대우를 받지 못했어. 그래서 승전국인 **미국과 소련**이 각각 한반도의 남쪽과 북쪽에 군대를 **주둔**시켰어. 일본이 무력으로 저항할 일을 막기 위해서라고 했지만, 실제로는 한반도에 영향력을 넓히려는 의도가 있었어. 이때 소련과 미국은 북위 38도선을 ⭐시험에 꼭 나와! 기준으로 한반도의 중앙부를 가로질러 남과 북으로 나눴어.

38도선은 소련과 미국이 서로 편하게 일을 하려고 지도를 보고 한반도의 절반 부분에 일시적으로 그은 선이었어. 우리나라의 행정 구역을 따른 것이 아니었지. 이 때문에 같은 지역에 살던 사람들이 갑자기 남북으로 나뉘어 버리고 말았어.

"오늘부터 윗동네는 소련군이 통치한다던데?"

"뭐? 우리 동네엔 미군이 들어왔던데. 에이, 그런다고 뭐가 크게 바뀌겠어?"

미국과 소련은 전 세계에서 각각 자본주의와 공산주의를 이끌어 가는 나라들이었어. 미국은 능력에 따라 자유롭게 경쟁해 돈을 벌고 자신이 일한 만큼 나눠 가져야 한다고 믿었지. 반면에 소련은 공산주의 국가였는데, 빈부 격차를 없애고 재산을 똑같이 나눠 가져야 한다고 했지. 이렇게 서로 다른 나라가 한반도를 둘로 나눠 점령했으니 남북한의 모습도 점차 달라지게 된 거야.

남한에 들어온 미군은 조선 건국 준비 위원회의 활동을 인정하지 않았어. 대한민국 임시 정부 역시 정식 정부로 인정하지 않았지. 대신 미군이 우리나라의 정부 역할을 했어. 그리고는 나라를 쉽게 다스리기 위해 일제 강점기 때 정부의 일을 했던 **친일 관료와 경찰들**을 다시 불러 일을 맡겼지. 광복의 기쁨은 몇 달이 지나자 점차 불안감으로 바뀌어 갔어.

▲ 귀국을 앞둔 대한민국 임시 정부 인사들

1945년 11월, 중국 충칭의 대한민국 임시 정부 청사에서 귀국 직전에 찍은 사진이야. 미군정이 대한민국 임시 정부를 정식 정부로 인정하지 않으면서 임시 정부 요인들과 한국광복군은 개인의 자격으로 한국에 돌아오게 되었어.

용선생의 포인트

광복 이후 미국과 소련이 남북한을 나누어 점령함.

강대국들이 한반도 문제를 의논하다

영심이는 궁금해!

좌익과 우익이 무슨 말이에요?

사람들을 정치적인 입장에 따라 크게 둘로 나누는 말이야. 당시에는 좌익은 공산주의를 비롯해서 노동자와 농민의 입장을 대변하는 쪽이었어. 반면 우익은 자본주의를 주장하고 자본가들의 입장을 대변하는 쪽이었어. 하지만, 이런 구분은 상황에 따라 달라질 수 있는 것이어서 명확하게 나누기는 어려워.

곽두기 사전

모스크바 3국 외상 회의
외상은 외교 장관을 말해. 모스크바에서 세 나라 외교 장관이 모인 회의라는 뜻이지. 줄여서 모스크바 3상 회의라고도 해.

해외에서 광복의 소식을 전해 들은 정치 지도자들은 독립된 나라를 만들기 위해 귀국을 서둘렀어. 그러나 서로 생각이 너무 달라 하나로 뭉치지 못하고 좌익과 우익으로 나뉘어 있었어.

"친일파의 손을 잡을지언정 좌익만큼은 용납할 수 없소!"

"우리는 이 땅에서 공산주의 혁명을 이루기 위해 끝까지 힘을 다할 것이오!"

독립운동 단체 가운데는 대한민국 임시 정부가 가장 대표적인 단체였지만, 임시 정부 외에도 여러 단체들이 활동했거든. 게다가 소련이나 미국의 지원을 받는 정치인들까지 자신의 주장을 내세우면서 우리의 뜻을 하나로 모으지 못하고 있었어. 그 사이에 연합국인 **소련**과 **미국**, **영국**의 외무 장관들이 우리나라를 앞으로 어떻게 할 것인지 상의하기 위해 소련 모스크바에 모였지.

모스크바 3국 외상 회의에서는 한반도에 **임시 민주주의 정부**를 세우고, 연합국 나라들이 한반도를 신탁 통치하기로 했어. 신탁이란 '믿고 부탁한다'라는 뜻이야. 우리나라에 정식으로 정부가 세워지기 전까지 연합국에 통치를 맡긴다는 거지.

미국은 모스크바 3국 외상 회의 전부터 한국을 수십 년간 **신탁 통치**해야 한다고 주장했고, 반대로 소련은 신탁 통치에 찬성은 하지만 그 기간이 짧을수록 좋다는 입장이었어. 이 회의에서는 신탁 통치의 기간을 최대 5년으로 하자고 합의했지. 신탁 통치를 위한 임시 정부를 세우는 일은 미국과 소련이 공동 회의를 열어서 결정하기로 했어. 이 회의를 '**미소 공동 위원회**'라고 해.

그런데 회의 결과가 한국에 잘못 전달됐어. 『동아일보』가 미국이 한국의 즉시 독립을 주장하고 소련이 신탁 통치를 주장했다는 잘못된 기사를 낸 거야. 이 기사를 본 우리나라 사람들은 기겁했어.

"이제 겨우 일본 지배에서 벗어나서 자립하려 했더니 다른 나라가 또 지배한다고? 말도 안 돼!"

사실 신탁 통치만큼 중요한 결정이 남북을 아울러 한반도를 대표하는 임시 민주주의 정부를 세운다는 것이었어. 그런데 신문에서는 신탁 통치에 대한 내용만 강조하고 미국과 소련의 주장을 반대로 전달한 거야.

▲ 『동아일보』 1945년 12월 27일자 오보
『동아일보』는 모스크바 3국 외상 회의 결과를 사실과 다르게 잘못 보도했어. 이후 좌익과 우익의 대립은 더욱 심해져 사회가 혼란스러워졌어.

용선생의 포인트
모스크바 3국 외상 회의에서 한반도에 임시 민주주의 정부를 세우고 신탁 통치를 하기로 결정함.

좌우익의 극심한 갈등과 좌우 합작 운동

✔ 서술형 단골 문제야!

우익 지도자들을 중심으로 남한 전역에서는 신탁 통치에 반대하는 **반탁 운동**이 거세게 일어났어. 특히 소련이 신탁 통치를 주장한다고 알려져서 소련에 대한 반감이 더욱 커졌지. 게다가 대한민국 임시 정부는 일제 강점기에 한국의 상황을 각국에 알리며 독립을 약속받았거든. 그런데 신탁 통치가 결정되었으니 분노하는 게 당연했지. **김구**는 반탁 운동에 앞장서 대한민국 임시 정부를 당장 승인하라고 외쳤어.

좌익 지도자들도 처음에는 신탁 통치에 반대했어. 그런데 조선 공산당 대표인 **박헌영**이 소련에게서 실제 결정 내용을 듣고 나서 입장을 바꿨어. 어차피 신탁 통치가 결정된 거라면 하루라도 빨리 임시 민주주의 정부를 세우는 것이 중요하다는 것이었지. 그리고는 모스크바 3국 외상 회의 결정을 지지하는 운동을 벌였어.

✔ 서술형 단골 문제야!

즉시 독립을 간절히 원했던 한국인들에게 신탁 통치는 정말 예민한 문제였어. 그러다 보니 이 갈등을 이용하는 세력도 생겼지. 반탁 운동을 이용해서 **분단 정부**를 세우려는 움직임도 있었어. 한편 친일파들은 반탁 운동에 **가담**하면서 애국자로 둔갑했지. 자신들은 우리 민족의 즉시 독립을 원하고, 신탁 통치에 찬성하는 좌익이야말로 민족의 배신자라고 몰아세운 거야.

곽두기 사전

가담 같은 편이 되어 일을 함께 하거나 옆에서 돕는 걸 말해.

▲ 우익의 신탁 통치 반대 시위

▲ 좌익의 3상 회의 지지 시위

좌익과 우익이 신탁 통치 문제로 갈등을 겪는 사이, 첫 번째 미소 공동 위원회가 열렸어. 모스크바 3국 외상 회의 결정에 따라 임시 민주주의 정부를 어떻게 꾸릴지 의논하기 위한 자리였지. 하지만 소련과 미국의 힘겨루기 때문에 미소 공동 위원회는 성과 없이 중단돼 버렸어.

▲ 미소 공동 위원회
1946년 3월, 제1차 미소 공동 위원회가 덕수궁 석조전에서 열렸어.

나라가 완전히 둘로 나뉘질지도 모른다는 위기감을 느낀 사람들은 좌익과 우익이 협력하자는 **좌우 합작 운동**을 시작했어. 우익에서는 **김규식**이, 좌익에서는 **여운형**이 나서서 임시 민주주의 정부를 세우기 위해 노력했지. 여운형과 김규식은 일제 강점기에 중국에서 함께 독립운동을 한 사이거든. 해방 후에는 우익과 좌익으로 나뉘었지만, 둘 다 **중도파**에 속했지.

김규식과 여운형은 뜻을 같이하는 사람들을 모아 '**좌우 합작 위원회**'를 만들었어. 좌우 합작 위원회는 미소 공동 위원회를 다시 열기 위해 노력했지. 그러던 중 여운형이 혜화동에서 우익 청년이 쏜 총에 맞아 세상을 떠나고 말았어. 여운형의 죽음과 함께 분단을 막으려던 좌우 합작 운동도 실패로 끝나고 말았지.

 곽두기 사전

중도파 어느 한쪽으로 치우치지 않은 사람들을 말해. 하지만 이들 안에서도 좌익과 우익의 구분은 있었어. 이들을 중도 우파, 중도 좌파라고도 불렀지.

 용선생의 포인트

좌익과 우익이 다투는 가운데 뜻을 모아 임시 민주주의 정부를 세우자는 좌우 합작 운동이 일어남.

국제 연합의 남한 총선거 결정

곽두기 사전

한민당 미군정이 시작되자 미군정의 정책에 협조했고, 이승만의 남한 단독 정부 수립 운동에 동조했어. 지주들의 이익을 대변하고, 친일파 처리에는 소극적이었지.

곽두기 사전

국제 연합(UN) 제2차 세계 대전 이후에 국제 평화와 안전 보장을 목표로 세워진 국제기구야. 세계의 여러 분쟁이나 문제를 해결하는 역할을 하고 있어.

좌익과 우익의 갈등은 극심해져만 갔고, 그 와중에 이승만과 **한민당** 측은 차라리 남한 단독 정부를 세우자는 의견을 꺼내 들었어.

"통일 정부를 기대하기 힘드니 남한만이라도 따로 임시 정부를 조직합시다."

미소 공동 위원회가 1년여 만에 다시 열렸지만, 미국과 소련의 입장 차이는 여전히 좁혀지지 않았고, 별 성과 없이 끝나고 말았어. 그러자 미국은 소련과의 대화를 포기하고 이 문제를 **국제 연합(UN)**에 넘겼어.

국제 연합은 미국이 주도해서 만든 기구였기 때문에 미국의 영향력이 무척 강했어. 임시 정부를 세우는 문제가 국제 연합으로 넘어가면 미국의 뜻대로 결정될 게 뻔했지. 그래서 소련은 한국 문제를 국제 연합으로 넘기는 것에 반대했어. 하지만 미국은 소련의 의견과 상관없이 그대로 진행해 버렸지.

국제 연합에서는 '유엔 감시 하의 남북 총선거'안을 투표에 부쳤어. '총선거'는 국회 의원 전부를 한 번에 뽑는 거야. 정부를 세우려면 헌법도 만들고, 헌법에 따라 정부를 구성해야 하는데 미소 공동 위원회에서 결정하지 못했으니 총선거로 국회 의원을 뽑아 정하겠다는 거야.

국제 연합의 투표에는 소련이 참석하지 않은 채 미국의 뜻대로 남북한 총선거가 결정되었어. 그리고 국제 연합은 한국에 들어온 미군과 소련군을 철수하도록 했고, **한국 임시 위원단**을 구성해 한국에 보냈어.

국제 연합의 한국 임시 위원단은 총선거를 준비하기 위해 1948년 1월에 한국에 왔어. 위원단은 먼저 남한에서 회의를 마치고 북으로 올라가려 했는데, 소련이 이를 막았지. 그래서 국제 연합에서는 남한 지역에서만 총선거를 하기로 했어.

총선거는 국민의 대표를 뽑는 일인데, **남한만의 총선거**를 한다는 것은 남한 지역의 국민만 대표하겠다는 뜻이지. 이들에 의해 구성된 정부 역시 남한만을 대표하는 정부가 되는 것이고. 결국 남한과 북한에 각기 다른 정부가 세워지고 서로 다른 나라가 되는 거야. 그러니까 남한만의 총선거를 한다는 것은 곧 **분단이 확정**된다는 뜻이지.

 용선생의 포인트

한반도 문제가 국제 연합으로 넘어가고, 국제 연합의 감시 하에 남한만 총선거를 실시하기로 함.

분단을 막으려는 최후의 노력

김일성(1912~1994)
북한 정권을 세운 정치 지도자야. 일제 강점기에는 만주와 연해주 지역에서 항일유격대를 조직해 독립운동을 했어. 광복이 되자 소련의 지원을 받아 귀국했지. 1948년 9월에 조선 민주주의 인민 공화국이 수립 되자 최고 지도자가 되었지.

김구와 김규식은 통일 정부를 세우기 위해서 북의 **김일성**에게 **남북 협상**을 갖자고 요청했어. 북한에서는 시간이 한참 지나서야 평양에서 남북 지도자 회담을 갖자고 대답했지. 하지만 그때 이미 남한만 1948년 5월에 총선거를 하기로 정해져 있었어. 게다가 북한에서는 1948년 2월부터 임시 헌법 초안을 논의하면서 북쪽의 단독 정권을 세울 준비를 하고 있었지.

"이미 늦은 일이 아니겠습니까?"

"그렇다고 남과 북에 단독 정부를 세우는 것을 두고 볼 수만은 없지 않소. 지푸라기라도 잡아 봅시다."

김구와 김규식은 남북 협상으로 바꿀 수 있는 것이 있을지 걱정하면서도 분단만은 막아야 한다는 간절한 심정으로 **평양**으로 떠났어. 김구는 이미 70이 훌쩍 넘은 노인이었기에 말리는 사람들도 많았지. 김일성에게 이용만 당할 거라고 걱정하는 사람들도 있었어. 하지만 김구는 단호했어.

"38도선 위에 쓰러질지언정, 통일 조국을 세우기 위해 가야겠습니다."

평양에 도착한 이들은 몇 차례에 걸친 회담 끝에 드디어 김일성과 함께 공동 성명서를 발표했어. '통일 정부 수립'과 '남한만의 단독 선거 절대 반대'를 외치는 내용이었지. 그런데 성명서가 발표된 날은 4월 30일이었어. 선거를 열흘 앞둔 때였지.

북한은 이미 정부 수립을 준비하고 있었는데 왜 단독 선거를 반대하는 성명서를 낸 것일까? 반대 성명을 냄으로써 마치 자신들은 **분단을 원하지 않은 것처럼 보이려는** 것이었지. 남한보다 오히려 더 빨리 헌법과 정부 수립을 준비했는데도 발표 시기를 남한보다 늦게 한 것도 그런 속셈이었어. 자신들은 분단을 원하지 않았는데, 남한에서 단독 정부를 수립하니 자신들도 어쩔 수 없다는 변명을 하려던 거야.

김구와 김규식은 결국 성과를 얻지 못하고 서울로 돌아왔어. 그리고 1948년 5월 10일에 남한만의 총선거가 실시되었어. 김구와 김규식은 최선을 다했지만 상황을 바꾸기란 사실 어려웠단다.

 용선생의 포인트
김구와 김규식이 통일 정부를 세우기 위해 남북 협상을 가졌지만 성과를 거두지 못함.

더 알려 줄게!

대한민국 정부 수립 과정에서 나온 이승만과 김구의 주장
이승만과 김구는 해방 직후 국민들의 많은 지지를 받는 정치 지도자였어. 그런데 정부 수립에 대해서는 서로 다른 주장을 했지. 이승만은 1차 미소 공동 위원회 이후 남한만이라도 정부를 세워야 한다고 했어. 하지만 김구는 끝까지 통일 정부를 수립해야 한다고 했지.

5·10총선거와 대한민국 정부 수립

 영심이는 궁금해!

초대 대통령은 어떻게 뽑았나요?

국회에 국회 의원의 3분의 2 이상이 출석하고 출석한 국회 의원 중 3분의 2 이상의 표를 얻어야 대통령으로 당선되는 간접 선거 방식으로 치러졌어.

1948년 5월 10일 총선거는 우리나라에서 시행된 최초의 **보통 선거**야. 보통 선거란 성인이면 누구나 투표할 수 있다는 말이지. 선거의 투표율은 95%가 넘었어. 2016년 제20대 국회 의원 총선거 투표율이 58%인 것과 비교해 보면 당시 사람들의 관심이 굉장했다는 것을 알 수 있지.

"국민을 대표하는 사람을 우리 손으로 직접 정한단 말이오?"

"그렇소. 세상 참 좋아졌지. 어서 투표하러 갑시다!"

이 선거로 당선된 국회 의원들이 우리나라 최초의 헌법을 만들었어. 그래서 이 국회를 만들 제(制), 법 헌(憲) 자를 써서 '제헌 국회'라고 부르지. 제헌 국회는 새로운 나라의 이름을 '**대한민국**'으로 정했어. '대한민국'은 **대한민국 임시 정부**의 뜻을 계승한 거야. 현재의 헌법에서도 대한민국이 대한민국 임시 정부의 뜻을 계승하고 있다는 것을 명확히 밝히고 있지!

초대 대통령으로 **이승만**이 뽑혔어. 이때는 지금처럼 대통령을 국민들이 직접 뽑는 게 아니라, 국회 의원들이 뽑았거든. 그리고 대통령을 보좌하는 부통령이 있었어. 초대 부통령으로는 대한민국 임시 정부 출신의 **이시영**이 당선되었지.

◀ 대한민국 정부 수립 선포식
초대 대통령 이승만은 곧 내각을 조직하고, 1948년 8월 15일 대한민국 정부의 수립을 선포했지.

제헌 국회는 새로운 법을 만들어 7월 17일에 **공포**했는데, 이날이 바로 **제헌절**이란다. 이때 만들어진 헌법에서는 **대한민국의 주권이 국민으로부터 나오며, 모든 국민이 법 앞에 평등**하다고 쓰여 있어. 또한 중요한 산업을 국가에서 직접 관리하고, 토지를 농민에게 나누어 주는 등 법을 통해 정의와 평등을 실현하려는 뜻을 분명히 밝혔어. 1945년 광복 이후 많은 우여곡절이 있었지만 정확히 3년 만인 1948년 8월 15일, 드디어 대한민국 정부가 수립되었어!

시험에 꼭 나와!

제헌 국회는 그동안 미뤄 왔던 친일파 **청산**에도 노력을 기울였어. 1948년 9월에 친일파 청산을 위한 '**반민족 행위 처벌법**'을 공포했거든.

이 법에 따라 **반민족 행위 특별 조사 위원회**(반민 특위)를 구성해 친일파를 조사하고 처벌하는 작업에 착수했지.

하지만 친일파를 청산하는 건 정말 어려운 문제였어. 친일파는 미군정 때 다시 고용되어서 이미 경찰과 관료 등 사회 각 주요 계층에 뿌리박고 있었거든. 반민 특위가 활동을 시작하자, 친일 행위를 했던 경찰 간부들은 반민 특위 관계자를 암살하려는 계획까지 세웠지. 이 계획은 미리 발각되어 무산되었지만, 반민 특위는 여러 방해에 부딪혀 제대로 된 활동을 하지 못한 채 결국 없어지고 말았어. 이렇게 친일파를 제대로 처벌할 기회를 놓쳐 버리고 말았지.

곽두기 사전

공포 일반 대중에게 널리 알리는 것을 말해.

곽두기 사전

청산 과거의 안 좋았던 것들을 깨끗이 씻어 버린다는 뜻이야.

한편 북한은 1948년 9월 8일에 헌법을 채택하고 9월 9일에 정부를 세웠어. 나라 이름은 **조선 민주주의 인민 공화국**이라고 했어. 북한은 몇 달 전부터 정부를 세울 준비가 다 되어 있었지만 9월이 되어서야 정부 수립을 발표했어. 남한은 단독 총선거를 해서 바로 정부를 세웠지만, 자신들은 끝까지 통일된 정부를 세우기 위해 노력했다고 보여 주고 싶었던 거야.

북한에도 독립된 정부가 세워지면서 남북은 1948년을 기준으로 완전히 분단되었어. 그렇지만 국제 연합은 북한 정부를 인정하지 않고, 남한을 **한반도의 유일한 합법 정부**라 인정했지. 통일 정부를 수립할 기회를 놓치고 두 개의 정부가 세워지면서 생긴 갈등은 몇 년 후, 전쟁의 비극으로 이어지게 되었단다.

 용선생의 포인트
5·10 총선거로 제헌 국회가 만들어져 대한민국 정부 수립을 선포함.

남북으로 나뉘어진 한반도

왕수재의 **역사 노트**

1. 8·15 광복과 38도선의 설정

① 8·15 광복 이후 여운형을 중심으로 조선 건국 준비 위원회를 조직함.

② 한반도를 점령한 미국과 소련이 북위 38도선을 기준으로 남북한을 나눔.

③ 미군이 조선 건국 준비 위원회의 활동과 대한민국 임시 정부를 인정하지 않음.

2. 신탁 통치를 둘러싼 대립

① 모스크바 3국 외상 회의에서 한반도에 임시 민주주의 정부를 세우고 연합국의 나라가 신탁 통치를 하기로 결정함.

② 좌익과 우익이 신탁 통치를 둘러싸고 갈등을 빚음.

③ 미소 공동 위원회가 중단되자 김규식, 여운형이 '좌우 합작 위원회'를 구성

→ 여운형의 죽음으로 실패

광복 이후 정부 수립의 과정을 차례대로 기억하라고!

3. 남한 총선거 결정과 분단을 막으려는 노력

① 미소 공동 위원회의 결렬로 한국 문제가 국제 연합으로 넘어감.

② 국제 연합 감시 하에 남북 총선거가 결정됨.

③ 소련의 저지로 남한 지역만 총선거를 하기로 결정함.

④ 김구와 김규식이 통일 정부 수립을 위해 남북 협상을 가짐. → 실패

4. 대한민국 정부의 수립과 분단

남한	북한
• 국회 의원 총선거 실시(1948.5.10.) • 제헌 국회에서 나라 이름을 '대한민국'으로 정하고, 대통령으로 이승만을 뽑음. • 대한민국 정부 수립 공포(1948.8.15.)	• 조선 민주주의 인민 공화국을 세움 (1948.9.9.) • 국제 연합은 북한 정부를 인정하지 않음.

01
한국사능력검정시험 38회 초급

(가)에 들어갈 인물로 알맞은 것은 무엇일까?

역사 인물

• 이름 : (가)
• 독립운동가, 정치가
• 호 : 몽양
• 주요 활동
- 조선 건국 준비 위원회를 조직함.
- 좌우 합작 위원회를 만듦.

① 김구
② 박은식
③ 신채호
④ 여운형

02

광복 이후의 상황으로 알맞지 <u>않은</u> 것은 무엇일까?

① 북한 지역을 점령한 소련이 인민 위원회를 통치했어요.
② 미국과 소련이 북위 38도선을 기준으로 남북을 나누었어요.
③ 대한민국 임시 정부가 미군으로부터 정식 정부로 인정받지 못했어요.
④ 조선 인민 공화국이 미국으로부터 유일한 정부로 인정받았어요.

03
한국사능력검정시험 27회 초급

다음 가상 뉴스의 회의 내용으로 알맞은 것은 무엇일까?

1945년 12월 모스크바에서 미국, 영국, 소련의 외무 장관이 한국 문제를 협의해 결정했습니다.

① 국제 연합군 파견을 결정했어요.
② 휴전 협정 체결을 합의했어요.
③ 남한 총선거 실시를 채택했어요.
④ 임시 민주주의 정부 수립과 신탁 통치를 결정했어요.

04

다음 ㉠~㉢을 순서대로 바르게 나열해 써 보자.

㉠ 모스크바 3국 외상 회의에서 한반도 문제를 논의했어요.
㉡ 미소 공동 위원회가 두 차례 열렸어요.
㉢ 미국이 한반도 문제를 국제 연합에 넘겼어요.

(   ) → (   ) → (   )

05
2018 대학수학능력시험

(가)에 들어갈 내용으로 알맞은 것은 무엇일까?

역사 인물 보고서

1. 선정 이유
독립운동에 헌신했으며, 광복 이후 통일 정부 수립을 위해 많은 노력을 기울임.

2. 주요 약력
- 1919년: 파리 강화 회의에 파견되어 독립 청원서를 제출하다.
- 1944년: 대한민국 임시 정부의 부주석으로 선임되다.
- 1946년: [(가)]
- 1948년: 김구와 함께 평양에서 개최된 남북 협상에 참가하다.

---

① 갑신정변을 주도했어요.
② 좌우 합작 운동에 앞장섰어요.
③ 홍커우 공원에서 의거를 일으켰어요.
④ 대한민국 초대 대통령으로 선출되었어요.

06

다음 빈칸에 들어갈 인물의 이름을 써 보자.

5·10 총선거 이후 구성된 제헌 국회는 나라 이름을 대한민국이라 정하고 [　　]을 대통령으로 뽑았어요.

07
한국사능력검정시험 21회 중급

다음 기소문의 근거가 된 법률에 대한 설명으로 알맞은 것은 무엇일까?

기소문

범죄 사실

　피고인 최린은(…중략…) 비행기 1대를 일본군에 바치고 단기 4278년 3월 『매일 신보』에 '2천 6백만 돌격의 구호'라는 제목으로 소위 대동아 전쟁에 적극 참가하자는 내용의 담화를 발표해 일본 전쟁에 협력하도록 지도한 자이다.

---

① 미군정에 의해 시행되었어요.
② 제헌 국회에서 제정되었어요.
③ 남북 분단의 계기가 되었어요.
④ 사회주의 세력 탄압이 목적이었어요.

08
서술형 문제

모스크바 3국 외상 회의에서 미국, 영국, 소련 3국의 외무 장관은 최고 5년간의 신탁 통치를 실시하기로 했어. 회의의 결과에 대한 좌익과 우익의 주장을 각각 간단하게 써 보자. [3점]

역사반 **탐구 활동**

일제 강점기에 학생들은 어려움 속에 학교를 다녀야 했어. 대표적으로….

음냐음냐….

조선인은 할 줄 아는 게 없어! 우리 일본의 지배를 감사히 여겨야 해!

한국인이 우리 역사를 배우지 못하고 말도 안 되는 역사나 배운다니….

맨날 말도 안 되는 일본 역사! 지겨워 죽겠어.

쉿, 조심해! 우리말을 쓰다 걸리면 큰일 나!

너희, 조선말 하는 거 다 들었다! 당장 운동장으로 튀어나와!

콱

콱

아파요!

아아!

너무 억울해. 한국인이 한국말을 쓰지 못하고, 한국 역사를 배우지 못하다니!

얍

얍

흑흑, 언제 재미있게 수업할 수 있는 날이 올까?

간절히 바라면 일제로부터 해방될 날이 올 거야.

194

광복 이후 달라진 사회 모습

광복이 되자 많은 것들이 변했어. 강제로 전쟁터에 끌려가거나 집안의 물건을 빼앗길 일도 없어졌고, 형무소에 갇혀 있던 독립운동가들도 모두 풀려났지. 한편 학교에서는 일본어와 일본 역사 대신 한국어와 한국사를 배우게 되었어. 한국어를 쓴다고 혼나지도 않았어. 하지만 모든 것이 완전히 다 바뀐 것은 아니었어. 예를 들어 일제 강점기 경찰들은 대부분 해방 이후에도 그대로 경찰로 활동했지. 또한 학교의 이름도 '국민학교'라는 이름을 그대로 사용했어. 이 이름은 1941년의 '국민학교령'이라는 법에 의해 처음 사용되었는데, 해방 이후에도 수십 년 동안 쓰이다가 1996년도에야 '초등학교'로 이름을 바꾸었지.

2. 민족의 상처, 6·25 전쟁

남쪽으로 향하는 피란민

1951년 1월, 강추위 속에 끝없는 피란 행렬이 이어지고 있어.
중국군과 북한군의 공격을 피해 남쪽으로 가는 모습이야.

1950. 6.
6·25 전쟁 발발

1950. 9.
인천 상륙 작전

1950. 10.
중국군의 참전

1953. 7.
정전 협정 체결

6·25 전쟁이 일어나다

1948년 한반도에 세워진 남과 북의 두 정부는 서로를 인정하지 않고 **적으로 여겼어**. 그리고 무력으로라도 통일을 해야 한다고 주장했지. 남한의 이승만은 실제로 전쟁을 준비하지 않았지만 우리가 먼저 북으로 쳐들어가야 한다고 주장했어. 반면에 북한은 1949년 여름부터 전쟁 계획을 세우고 있었어. 1950년 4월에는 같은 사회주의 국가인 중국과 소련도 북한을 돕기로 약속했지.

☆ 시험에 꼭 나와!
1950년 6월 25일 일요일 새벽, 북한군이 갑자기 쳐들어왔어. 그전에도 38도선 부근에서 소규모의 군사 충돌이 있어서 큰일이 아니라는 사람들도 있었지. 하지만 소련제 탱크를 앞세운 북한군은 빠르게 남쪽으로 진격했어. 갑자기 전쟁이 일어나자 남한은 혼란에 빠졌어.

라디오에서는 이런 방송이 흘러나왔어.

"대통령과 우리 정부는 서울을 지킬 것입니다. 국민 여러분, 겁내지 말고 자신의 자리를 지키십시오!"

사람들은 이 방송을 **철석같이** 믿고 안심하고 있었어. 그런데 어이없게도 이 방송은 거짓말이었지 뭐야. 이승만은 방송이 나가는 사이에 몰래 대전으로 피신해 버렸어. 북한군은 불과 3일 만에 서울까지 진격했고, 방송을 믿고 서울에 있던 사람들은 부랴부랴 피란을 가려고 했지.

곽두기 사전

철석같이 쇠나 돌처럼 마음이나 약속이 매우 굳고 단단한 것을 말해.

◀ 38도선을 넘어오는 북한군
1950년 6월 25일 새벽 4시, 북한군은 38도선을 넘어 남한을 쳐들어왔어.

근데 웬걸, 28일 새벽에 한강 다리가 폭파된 거야. 북한군이 남쪽으로 내려오지 못하도록 국군이 길을 끊은 것이었지. 미처 다리를 건너지 못한 서울 시민들은 피란도 하지 못하고 남고 말았어.

대전에 있던 이승만은 또다시 부산으로 피신했어. 그리고는 **부산**을 임시 수도로 정했지. 상황이 급박해지자 이승만은 미국에 도움을 요청했어. 미국은 한반도가 공산주의 국가가 되는 것을 막기 위해 국제 연합군을 보내 남한을 돕기로 결정했지.

✓ 서술형 단골 문제야!

그 사이에도 북한군은 계속해서 남쪽으로 내려왔어. 우리 국군은 대부분 38도선 부근을 지키고 있었는데, 북한군이 이 방어선을 뚫고 내려오자 막을 방도가 없었던 거야. 전쟁이 일어난 지 불과 두 달 만에 국군은 경상남도 인근까지 밀려나게 되었어. 국군은 **낙동강**을 경계로 버티고 있었는데, 이마저 뚫린다면 부산까지도 장담할 수 없는 상황이었어.

국제 연합군의 전쟁 지휘를 맡은 건 미국 사령관 **맥아더**였어. 이승만은 맥아더에게 국군도 지휘해 달라고 부탁했지. 맥아더는 한번에 전세를 역전 시킬 방도를 궁리했어. 북한군은 한여름 날씨에 두 달 내내 남쪽으로 밀고 내려오느라 기진맥진한 상태였지. 맥아더는 배로 인천에 상륙해서 적의 허리를 끊어 보급로를 차단하고, 후방을 치는 작전을 세웠어. 이 작전을 '인천 상륙 작전'이라고 불러.

☆ 시험에 꼭 나와!

영심이는 궁금해!

6·25 전쟁에 어떤 나라들이 참전했나요?

6·25 전쟁에 미국뿐만 아니라 프랑스, 터키, 에티오피아 등 16개의 나라들이 군사를 보냈어. 이들은 국제 연합군으로서 북한과 맞서 싸웠지. 국제 연합군은 약 34만 명이 넘게 파견되었는데, 이들 중 15만 명 이상의 사상자가 발생했다고 해.

▲ 인천 상륙 작전
1950년 9월 15일 국제 연합군이 인천 앞바다에 상륙했어. 이들은 신속하게 북한군의 보급로를 막고, 낙동강 쪽의 군대와 함께 양쪽에서 북한군을 공격했어.

✔ 서술형 단골 문제야!

국군과 국제 연합군은 9월 15일에 바다로 인천을 공격했어. 그리고 북한군이 무기와 식량을 공급하는 통로를 차단하고 거세게 몰아붙였지. 국군과 국제 연합군은 작전 시작 13일 만인 9월 28일에 서울을 되찾았어. 그리고 이 기세를 몰아 계속 북으로 치고 올라갔지. 이 기회에 북한까지 점령하려고 한 거야.

그런데 **중국**은 국제 연합군이 38도선을 넘는 것을 반대하고 있었어. 국경을 맞댄 북한에 미국을 중심으로 한 국제 연합의 군대가 밀고 올라오면 중국도 위험해질 거라고 생각했거든. 하지만 맥아더는 중국의 경고를 무시하고 10월 초에 38도선을 넘어 북한으로 진격해 20일 만에 평양을 점령하고, **압록강**까지 이르렀어.

 용선생의 포인트
북한의 남침으로 6·25 전쟁이 일어나 낙동강 이남까지 후퇴했으나, 인천 상륙 작전으로 전세를 역전함.

중국군이 참전하다

 영심이는 궁금해!

중국이 전쟁에 개입한 이유는 뭔가요?

중국은 국제 연합군과 국군이 38도선을 넘으면 중국 본토에도 위협이 될 수 있다고 생각했어. 또한 한반도가 미국의 도움을 받는 대한민국에 의해 통일되는 것이 장기적으로도 좋지 않다고 생각했을 거야.

겨울이 되면서 전세를 지켜보던 **중국**이 본격적으로 전쟁에 뛰어들었어. 중국군까지 참전하면서 6·25 전쟁은 자본주의 세력 대 공산주의 세력의 세계 전쟁이 되었지. 중국군은 꽹과리를 치고 함성을 지르면서 밀고 내려와 국군과 국제 연합군의 혼을 뺐어. 엄청난 숫자의 병력에 국군과 국제 연합군은 다시 남쪽으로 밀려날 수밖에 없었지.

중국군이 전쟁에 뛰어들자 점령 지역에 있던 사람들은 12월부터 피란을 시작했어. 전쟁이 발발한 직후에는 미처 피란하지 못했던 사람들도 이번에는 피란 준비를 할 수 있었지. 국군과 국제 연합군은 38도선 북쪽에 있는 사람들을 'LST'라는 큰 함선에 태워서 인천과 부산, 제주도 등으로 보냈어. 이 배에 타지 못하는 사람들은 국군을 따라서 나룻배를 타고 작은 섬을 옮겨가며 피란했다고 해.

전세는 계속 불리해져 1951년 1월 4일, 서울을 다시 빼앗기게 되었어. 이때 대규모의 피란이 이뤄졌는데, 1월 4일에 후퇴했다고 해서 '1·4 후퇴'라고 불러.

국제 연합군과 국군을 따라 남쪽으로 피란을 떠난 사람들은 집에 금방 돌아갈 수 있을 거라고 생각한 사람들도 많았대. 그래서 어떤 사람은 집 앞마당에 비싼 물건들을 넣은 항아리를 파묻어 놓고 오기도 하고, 며칠 먹을 쌀이랑 이불만 챙겨온 사람들도 있었어.

중국군이 참전하면서부터 전쟁은 점점 장기전으로 바뀌었어. 국군과 국제 연합군도 전열을 가다듬고 다시 반격에 나서 서울도 다시 빼앗았지. 10개월 동안 남쪽 끝부터 북쪽 끝까지 오갔던 전쟁은 결국 다시 전쟁이 일어나기 전인 38도선 부근으로 돌아왔어.

▲ 평양 대동강 철교를 타고 넘는 피란민들
1950년 12월, 피란민이 끊어진 대동강 철교를 아슬아슬하게 타고 피란을 하고 있어. 6·25 전쟁의 참상을 보여 줘.

 용선생의 포인트
중국군이 참전하면서 많은 사람들이 피란함.

밀고 밀리는 싸움이 계속되다

전쟁이 길어지면서 38도선 부근에서는 땅을 뺏고 뺏기는 일이 매일 반복되었어. 적군과 아군이 밀고 밀리는 것을 계속 반복하다 보니 '톱질 전쟁'이라는 별명까지 생겼지. 흥부 가족이 박을 타기 위해 톱질을 했던 것처럼 **전선**을 두고 남한과 북한이 서로 톱질을 하고 있다는 거야. 심지어 어떤 지역은 낮에는 남한이 점령하고, 밤에는 북한이 점령하는 일도 있었어. 강원도 철원은 열흘 동안 주인이 24번이나 바뀌었다고 해!

남한과 북한은 한 지역을 점령할 때마다 적군을 도와준 사람들을 찾아내 처벌했어. 국군은 이들을 '**부역자**'라 불렀는데, 적을 도와 국가에 반역했다는 거야.

"북한군이 도망간 산에서 소 울음소리가 들린다. 너희가 준 거지? 이 부역자 놈들!"

"우리한테 소를 줬다고 국군한테 이른 놈이 누구냐! 나와라!"

그런데 실제로 '**부역자**' 중에서는 어쩔 수 없이 북한군에 협조한 사람이 대부분이었어. 총칼을 든 군인의 협박을 어떻게 무시할 수 있겠어. 북한군을 적극적으로 도운 사람들은 이미 마을을 떠난 후였지. 국군이 밀려나고 북한군이 점령하면 마찬가지로 국군에 협조한 사람들을 처벌했어.

곽두기 사전

전선 전투가 일어나는 지역을 가상으로 연결한 선을 말해.

곽두기 사전

부역자 나라를 배신하는 일에 참여하거나 도운 사람을 말해.

전쟁은 나이를 가리지 않고 사람들을 희생시켰어. 전쟁이 일어나자 많은 군인을 모아야 했지. 급하게 훈련을 받던 도중 전쟁터로 나가는 군인들도 있었고, 중학생 나이의 학생까지 전쟁에 나가기도 했어.

"어머니, 전쟁은 왜 해야 하나요! 지금 내 옆에는 수많은 학우들이 죽음을 기다리는 듯 적이 덤벼들 것을 기다리며 뜨거운 햇빛 아래 엎드려 있습니다."

전쟁 하는 동안 많은 **민간인이 희생**되었어. 전쟁은 사람을 불안하게 만들었고, 내가 죽이지 않으면 나를 죽일 수도 있다는 생각을 갖게 만들었지. 그래서 앞으로 적을 도울 수도 있다는 생각만으로 민간인을 학살하는 경우도 있었어.

전쟁이 일어난 직후 남한에서는 분단 이전에 좌익 활동을 했던 사람들을 이유 없이 처벌했어. 이미 좌익 활동을 했던 사람들이니까 앞으로 북한을 도우리라 생각했기 때문이었지. 그런데 그중에는 좌익 활동과 전혀 관련 없는 사람들도 많이 포함되어 있었어.

반대로 북한군이 점령했을 때는 우익 활동을 했던 사람들을 닥치는 대로 처형했어. 그리고 사람들을 모아 직접 재판을 열게 했지. 재판관이 없이, 보통 사람들이 심판한다고 해서 '**인민재판**'이라고 불러. 심판이 내려지면 바로 처형했기 때문에 억울함을 호소할 기회도 없었지. 인민재판을 평소에 원한이 있던 사람에게 복수하는 기회로 삼는 사람들까지 있었다고 해.

용선생의 포인트
6·25 전쟁이 계속되면서 사람들의 피해가 커짐.

정전 협상이 진행되는 동안에도
전쟁의 피해는 커지고

![영심이는 궁금해!] **영심이는 궁금해!**

포로 협상이 길어진 이유는 뭔가요?

국제 연합군은 포로들이 돌아갈 나라를 스스로 선택할 수 있게 하자는 자유 송환을 주장했지만, 북한과 중국군은 포로들이 원래 속해 있던 나라로 돌아가게 하는 강제 송환을 주장했어. 이 결과에 따라 얻을 수 있는 포로의 숫자가 크게 차이 났기 때문에 서로 양보하지 않으려고 했던 거야.

전쟁이 길어지면서 전쟁을 멈추자는 의견이 나오기 시작했어. **정전 협상**은 1951년 7월부터 진행됐지. 전쟁이 일어나고 1년 만에 정전 협상이 시작된 거야. 정전 협상은 전쟁을 완전히 끝내는 게 아니라 잠시 멈추는 거야. 그런데도 협상이 끝나기까지 2년이나 걸렸어. 강대국들이 자존심 경쟁을 치열하게 했거든. 미국과 중국, 그리고 남북한은 **휴전선**을 어디에 그을 것인지를 두고 4개월이나 다퉜어. 그리곤 **포로 처리 문제**로 18개월 동안이나 싸웠지. 정전 협상이 길어지면서 전선에 있는 군인들과 민간인의 피해도 더욱 커졌어.

2년 동안의 힘든 싸움은 포로 처리 문제가 해결되면서 겨우 끝났어.

6·25 전쟁의 전개 과정

▲ 북한군의 남침
(1950. 6.~9.)

▲ 국군과 국제 연합군의 공격
(1950. 9.~10. 24.)

그리고 1953년 7월 27일 마침내 **정전 협정**이 맺어졌지. 휴전선은 당시 남쪽과 북쪽 군대가 각각 점령하고 있던 지역을 기준으로 그어졌어. 분단될 때 그어진 38도선과는 다른 **군사 분계선**이 새로 그어지면서 남북한의 경계도 달라졌지. 이후 스위스 제네바에서 남북한과 여러 강대국들, 국제 연합군으로 참전한 나라들이 모여 회의를 열었어. 하지만 통일에 대한 문제를 풀지 못한 채 끝나고 말았지.

▲ 정전 협정 체결
1953년 7월 27일 판문점에서 유엔군과 중국군, 북한군의 대표가 모여 정전 협정에 서명했어.

　휴전선이 그어지면서 전쟁 전에 남한 땅이었던 황해도와 개성은 북한 땅이 되었어. 원래 38도선 북쪽에 있던 강원도의 속초나 고성은 남한 땅이 되었지. 잠시 전쟁을 피해 남쪽에 내려와 있던 사람들은 휴전선이 그어지면서 돌아가지 못하게 되었어.

용선생의 포인트
정전 협상이 맺어지면서 휴전선을 기준으로 남북이 나누어짐.

▲ 중국군의 참전
(1950. 10. 19.~1951. 3.)

▲ 정전
(1951. 3.~1953. 7.)

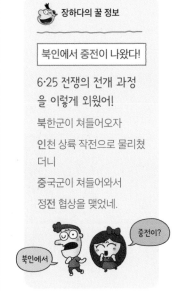

장하다의 꿀 정보

북인에서 중전이 나왔다!

6·25 전쟁의 전개 과정을 이렇게 외웠어!
북한군이 쳐들어오자
인천 상륙 작전으로 물리쳤더니
중국군이 쳐들어와서
정전 협상을 맺었네.

가족과 삶의 터전을 잃은 사람들

6·25 전쟁은 남과 북 모두를 황폐하게 만들었어. 남한에 있는 공장의 절반이 파괴되었지. 전쟁에 나간 사람들은 죽거나 다쳐서 돌아왔어. 남성들이 돌아오지 못하자, 집에 남아 있던 여성들이 생계를 떠맡게 되었지. 전쟁으로 남편을 잃은 여성들을 '전쟁**미망인**'이라고 부르는데, 그 수만 해도 30만여 명에 이르렀다고 해. 이들은 남편 없이 홀로 생계를 꾸려 나가야 했기 때문에 경제적으로 많은 어려움을 겪었지. 부모를 모두 잃은 **전쟁고아**도 셀 수 없을 정도였어. 당시 약 370만여 명이 집을 잃고 떠돌았다고 해.

전쟁고아뿐만 아니라 전쟁으로 먹고살 거리를 모두 잃은 사람들은 **미군 부대에서 나오는 물자**에 의지해서 생활했어. 미군들이 먹다가 버린 음식을 주어다가 끓여 먹었던 것이 발전해서 지금 우리가 즐겨 먹는 부대찌개가 됐다고 해.

"이 화장품은 미국에서 만든 물건이에요."

"미국산이면 제일 좋은 것이겠구먼!"

전쟁 직후 한국에 있는 제대로 된 물건은 대부분 미군 부대에서 나오는 것들이었어. 미군 부대 내에 있는 매점의 물건 중 70%가 **암시장**으로 흘러들어 오면서 부산에는 **국제 시장**이, 인천에는 **양키 시장**이 만들어졌지.

 곽두기 사전

미망인 남편이 죽고 홀로 사는 여자를 뜻하는 말로 '과부', '홀어미'라고도 해.

곽두기 사전

암시장 불법으로 물건을 사고파는 시장을 말해.

▲ 피란민으로 가득 찬 부산 국제 시장

전쟁으로 고향을 떠난 사람들은 영영 다시 돌아갈 수 없을 거라고는 상상도 못했어. 전쟁 전에 이미 분단이 되긴 했지만, 남북을 왕래하는 길이 완전히 막혀 있던 것은 아니었거든. 그런데 전쟁 후에는 남북을 오갈 수 있는 길이 완전히 막혀 버려서 헤어진 가족의 생사도 알 수 없게 되었지. 전쟁 통에 가족을 잃고 헤어진 사람들을 '**이산가족**'이라 불러.

정부가 부산을 임시 수도로 정하자 사람들은 **부산**으로 향했어. 혹시나 잃어버린 가족을 찾지 않을까 하는 기대를 했던 거야. 부산에는 피란민들이 쉴 수 있는 임시 시설이 만들어졌어. 피란민들은 박스나 천막을 모아 집을 짓기도 했지. 그 집들이 모여 피란민 마을을 이루었어.

피란민들은 부산뿐만 아니라 전국 각지에 흩어져 마을을 꾸렸어. 대표적으로 속초의 아바이 마을과 인제의 용대리 황태 마을 등이 있지. 덩달아 북쪽의 문화도 남한에 널리 퍼지게 되었어.

> 🧑 **곽두기 사전**
>
> **이산가족** 떨어질 리(離), 흩어질 산(散). 서로 소식을 모르고 헤어진 가족을 뜻해.

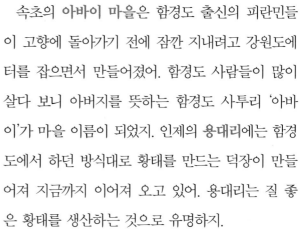

▲ 인제 용대리 황태 덕장
인제 용대리에는 함경도 출신 피란민들이 황태를 말리는 덕장을 만들기 시작했는데, 지금은 우리나라에서 가장 큰 황태 덕장으로 유명해.

속초의 **아바이 마을**은 함경도 출신의 피란민들이 고향에 돌아가기 전에 잠깐 지내려고 강원도에 터를 잡으면서 만들어졌어. 함경도 사람들이 많이 살다 보니 아버지를 뜻하는 함경도 사투리 '아바이'가 마을 이름이 되었지. 인제의 **용대리**에는 함경도에서 하던 방식대로 황태를 만드는 덕장이 만들어져 지금까지 이어져 오고 있어. 용대리는 질 좋은 황태를 생산하는 것으로 유명하지.

인천도 대표적인 피란지야. 인천은 대부분 황해도에서 온 사람들이 고향과 가장 가까운 인천에 터를 잡았는데, 그 수만 30만 명에 이르렀다고 해. 지금도 인천에서는 많은 실향민들이 고향을 그리워 하며 합동 제사를 지내고 있어.

황해도민 중에서는 『**정감록**』의 미신을 쫓아 충남 공주 유구읍까지 찾아가 정착한 경우도 있어. '나라에 큰일이 일어났을 때 열 군데의 지역을 찾아가면 안전할 수 있다.'는 말에 연고가 없는 지역까지 무작정 쫓아간 거야. 피란민들이 정착한 곳에는 전쟁을 피해 피란을 왔지만 고향을 평생 그리워한 절박한 심정이 묻어난단다.

용선생의 포인트
6·25 전쟁으로 삶의 터전이 파괴되고 이산가족과 피란민 마을이 생김.

전쟁이 한국 사회를 바꿔 놓다

6·25 전쟁이 끝난 지 벌써 70년이 다 되어 가. 부모님 등에 업혀 남쪽으로 피란 온 아기는 어느새 백발노인이 되었지. 헤어진 후에 단 한 번도 가족을 만나지 못하고 돌아가신 분들도 많아. 이산가족이 만나기 위해 남북한 정부와 여러 단체들이 나서서 **이산가족 상봉 행사**를 열기도 했지. 하지만 아직도 만나지 못한 사람들이 대다수야.

6·25 전쟁은 자본주의 대 공산주의의 대결이었어. 6·25 전쟁이 끝난 후 전 세계는 두 개의 진영으로 나뉘었어. 자본주의와 공산주의 국가들은 6·25 전쟁을 끝으로 대화를 멈추고 싸움을 계속했지. 무기는 들지 않았지만 양 세력은 다른 방식으로 싸웠어. 누가 더 경제적으로 풍요롭고 좋은 나라인지 선전하려고 애썼지. 남한과 북한도 서로 완전히 등을 돌렸어. 이때부터 '**냉전**'이 시작되었어.

 곽두기 사전

냉전 무기를 사용하지 않는 '차가운' 전쟁이라는 뜻이야. 제2차 세계 대전 이후 세계는 미국을 중심으로 한 자본주의 진영과 소련을 중심으로 한 공산주의 진영으로 나뉘었어. 이 두 진영은 정치, 외교, 경제, 군사적으로 서로 갈등했지.

전쟁이 끝나지 않은 채 정전 상태가 되자 사회의 긴장감이 더 높아졌어. 남한에서는 '반공'을 외치는 목소리가 커졌지. 이승만 대통령은 이런 분위기를 부추기며 자신을 반대하는 사람들을 '빨갱이'로 몰았어.

'반공'을 외치는 사회 분위기 때문에 한 번 '빨갱이'라고 불리면 취직도 힘들었어. 경찰도 수시로 감시했고. 불똥이 튈까 봐 주변 사람들도 겁먹고 피했지. 특히 북한 땅에 가족을 놔두고 온 사람들은 항상 감시를 받았어. 남한의 정보를 북한에 넘길지 모른다는 이유였지. 전쟁 중에 북한으로 넘어갔다가 돌아오지 못한 사람의 가족도 마찬가지야. 정부를 비판하는 사람은 북한의 간첩으로 몰려 처벌되었지.

사정은 북한도 마찬가지였어. 김일성은 전쟁을 도운 미국에 대한 적개심을 키웠어. 그리고 남한 정부는 미국의 꼭두각시라고 비난했지. 자신의 권력에 대항하는 사람들을 '반동분자'라며 처형했어. '반동분자'는 북한의 혁명에 반대하는 사람을 낮잡아 부르는 말이야.

곽두기 사전

반공 공산주의에 반대한다는 뜻이야.

더 알려 줄게!

빨갱이
'빨갱이'라는 말은 공산주의 국가들이 국기에 빨간색을 쓰면서 공산주의자들을 얕잡아 부르는 말이 되었어. 그러다 점점 정부에 반대하는 사람들을 '빨갱이'라고 이름 붙여 처벌하게 되었지. 이 말 때문에 많은 사람이 누명을 쓰고 억울한 벌을 받았어. 우리 역사에서 아픔이 되는 이 말은 농담으로라도 써서는 안 돼!

용선생의 포인트

6·25 전쟁 이후 냉전이 시작되고 서로의 체제를 인정하지 않는 분위기가 형성됨.

6·25 전쟁 이후 우리나라는 어떻게 되었을까?

왕수재의 **역사 노트**

1. 6·25 전쟁의 발발과 전개

북한군의 남침 (1950.6.25.)	• 북한군이 쳐들어오자 이승만 정부가 피란함. • 미국이 국제 연합군을 보내 남한을 돕기로 결정함.

⇩

인천 상륙 작전	• 맥아더의 인천 상륙 작전의 성공으로 서울을 되찾음. • 이후 서울을 되찾고 압록강 유역까지 치고 올라감.

⇩

중국군의 참전	• 중국군이 전쟁에 참여함. • 대규모 피란이 이루어지고, 서울을 다시 빼앗김(1·4후퇴).

⇩

정전 협상 (1951.7.~1953.7.)	• 휴전선 위치, 포로 처리 문제 등을 두고 정전 협상을 벌임. • 남과 북의 군대가 점령한 지역을 기준으로 휴전선을 그음.

2. 6·25 전쟁의 결과

① 건물이 파괴되고 전쟁에 나간 사람이 죽거나 다쳐 돌아옴.

② 전쟁 통에 가족을 잃은 이산가족이 발생함.

③ 부산, 속초, 인천 등지에 피란민들이 모여 피란민 마을이 형성됨.

④ 남과 북의 냉전이 계속되면서 서로에 대한 적대감이 강해짐.

6·25 전쟁의 전개 과정을 순서대로 기억할 수 있어야 해!

나선애의 실력다지기

01
한국사능력검정시험 25회 초급

다음 자료에 나타난 전쟁의 전개 과정에서 있었던 사실로 알맞은 것은 무엇일까?

① 조선 총독부가 설치되었어요.
② 5·10 총선거가 실시되었어요.
③ 인천 상륙 작전이 실행되었어요.
④ 미소 공동 위원회가 개최되었어요.

02

1950년 6월 25일에 북한이 38도선을 넘어 전쟁을 일으킨 까닭으로 알맞은 것은 어느 것일까?

① 일본 제국주의에 맞서기 위해서예요.
② 남한을 무력으로 통일하기 위해서예요.
③ 남한이 먼저 침략했기 때문이에요.
④ 미국의 전쟁 물자를 지원받았기 때문이에요.

03
한국사능력검정시험 35회 중급

다음 노래의 배경이 된 사건으로 알맞은 것은 무엇일까?

> **굳세어라 금순아**
>
> 눈보라가 휘날리는 바람 찬 흥남 부두에
> 목을 놓아 불러 봤다. 찾아를 봤다.
> 금순아 어디로 가고 길을 잃고 헤메었더냐.
> 피눈물을 흘리면서 1·4 이후 나 홀로 왔다.

① 3·1 운동
② 을사늑약
③ 6·25 전쟁
④ 베트남 국군 파병

04

중국군이 6·25 전쟁에 개입한 목적으로 알맞은 것은 무엇일까?

① 북한을 항복시키기 위해서예요.
② 대한민국 임시 정부를 도와주기 위해서예요.
③ 6·25 전쟁을 평화적으로 해결하기 위해서예요.
④ 대한민국과 국경을 마주하는 것이 위협적이기 때문이에요.

05 한국사능력검정시험 29회 초급

다음 기획전에서 볼 수 있는 사진의 제목으로 알맞은 것은?

> **'그땐 그랬지'**
>
> 우리 박물관에서는 6·25 전쟁 당시의 학교 생활 모습을 담은 사진전을 마련했습니다.
> - 장소: ○○ 박물관
> - 기간: 2020년 ○○월~○○월

① 천막 학교에서 공부하는 학생들
② 신사 참배하는 학생들
③ 일제에 학도병으로 끌려간 학생들
④ 신탁 통치 반대 운동을 하는 학생들

06

6·25 전쟁의 피해와 영향에 대한 설명으로 알맞지 <u>않은</u> 것은 무엇일까?

① 국토가 황폐해졌어요.
② 전쟁고아들이 생겨났어요.
③ 가족이 뿔뿔이 흩어졌어요.
④ 건물이 거의 파괴되지 않아 빨리 복구할 수 있었어요.

07 2020 대학수학능력시험

(가)에 들어갈 내용으로 알맞은 것은 무엇일까?

> **<수행 평가: 한국사 카드 만들기>**
>
> **6·25 전쟁의 전개 과정**
>
> - 의도: 6·25 전쟁 중 있었던 주요 사건을 시간 순으로 살펴본다.
>
>
> 북한군의 남침 　　　　 (가)
>
>
> 1·4 후퇴 　　　　 정전 협정 체결

① 신미양요
② 인천 상륙 작전
③ 5·10 총선거
④ 강화도 조약의 체결

08 서술형 문제

전쟁 초기에 낙동강까지 밀렸던 국군은 단번에 전세를 역전해 압록강까지 진격할 수 있었어. 국군이 역전하는 상황에 대해서 간단하게 써 보자. [3점]

_____
_____
_____

어머니!

이들은 가족을 잃어버린 지 33년만에 '이산가족을 찾습니다' 방송으로 가족을 찾을 수 있었어.

전쟁 때 잃어버렸던 너를 다시 찾다니! 이젠 죽어도 여한이 없구나.

가족의 생사도 알지 못한 채 사는 것이 너무 고통스러웠을 것 같아요.

그런데 왜 한 나라에 아들이 살고 있었다는 것을 몰랐을까?

맞아! 가족끼리 전화나 메일로 연락하면 되잖아요!

6·25 전쟁이 갑자기 일어나서 서로 연락처도 약속도 없이 헤어졌거든.

그렇게 갑자기 잃어버리면 연락할 방법이 전혀 없었겠네요.

많은 사람을 울렸던 방송 '이산가족을 찾습니다' 기록들은 세계 기록 유산으로 선정되었어.

그런데 북한에 가족이 남아 있는 사람들은 어떡해요?

1985년을 시작으로 남북 이산가족 상봉이 이뤄지고 있어.

벌

떡

그래도 잠깐 만나는 거잖아요!

전쟁이 뭐라고 사랑하는 가족을 가로막는 거야! 화가 나!

전쟁 나빠! 난 절대 우리 가족이랑 헤어지지 않을 거야!

나도! 얼른 집에 갈래!

덩

동

덩

엉엉

하다네

얘가 갑자기 왜 이럴까.

엄마, 아빠~. 전쟁 나도 나를 절대 잃어버리면 안 돼요!

얘가 잠이 덜 깼나.

남북의 아픔, 이산가족

6·25 전쟁으로 인해 수많은 이산가족이 발생했어. 이들은 서로의 생사도 모른 채 수십 년을 살아가야 했지. 그러던 중 1983년 한국 방송 공사(KBS)에서 이산가족 찾기 특별 생방송을 진행했고, 무려 138회에 걸친 생방송을 통해 1만 명의 이산가족이 다시 만날 수 있었어. 전쟁과 분단의 아픔을 전 세계에 널리 알린 이 생방송의 기록물들은 그 역사적 가치를 인정받아 유네스코 세계 기록 유산에 선정되었단다. 방송 2년 후에는 최초의 남북한 이산가족 만남이 이루어질 수 있었지. 1985년 첫 만남부터 2018년까지 총 21번의 이산가족 만남이 성사되었어. 현재 이산가족으로 등록한 사람은 약 13만 명에 이르는데, 그중 약 5만 명 정도만 살아 계신 상태야.

3. 민주주의의 시련과 극복

1987년 명동 성당 앞 시위대
서울 명동 성당 앞에서 시민들이 전두환 정권의 독재에 반대하고
직선제 개헌을 요구하는 시위를 하고 있어.
이 시위에는 학생과 직장인을 가리지 않고 많은 국민이 참여했어.

1960	1961	1972	1980	1987
4·19 혁명	5·16 군사 정변	유신 헌법	5·18 민주화 운동	6월 민주 항쟁

독재에 항거해 4·19 혁명이 일어나다

초대 대통령 이승만은 1952년 다시 한번 대통령에 뽑혔어. 원래 헌법에서 대통령은 최대 2번까지만 하도록 정했거든. 그래서 이승만은 더는 대통령이 될 수 없었지. 하지만 이승만은 권력을 놓기 싫었어. 그래서 **초대 대통령에 한해서 횟수에 제한을 두지 않는 헌법을 만들**게 했어. 초대 대통령은 이승만 한 사람뿐이니 결국 이승만을 위한 헌법을 만든 거야.

이승만 정부와 자유당은 부정부패를 일삼으면서 이를 비판하는 사람들에게는 온갖 폭력을 휘둘렀어. 이때 이승만의 경쟁자가 한 명 나타났지. **평화 통일**을 주장한 **조봉암**이었어. 이승만은 조봉암이 선거에서 좋은 결과가 나오지 못하게 방해 공작을 펼쳤지. 선거 운동장에서 유인물을 뺏는 일은 보통이었고, 선거 운동을 하던 사람들을 납치하거나 살해하는 일까지 벌어졌어. 그리고 아예 조봉암에게 간첩 누명을 씌워 대통령 후보에서 끌어내렸어. 그 결과 조봉암이 만든 진보당도 간첩 혐의로 해체되었고, 조봉암은 사형을 선고받아 죽고 말았지.

조봉암을 제거한 이후에는 민주당의 **장면**이 이승만의 경쟁자로 남았어. 자유당은 장면 후보의 선거 운동 역시 대놓고 방해했지. 대구에서는 장면이 유세하기로 되어 있었는데, 자유당과 정부가 학생들이 참여하지 못하도록 일요일에 강제로 학교에 나오게 했어. 학생들은 이에 불만을 품고, 이승만 정부의 부정부패에 대항해 시위를 벌였지.

▲ **조봉암(1899~1959)**
조봉암은 노동자와 농민을 위한 정책을 만들고, 교육을 국가가 완전 보장해야 한다며 당시로서는 파격적인 복지 정책을 주장했어. 이승만과는 반대로 평화적으로 통일을 해야 한다는 논리를 펼쳐 많은 지지를 받았어.

장면(1899~1966)
민주당을 조직해 활동한 야당의 지도자였어. 1960년 정·부통령 선거에 부통령으로 출마했지만 자유당의 부정 선거로 인해 떨어지고 말았지.

▲ 불에 탄 투표용지
이승만 정부는 선거에서 이기기 위해 시민들이 투표한 투표용지를 불태우기도 했어.

곽두기 사전

최루탄 눈물을 흘리게 하는 약이나 물질을 넣은 탄환을 말해. 시위를 진압하는 용도로 쓰였어.

▲ 김주열(1943~1960)
김주열이 처참한 시신으로 돌아오자 서울에서도 수많은 시민들이 들고일어났어. 4·19 혁명에 불을 지핀 거야.

1960년 3월 15일, 우리나라 역사상 최악의 **부정 선거**가 벌어졌어. 이승만 정부는 이날 정·부통령 투표장에 '자유당'이라는 완장을 찬 **완장 부대**를 동원했어. 사람들한테 돈을 주고 **표를 매수**하기도 하고, '**3인 조 투표**'라는 이름으로 세 명씩 조를 짜 투표를 시켰어. 그러면 내가 어떤 후보한테 투표하는지 옆 사람들이 다 알게 되겠지?

그 외에도 각종 기상천외한 방법으로 부정 선거가 이뤄졌어. 선거인 명부에 거짓 이름을 올려놓고 그 이름으로 자유당 후보한테 미리 투표를 한 거야. 유령이 와서 투표할 수는 없으니 자유당 후보한테 찍은 표를 투표함에 미리 넣어둔 거지. 개표할 때는 민주당 측 개표 참관인을 매수해서 참관을 포기하게 만들고 **투표함을 바꿔치기**하기도 했어.

하지만 시민들의 눈을 완전히 가릴 수는 없었어. 너무나도 뻔뻔한 3·15 부정 선거에 분노한 국민들은 그날 바로 시위를 벌였지. 마산(경남 창원)에서는 경찰과 시위대의 충돌이 있었어. 그런데 경찰이 시위대를 향해 **최루탄**과 총을 쏜 거야. 이날 수십 명이 부상을 당하고 8명이 목숨을 잃고 말았어. 그리고 얼마 후인 4월 11일, 마산 앞바다에 시체 한 구가 떠올랐어. 시위 중 사라진 마산 상고 학생 **김주열**이었어. 김주열의 시체는 너무나 참혹한 모습을 하고 있었지. 경찰이 쏜 최루탄이 얼굴에 박혀 있었던 거야!

"주열이를 살려내라!"

이 소식에 분노한 2만 명의 마산 시민은 거리로 나왔어. 시위는 3일간 계속됐고 점차 전국으로 퍼져 나갔지. 4월 19일, 서울 시내에

☆ 시험에 꼭 나와!

시위대가 쏟아져 나왔어.(4·19 혁명) 10만 명이나 되는 사람이 모였는데, 시위대에는 초등학생도 있었어. 정부는 무력으로 시위를 진압했고 이 과정에서 1천여 명이 부상을 당하고 100여 명이 목숨을 잃었어.

며칠 후에는 대학교수들이 시위에 가담하면서 시민들의 참여도 더욱 늘어났어. 시민들은 탑골 공원에 세워져 있던 이승만 대통령의 동상을 끌어내고, **경무대**로 향해 갔어. 이제 시민의 힘은 아무도 막을 수 없게 되었지.

"국민이 원한다면 대통령의 자리에서 물러나겠소."

국민의 거센 목소리에 이승만은 결국 **대통령 자리에서 물러났어.** 자유당 정권도 순식간에 무너졌지.

광복 후 정부를 세운 지 12년밖에 되지 않았지만, 시민들의 정치 의식은 독재 정권을 무너뜨릴 정도로 성장했어. 4·19 **혁명**으로 우리 국민은 국가의 권력이 국민으로부터 나온다는 것을 확인할 수 있었단다.

용선생의 포인트

3·15 부정 선거에 분노한 시민들이 4·19 혁명을 일으킴.
이승만이 대통령에서 물러남.

곽두기 사전

경무대 대통령이 사는 청와대의 옛날 이름이야.

영심이는 궁금해!

이승만은 4·19 혁명 이후 어떻게 됐어요?

이승만은 하와이로 떠나 남은 인생을 보냈어. 이승만은 국내로 돌아오려 했지만 정부에서 그의 귀국을 허락하지 않았지. 그리고 4·19 혁명이 일어난 후 5년 만에 하와이에서 사망했어. 비록 독재를 한 대통령이었지만 독립운동가였고, 초대 대통령이었기 때문에 지금은 현충원에 묘소가 마련되어 있어.

군인들에 의한 독재 정치가 시작되다

4·19 혁명으로 세워진 민주당의 **장면 정부**는 해야 할 일이 너무 많았어. 부정 선거에 가담한 이들과 자유당 정부를 등에 업고 재산을 불려 온 사람들을 처벌해야 했지. 게다가 전쟁으로 여전히 회복되지 않은 경제도 발전시켜야 했어.

"이번 기회에 나라의 모든 문제를 고치자!"

시민들은 노동자와 교사들의 노동조합을 만들고, 학생들은 민주화를 외쳤어. 온 나라에 자유의 바람이 분 거야. 하지만 역사는 국민들의 바람과는 다른 방향으로 흘러갔어. 1961년 5월 16일, 한 무리의 군인들이 탱크를 이끌고 서울 시내로 밀고 들어와 **군사 정변(쿠데타)**을 일으켰지. 그리고는 무력으로 장면 정부를 해산 시켜 버리고 권력을 차지했어(5·16 군사 정변). 이들은 '우리는 혼란을 정리하러 나선 것뿐, 역할이 끝나면 양심적인 정치인에게 정부를 넘길 것이오!'라고 했어. 이 군인들을 이끈 사람이 **박정희**야.

군사 정부는 모든 정당, 사회단체를 해체하고 권력을 손에 쥐었어. 1962년 12월에는 국무총리를 없애고 대통령에 권력을 집중시켰지.

곽두기 사전

군사 정변(쿠데타) 무력으로 정권을 빼앗는 일을 말해. 지배층 사이에서 힘으로 권력을 차지한다는 점에서 시민들이 독재에 대항해 정권을 무너뜨리는 '혁명'과는 달라.

◀ 5·16 군사 정변
1961년 5월 16일, 박정희를 비롯한 군인들이 장면 정부를 무너뜨리고 정권을 장악했어. 수많은 군인들이 당시 정부청사 건물인 중앙청으로 향하고 있는 모습이야.

다시 독재 정치가 생길까 우려해서 4·19 혁명 이후 대통령의 권한을 줄였는데, 1년도 되지 않아 이를 되돌린 거야.

군인들은 '양심적인 정치인에게 정부를 넘길 것'이라고 했지만, 정변 이후 치러진 대통령 선거에 **박정희가 후보로 출마해 대통령**이 되었어. 박정희는 대통령이 된 후 **경제 개발**을 적극적으로 추진했어. 너무나 먹고살기 힘들었던 사람들은 경제가 성장하는 모습에 박정희를 열렬히 지지했지.

그런데 박정희도 자신의 첫 번째 임기가 끝나 가자 이승만과 같이 대통령 자리를 놓지 않으려고 했어. 이승만이 헌법을 바꿔 가며 권력을 유지했던 것처럼 박정희도 **헌법을 바꿔서 대통령 자리를 계속 차지**했단다. 박정희가 10년 가까이 권력을 놓지 않으려고 하니 사람들의 생각도 조금씩 바뀌었어.

1971년 대통령 선거에는 박정희의 경쟁 상대로 **김대중**이 출마했어. 박정희는 이번이 마지막이라며 한 번만 더 믿어 달라고 호소했지. 그런데 예상외로 매우 치열한 경쟁이 펼쳐졌고, 박정희가 근소한 차이로 대통령이 된 거야. 위기감을 느낀 박정희는 자신의 권력을 유지하기 위해서 정상적인 방법으로는 힘들겠다고 생각했어. 그래서 새로운 헌법을 만들어 죽을 때까지 권력을 놓지 않을 방법을 찾는 데 이르렀지.

김대중(1924~2009)
1963년에 국회 의원에 당선됐어. 1971년 야당인 신민당의 대통령 후보로 여당의 박정희와 겨루었지. 26년 뒤인 1997년에 제15대 대통령으로 뽑혔어.

용선생의 포인트
박정희가 군사 정변을 일으켜 권력을 차지하고 헌법을 고쳐가며 권력을 유지함.

모든 권력을 가지려고 했던 유신 체제

 곽두기 사전

유신 유신이라는 말은 동양의 고전에 나오는 말이야. 낡은 것을 고쳐 새롭게 한다는 뜻이지.

박정희가 만든 **유신 헌법**은 1972년 7월 4일에 발표한 남북 공동 성명에 따라 통일을 준비하겠다며 세운 법이었어. 통일을 위해서는 그동안의 헌법이 아닌 새로운 법이 필요하다는 거였지. 문제는 유신 헌법에서 대통령의 임기를 4년에서 6년으로 늘리고, **대통령을 할 수 있는 횟수의 제한을 아예 없앤 거지.** 그리고는 대통령 선출 방식도 직선제에서 **간선제**로 바꿔 버렸어. 그러면서 대통령을 뽑는 국회 의원까지 자기 마음대로 정할 수 있게 했지. 그러니 마음만 먹으면 자신이 죽을 때까지 대통령을 할 수도 있다는 거야!

☆ 시험에 꼭 나와!

유신 헌법으로 박정희는 엄청난 권력을 가졌어. 국회를 해산시킬 수도 있었고 판사도 대통령이 직접 임명할 수 있었어. 게다가 '**긴급 조치**'라고 해서 대통령이 헌법을 뛰어넘어 어떠한 조치든 취할 수 있는 권한을 가졌어. 나라의 모든 일을 대통령 맘대로 할 수 있게 된 거야.

국민들은 민주주의를 되살리기 위해 저항했어. **장준하**는 100만 명의 헌법 개정 청원 서명을 받아 정부를 압박하려 했어. 서명 시작 열흘 만에 30만 명이 동참할 정도로 시민들의 지지도 엄청났지.

 영심이는 궁금해!

남북 공동 성명으로 통일을 준비한다면 좋은 거 아닌가요?

1972년 7월 4일 발표된 남북 공동 성명은 자주, 평화, 민족 대단결의 3원칙을 내세웠어. 하지만 남한에서는 유신 헌법이, 북한에서는 사회주의 헌법이 채택되었어. 북한의 사회주의 헌법도 유신 헌법과 마찬가지로 모든 권한을 김일성에게 집중시켰어. 그리고 이 성명서 이후 남북 대화는 이루어지지 않았지. 결국 남북의 통치자가 통일 문제를 자신의 권력을 강화하는 데 이용한 거야.

222

하지만 박정희는 긴급 조치를 선포하면서 유신 헌법에 반대하는 사람들을 전부 잡아갔어. 긴급 조치는 유신 반대 운동이 일어날 때마다 선포됐어. 민주화 운동에 앞장섰던 장준하는 긴급 조치 1호의 표적이 되어 15년의 징역형을 받았지.

"대통령의 뜻에 반대하다니 이건 곧 국가 반역죄다! 모두 잡아들여라!"

1979년 10월 16일, **부산대학교 학생들**이 유신 체제를 무너뜨리자며 대규모 시위를 벌였어. 시위에는 대학생 외에도 **부산 시민**과 노동자들도 함께했지. 정부는 부산에 **계엄령**을 내리고 군대를 보냈어.

하지만 시위는 이미 부산을 넘어 **마산**으로 번졌어. 정부는 마산에도 군대를 보내 탄압했어. 부산과 마산에서 일어난 시위이기 때문에 두 지역의 앞글자를 따서 '**부마 항쟁**'이라고 불러.

부산과 마산에서 시위의 물결이 일렁이고 있는 와중에 박정희가 갑작스러운 죽음을 맞았어. 박정희의 측근이었던 **김재규**는 부마 항쟁의 열기를 직접 본 뒤, 정부의 근본적인 대책이 필요하다고 보고했어. 하지만 박정희와 경호실장 차지철은 더욱 강력하게 시위를 진압하려 했지. 그 전부터 박정희와 차지철에게 불만이 쌓여 있던 김재규는 그만 그들에게 총을 쏘아 버렸어. 18년이나 권력을 차지했던 박정희는 그렇게 비참한 죽음을 맞았고, 이와 동시에 유신 독재도 끝이 났지.

▲ 장준하(1918~1975)
일제 강점기에는 한국광복군에서 활약하고, 광복 후에는 잡지 『사상계』를 간행해 민주화 운동을 활발히 진행했어.

🦊 곽두기 사전

계엄령 전쟁이나 반란과 같은 국가 비상사태가 일어났을 때, 대통령이 국가의 안전을 위해 군대를 동원해 치안을 유지하는 법이야. 우리나라에서 마지막으로 계엄령이 내려진 건 1980년이야.

용선생의 포인트
박정희가 유신 헌법으로 권력을 독차지했으나 부하에게 목숨을 잃음.

눈부신 경제 성장으로 세계 무대로 나아가다

6·25 전쟁 이후 우리나라는 다른 나라의 도움을 받아 농업 중심의 산업 구조를 공업 중심으로 바꿔 나갔어. 그리고 박정희 정권이 들어선 이후 본격적으로 경제 개발이 이루어졌지. 대통령이 된 박정희는 무엇보다 경제 성장을 정책의 제1순위로 뒀어.

"가난에서 벗어나야 분배든, 민주주의든 생각할 수 있는 거야!"

박정희는 국민들의 지지를 얻기 위해서라도 경제 성장이 무엇보다 중요하다고 생각했어. 그리고 민주주의는 경제 성장을 이룬 후에 생각해도 된다고 보았지.

박정희 정부는 장면 정부가 만들었던 경제 개발 계획을 이어받아 1962년부터 '**경제 개발 5개년 계획**'을 적극적으로 펼쳤단다. 당시에는 소득 수준이 낮고 가난해서 국내의 시장이 크지 않았어. 그래서 외국에 적극적으로 수출을 해서 경제를 성장시키려고 했지. 이때 수출했던 물건은 주로 가발이나 신발 같은 경공업 제품이었어.

새로운 공장이 생기니 사람들은 적은 월급에도 밤낮없이 열심히 일했어. 전쟁이 끝나고 오랫동안 가난에 시달려 온 사람들은 어떤 일이든 열심히 일할 준비가 되어 있었거든. 그 덕에 기업들은 적은 돈을 들여 값싼 제품을 만들어 낼 수 있었고, 이 제품들은 외국에서도 인기가 좋아 많은 **외화**를 벌어들였어.

광복 후 우리나라는 일본과 외교 관계를 맺지 않았어. 그런데 박정희 정부는 우리보다 잘살던 일본과 **한일 협정**을 맺어 경제적 지원

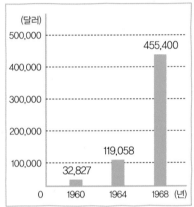

(달러)
500,000
455,400
400,000
300,000
200,000
119,058
100,000
32,827
0 1960 1964 1968 (년)

▲ 1960년대 수출액의 변화
당시 기업은 섬유, 신발, 가발 등과 같은 비교적 가벼운 경공업 제품을 만들어 수출했어. 많은 노동력이 필요한 제품을 낮은 가격으로 생산해 수출하면서 빠르게 성장할 수 있었지.

 곽두기 사전

외화 달러나 유로 같은 외국의 돈을 말해.

을 받기로 했어. 협정을 맺는 조건으로 우리가 필요한 자금을 얻는 대신, 과거 일본의 만행을 덮기로 한 것이어서 학생들은 굴욕적이라며 반대 시위를 펼쳤지. 하지만 정부는 시위를 폭력적으로 진압하고 1965년 한일 협정을 체결했어. 또 미국 정부의 요청으로 **베트남 전쟁에 군대를 파병**하고, **독일에 광부와 간호사**를 보내 외화를 벌어들였어. 정부는 외국에서 일하면 한국에서 일하는 것보다 가난에서 빨리 벗어날 수 있다고 대대적으로 홍보했지.

"외국 생활 3년이면 내 집 마련! 외화벌이하여 애국하세!"

가난에 시달리던 사람들은 가족을 위해 베트남으로, 독일로 떠났어. 이들이 벌어들인 외화는 경제 성장의 큰 밑천이 되었지.

이후 정부는 철강과 큰 배를 만드는 중공업에 투자하기 시작했어. 1970년대부터는 경남 지역을 중심으로 **중화학 공업** 단지가 본격적으로 조성되고, 고속 국도(고속 도로)를 닦아 교통도 발전했어. 1970년에 개통된 **경부 고속 국도**는 우리나라 최초의 고속 국도로 경제 개발의 상징이 되었단다.

1970년대에는 수출액이 100억 달러를 넘어섰어. 전쟁이 끝난 후 얼마 되지 않아 놀라운 경제 성장을 이룩하자 외국에서는 이를 '**한강의 기적**'이라고 부르기까지 했지.

 더 알려 줄게!

베트남 전쟁의 고통
베트남 전쟁에 참전했던 사람들은 억지로 싸워야 한다는 정신적 스트레스와 신체적인 장애를 안고 귀국했어. 게다가 베트남의 정글을 없애기 위해 뿌린 약을 들이마셔 지금까지 후유증을 앓고 있는 사람들이 많아. 반대로 한국군이 베트남에 큰 상처를 남기기도 했어. 군인들이 베트남인을 학살한 사건도 있었고, 현지에서 태어난 혼혈아를 책임지지 않고 돌아와 베트남 여성들이 경제적 곤란과 사회적 차별을 겪는 문제도 있단다.

 용선생의 포인트
적극적인 경제 성장 정책으로 '한강의 기적'을 이루어 냄.

경제 성장의 어두운 그림자

박정희 정권 때는 경제 성장을 위해 노동자들의 입장보다는 기업의 입장을 우선시하는 정책을 펼쳤어. 덕분에 놀라운 경제 성장을 이룩했지만, 동시에 많은 문제를 낳았지. 정부는 기업에 특혜를 주었고, 기업은 더 많은 특혜를 받기 위해 정치 자금을 댔어. 이런 특혜로 대기업으로 성장한 기업들도 많았지. 이렇게 기업과 정치인들이 서로 뒤를 봐주는 '**정경 유착**' 현상이 많아졌어.

정부와 기업은 적은 돈에도 밤낮없이 열심히 일하는 노동자들을 '**산업 역군**'이라고 치켜세워 주었지만, 노동자들에게 이익을 나눠 주지는 않았어. 노동자들의 기본적인 권리를 보장하는 법도 정해져 있었지만 이름만 있을 뿐이었어. 노동자들은 하루 12시간 이상 일하는 것은 기본이고 폭언과 폭행에 시달리기 일쑤였지. 특히 경공업에 종사하는 여성 노동자들은 기숙사에서 생활하며 온종일 좁은 자리에서 일했어.

"일하러 온 건지, 감옥에 갇힌 건지 모르겠어."

낮은 임금에 시달리던 노동자 **전태일**은 '근로 기준법을 준수하라!'는 말을 외치며 스스로 몸에 불을 붙여 자살을 선택해 사회에 큰 충격을 주었어. 전태일의 분신 후 노동 환경에 대한 사회의 관심도 높아져 대학생이나 종교인들이 노동자들에게 근로 기준법을 가르쳐 주었지. 자신의 권리를 깨달은 노동자들은 그때부터 적극적으로 목소리를 내기 시작했어.

곽두기 사전

정경유착 정치인과 기업가 사이의 부도덕한 관계를 말해.

영심이는 궁금해!

왜 노동자들을 위한 법이 필요한가요?

노동자들 개개인은 회사보다 돈이나 정보 등에서 약자인 경우가 많지. 그래서 법으로 이들을 보호하려고 하는 거야.

외국과의 무역을 중심으로 한 경제 정책은 높은 경제 성장을 가져 왔지. 하지만 한편으로는 다른 나라의 정치·경제 상황에 영향을 많이 받을 수밖에 없었어. 특히 우리나라는 **석유**가 나지 않기 때문에 석유를 수입해 오는 중동에서 전쟁이 날 때마다 우리나라 경제도 크게 휘청거렸지.

수출에만 의존하는 경제 정책은 농촌의 상황도 피폐하게 만들었어. 공장은 도시에 몰려 있었기 때문에 농촌은 도시보다 발전이 뒤처져 갔지. 정부는 농촌 발전을 위해 '**새마을 운동**'을 시작 했어. 새마을 운동은 '깨끗한 환경에 건전한 정신이 깃든다'는 슬로건에 맞추어 농민들 스스로 주변 환경을 가꾸고 초가지붕을 시멘트 지붕으로 바꾸게 했지. 정부는 농민 스스로 바뀌어야 한다면서 '근면·자조·협동'을 강조했어. 새로운 쌀 품종을 개발하기도 했지.

▲ 새마을 운동
1970년부터 정부는 지역 사회에 시멘트와 철근 등을 지급하고 환경 개선에 나섰어. 마을의 다리를 놓고 있는 모습이야.

하지만 여전히 농사로 먹고살기는 힘든 형편이라 젊은이들은 계속 도시의 공장으로 떠났어. **농촌에는 노인들만 남고**, 서울과 수도권에는 인구가 많이 늘어나 **교통 문제**나, **환경 오염**도 심해졌어. 또 도시에 와서도 생계를 유지하기는 쉽지 않았기 때문에 가난한 사람들이 몰린 **빈민촌**도 많이 생겼지.

용선생의 포인트
경제가 성장했지만 노동자가 희생하고 농촌과 도시의 차이가 심해지는 문제들이 발생함.

또다시 등장한 정치군인

독재자가 사라졌다고 곧바로 민주주의가 실현되는 것은 아니었어. 국민은 민주주의에 대한 열망을 가지고 있었지만, 박정희의 자리를 차지하려는 군인들이 다시 나타났지.

육군에 있던 비밀모임 '**하나회**'가 다시 정변을 일으켜 군대를 장악했어. 이 일에 앞장선 것은 하나회를 이끌던 **전두환**과 **노태우**였지. 군인이었던 박정희 이후 군인 세력이 새롭게 권력을 잡았다는 뜻에서 이들을 '**신군부**'라 불러.

박정희가 사망한 이듬해인 1980년 봄이 되자 사회 곳곳에서는 유신 헌법을 **민주적 헌법**으로 바꾸자며 목소리를 높였어. 5월 15일에는 서울역 광장에 10만 명의 학생이 모여 '헌법 개정'과 '계엄 해제'를 외쳤지. 그러자 신군부는 5월 17일에 전국에 비상 계엄령을 내려 모든 정치 활동을 금지하고 언론 보도도 완전히 막았어. 대학도 문을 닫게 하고 독재에 반대하는 정치인을 전부 잡아들였지.

광주에서는 신군부의 독재를 반대하는 대학생들의 시위가 일어났어. 신군부는 학생들을 폭력으로 무자비하게 진압했지. 무장한 군인이 학생을 곤봉으로 때리고 옷을 벗겨 끌고 다니자 분노한 광주 시민도 시위에 참여했어.

더 알려 줄게!

하나회
육군사관학교 출신 군인인 전두환, 노태우 등이 만든 비밀 조직이야. 하나회 구성원들은 전두환을 중심으로 정변을 일으켜 정치권력을 장악했어.

◀ 계엄령 철폐를 외치는 시민과 이를 진압하는 공수부대원과 경찰

군인과 시민들의 대립은 점차 커져 광주 전체가 시위장이 되었어. 시민들은 군인들의 무기에 각목을 들고 맞섰지. 5월 21일, 군대가 시민들을 향해 총을 쏘아 댔어. 수많은 시민들이 그 자리에 쓰러져 광주 시내가 피로 물들었지. 그러자 시민들도 군대에 대항하기 위해 총을 꺼내 들었어. 시민들은 나주, 해남 등 지역의 무기고에서 총을 꺼내 무장했지. 예상치 못한 시민들의 저항에 군대는 잠시 주춤하다가 5월 27일 밤 총공격을 퍼부었어.

시민들은 마지막으로 **전남 도청**에 모여 맞서 싸웠지만 많은 사람들이 희생되고 말았어. 5월 18일부터 27일까지 광주에서 일어난 이 일은 국가의 폭압에 맞서 민주주의를 지키려 한 시민들의 의지를 보여 주었지. 이 사건은 나중에 '5·18 민주화 운동'이라 이름 붙여졌어.

▲ 촬영 장비를 점검하는 외신 기자들

독일 공영 방송의 아시아 특파원으로 있던 위르겐 힌츠페터는 광주에 몰래 들어와 실상을 카메라에 담았어. 그 외에도 『르 몽드』, 『아시안 월스트리트 저널』, 『볼티모어 선』 등 외신들도 앞다퉈 5·18 민주화 운동을 다뤘지. 이들 자료는 5·18 민주화 운동의 실상을 세계에 알리는 데 큰 역할을 했어.

용선생의 포인트

신군부가 비상 계엄령을 선포하고 광주에서 일어난 5·18 민주화 운동을 무자비하게 진압함.

뜨거웠던 1987년의 여름

전두환을 중심으로 한 신군부는 유신 헌법을 개정해서 대통령을 계속할 수 있는 조항은 없앴어. 하지만 **대통령의 임기를 7년으로** 늘렸지. 국민이 직접 대통령을 뽑지 못하는 것도 여전했어. 전두환은 여러 분야에서 새로 법을 만들어서 학생과 노동자들이 뭉치지 못하게 만들었어. **언론에 대한 통제도** 심해서 사실상 정부의 목소리를 그대로 받아 적게 만들었지.

정부는 사회 정화를 하겠다며 공무원부터 깡패까지 찾아내 사회 전반을 뒤흔들었어. 정부와 군대의 통제는 어느 때보다도 심했어. 대학교 안에 무장한 전투 경찰이 항상 배치되어 있었고, 형사는 학생들의 **일거수일투족**을 감시했지.

그런데도 많은 사람들이 광주에서 일어난 일을 알리기 위해 **고군분투**했어. 창문을 이불로 가리고 방에 숨어 글을 쓰고, 잡지 사이에 숨겨 돌려 읽었지. 경찰에 발각되면 끌려가 고문을 당하고 다시 돌아오지 못하는 경우도 있었기 때문에 목숨을 걸고 하는 일이었어.

정부가 탄압할수록 **학생들의 저항도** 점점 거세졌어. 1985년 5월 대학가에서는 "5·18 책임자를 처벌하라!"는 목소리가 높아졌고, 이에 힘을 얻은 야당 국회 의원들이 1986년부터 국민이 직접 대통령을 뽑는 직선제 개헌 운동을 벌이기 시작했어. **직선제 개헌**의 목소리가 높아지자 정부는 다시 학생들을 강하게 탄압했지.

곽두기 사전

일거수일투족 손 한 번 들고 발 한 번 옮긴다는 뜻인데, 동작 하나하나를 이르는 말이야.

곽두기 사전

고군분투 남의 도움을 받지 않으면서도 힘껏 싸워 나가는 것을 말해.

독재 타도!

◀ 이한열 추모식
1987년 7월 9일, 이한열의 영결식이
열렸어. 이한열의 모교 연세대학교는
물론 학교 앞 도로까지 그를 추모하는
사람들로 가득해.

그러던 중 1987년 1월에 국민들을 경악하게 한 사건이 일어나고
말았어. 서울대학교에 다니던 **박종철**이 경찰의 고문으로 목숨을 잃
은 게 세상에 알려진 거야. 경찰은 해명한다며 '책상을 탁 치니, 억!
하고 죽었다.'라고 말했지만, 너무도 황당해서 아무도 믿지 않았지.
그 와중에 전두환은 직선제 개헌을 하지 않겠다고 발표했어.

학생의 목숨을 빼았고도 발뺌만 하며 직선제 개헌도 하지 않겠
다는 정부의 모습에 마침내 억눌린 분노가 터져 나왔어. 사회 각계
각층에서 성명서가 쏟아져 나오고 학생들도 시위에 나섰지. 그런데
6월 9일 연세대학교에서 열린 시위 도중 **이한열**이 경찰의 최루탄에
맞아 쓰러졌어. 박종철에 이은 이한열의 사건은 시민들의 분노에 더
욱 불을 붙였어.

1987년 6월 10일, 전국의 22개 도시가 시위를 벌였어. **학생과 정
치인들**, 퇴근한 **직장인들**도 시위에 가담해 보름 동안 열기가 지속됐
지. 이제는 경찰의 최루탄도 소용이 없었어. 6월 26일이 되자 시위
가 일어난 도시는 더욱 늘어났고, 전국에서 약 100만여 명이 시위에
동참했다고 해.

박종철(1965~1987)

박종철은 학생 운동과 노동 운동
에 적극적으로 참여하던 학생 운
동가였어. 그러던 중 치안 본부 수
사관 6명에게 끌려가 전기 고문과
물고문을 당하다 목숨을 잃었어.

이한열(1966~1987)

이한열은 학생들과 함께 시위를
벌이다가 경찰이 쏜 최루탄을 맞
고 쓰러지고 말았는데, 그가 다른
학우의 부축을 받아 시위 현장을
빠져나가는 사진이 보도되면서
이 사건이 전국적으로 알려지게
되었어.

영심이는 궁금해!

왜 전두환이 아닌 노태우가 직선제 개헌 약속을 해요?

노태우는 다음 대통령 선거에 나올 후보였어. 그리고 신군부의 중심인물이었지. 노태우가 직선제 약속을 하면 이미지가 좋아져 대통령 당선 가능성이 높아질 거라 생각했던 거야. 그리고 노태우가 대통령이 되면 신군부의 영향력이 그대로 유지될 것이라 생각한 거지.

결국 6월 29일에 여당의 대통령 후보 노태우가 대통령 선거를 직선제로 바꾸기로 약속하는 '6·29 민주화 선언'을 발표했어. 6월 10일의 시위가 직선제 헌법 개정까지 이어진 거지.

"대통령의 임기는 5년으로 하며, 중임할 수 없다. 국군은 정치적으로 중립을 준수해야 한다."

같은 해 가을 드디어 헌법이 개정되었어. 박정희 정부가 간선제로 헌법을 개정한 지 16년 만에 **대통령 직선제**를 되찾은 거야. 전면 개정된 헌법은 **신체의 자유, 행복을 추구할 권리, 법적 평등**이 보장되는 조항이 포함되었어.

1987년 6월의 민주화 운동은 4·19 혁명 이후 또 한번 국민의 힘으로 민주주의를 다시 세운 역사적인 투쟁으로, 6월 민주 항쟁이라고 불러. ☆시험에 꼭 나와!

용선생의 포인트
6월 민주 항쟁으로 대통령 직선제로 헌법을 개정함.

국민이 대통령을 직접 뽑기까지

왕수재의 **역사 노트**

1. 이승만과 4·19 혁명

① 이승만의 부정 선거에 분노한 국민들이 시위를 벌임.

② 시위에 참여했던 김주열이 시신으로 발견되자 전국으로 시위가 퍼짐.

③ 1960년 4월 19일, 10만 명이 넘는 시민들이 시위를 벌임(4·19 혁명).

④ 이승만이 대통령에서 물러남.

2. 박정희의 독재 정치와 유신 체제

① 1961년 5월 16일, 박정희가 정변을 일으켜 권력을 차지함(5·16 군사 정변).

② 1972년 유신 헌법을 만들어 권력을 독차지함.

③ 부산과 마산에서 유신 헌법에 반대하는 시위가 일어남(부마 항쟁).

→ 박정희의 죽음으로 유신 독재가 끝이 남.

국민들이 민주주의를 지켜 내기 위해 했던 노력들이 시험에 꼭 나와!

3. 박정희 정부의 경제 정책

① 경제 개발 5개년 계획을 실시해 가발, 신발 등 경공업 제품을 수출함.

② 일본과 한일 협정을 맺어 경제 개발에 필요한 자금을 얻음.

③ 베트남 전쟁에 군대를 파병하거나 독일에 광부, 간호사를 보내 외화를 벌어들임.

4. 신군부와 민주화 운동

새롭게 권력을 잡은 군인 세력

① 전두환과 노태우 등 '신군부'가 권력을 차지함.

② 1980년 광주에서 신군부에 반대하는 시위를 벌였으나 진압 당함(5·18 민주화 운동).

③ 직선제 개헌 운동 시위가 전국으로 확대됨(6월 민주 항쟁).

→ 6·29 민주화 선언으로 대통령 직선제로 헌법이 개정됨.

/10점

7점 이상이야? 훌륭해!
6점 이하는 다시 읽어 보자!

01
한국사능력검정시험 34회 초급

다음 민주화 운동의 결과로 알맞은 것은 무엇일까?

3·15 부정 선거는 무효다!

학생을 살려내라

① 5·10 총선거가 실시되었어요.
② 이승만이 대통령 자리에서 물러났어요.
③ 2·8 독립 선언서가 발표되었어요.
④ 미소 공동 위원회가 개최되었어요.

02

다음 (가)에 들어갈 인물로 알맞은 인물은 무엇일까?

1961년 5월 16일 (가) 를 비롯한 군인들이 무력으로 장면 정부를 해산시키고 권력을 차지 했어요.

① 노태우
② 박정희
③ 이승만
④ 전두환

03

빈칸에 들어갈 단어로 알맞은 것을 써 보자.

1972년 7월 4일, 박정희는 자신의 권력을 유지하기 위해 전국에 계엄령을 내리고 ☐☐☐☐☐☐ 헌법을 세웠다.

04
2018 대학수학능력시험

다음 대화에 나타난 시기의 정부가 시행한 경제 정책으로 알맞은 것은 무엇일까?

올 여름 경부 고속 국도가 개통된 것은 대단한 일이었어. 이로 인해 우리나라 경제가 더욱 성장할 거야.

하지만 노동자들의 근로 조건 개선도 중요해. 이번에 일어난 전태일 분신 사건은 노동자들의 열악한 노동 환경을 그대로 보여 줬어.

① 금융 실명제 실시
② 경제 개발 5개년 계획 추친
③ 경제 협력 개발 기구(OECD) 가입
④ 남북 협력 사업으로 개성 공단 조성

05

밑줄 그은 시위에 대한 설명을 알맞은 것은 무엇일까?

> 광주에서는 신군부의 독재를 반대하는 대학생들의 시위가 일어났다. 광주 시민들도 이 <u>시위</u>에 가담했다.

① 이 시위는 4·19 혁명이라 불러요.
② 시민들이 박종철 고문 사건의 진상 규명을 요구했어요.
③ 신군부가 광주 시민들의 시위를 폭력적으로 진압했어요.
④ 이 시위를 계기로 이승만이 대통령에서 물러났어요.

06 한국사능력검정시험 35회 초급

다음 민주화 운동의 결과로 알맞은 것은 무엇일까?

특강 주제: 민주화 운동의 역사

1987년에 일어난 6월 민주 항쟁은 대학생 박종철이 경찰의 고문으로 사망하고, 전두환 정권이 국민들의 민주화 요구를 탄압하자 대규모로 전개되었습니다.

① 장면 내각이 출범했어요.
② 제헌 국회가 구성되었어요.
③ 유신 헌법이 선포되었어요.
④ 대통령 직선제 개헌이 이루어졌어요.

07 한국사능력검정시험 37회 초급

(가)~(다)를 일어난 순서대로 바르게 나열한 것은 무엇일까?

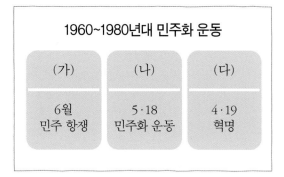

1960~1980년대 민주화 운동		
(가)	(나)	(다)
6월 민주 항쟁	5·18 민주화 운동	4·19 혁명

① (가) - (나) - (다)
② (가) - (다) - (나)
③ (다) - (가) - (나)
④ (다) - (나) - (가)

08 서술형 문제

1987년 시민들이 독재 정권에 저항해 일으킨 운동의 이름과 운동의 결과를 간단하게 써 보자. [3점]

_____

_____

_____

_____

역사반 **탐구 활동**

6월 민주 항쟁 사진전에 오신 걸 환영합니다.

두기와 함께 뽑은 사진을 먼저 보시겠습니다!

짝 짝

1987년 1월, 민주화 운동을 하던 박종철이 경찰에 붙잡혀 고문을 당하고 숨지는 사건이 발생했어요.

이 소식이 알려지자 많은 사람들이 독재 정권에 저항하기 시작했어요.

어떡해…. 안타까워!

6월 9일, 시위에 나섰던 이한열이 경찰에 쏜 최루탄에 머리를 맞아 쓰러졌어요. 친구가 힘겹게 부축하는 장면이에요.

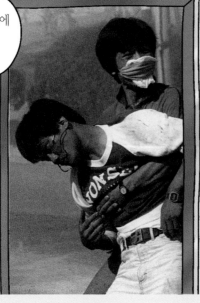

더 많은 사람들이 화가 났을 것 같아요!

부들 부들

최루탄의 고통 속에서도 분노한 시민들은 끊임없이 시위에 참여했어요!

웅얼 웅얼

재는 뭐라고 웅얼웅얼 하는 거야?

저는 이 사진이 정말 인상 깊었어요!

얼마나 기뻤으면 먹을 것을 무료로 나눠 주었을까?

감동이야...

독재 정권을 이겨 낸 시민들이 기뻐하고 있어!

오늘따라 역사 공부를 열심히 하는 너희들이 자랑스럽구나. 기쁜 마음을 담아 선생님도 너희들에게 한 턱 쏘마!

전 짜장면!

선생님, 저는 탕수육이오!

햄버거!

와

무슨 소리! 당연히 몸에 좋은 요구르트지! 한 입들 해~!

많이 기쁘다면서요!

쪽 쪽

네에?

쪽

4. 남북의 평화와 대한민국의 발전

촛불 집회

2016년 11월 광화문에서 열린 촛불 집회의 모습이야. 오늘날 시민들은 사회 문제를 해결하기 위해 촛불 집회 등의 방법으로 참여하고 있어.

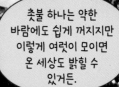

촛불 하나는 약한 바람에도 쉽게 꺼지지만 이렇게 여럿이 모이면 온 세상도 밝힐 수 있거든.

우아, 이렇게 많은 사람은 처음 봐요!

다들 예쁜 촛불을 들었네?

왜 하필 촛불이지?

1988	1995	1997	2000	2002	2018
서울 올림픽	지방 자치제 실시	외환 위기	제1차 남북 정상 회담	한일 월드컵 축구 대회	판문점 선언

민주주의가 뿌리내리고 경제가 꽃피다

사람들은 1987년의 투쟁으로 되찾은 자유를 만끽했어. 듣고 싶은 노래를 듣고, 읽고 싶은 책을 마음껏 읽으며 토론했지. 통일에 대한 열망도 터져 나와 남북 교류와 화해도 진전되었어. 1992년에는 제14대 대통령으로 **김영삼** 후보가 뽑히면서 1960년 이후 드디어 군인이 아닌 민간인이 나라를 다스리게 되었지.

김영삼 정부는 깨끗한 정부를 지향하며, 높은 자리에 있는 정치인이나 공무원은 재산을 공개하도록 했어. 또 민주화를 위한 개혁의 첫걸음으로 전 대통령인 전두환과 노태우를 재판정에 세웠지. 5·16 군사 정변으로 중단됐던 **지방 자치제**도 30여 년 만에 부활했어. 그러면서 각 도·시·군은 지역의 사정에 맞는 정책을 펼치게 되었지.

1997년에는 제15대 대통령으로 야당의 후보였던 **김대중**이 당선되어 평화로운 정권 교체가 이루어졌어. 이전에는 여당의 후보가 당선되거나, 아니면 군사 정변 같은 비정상적인 방법으로 정권이 바뀌었거든. 이후에도 평화롭게 정권이 바뀌어 가면서 민주주의는 차츰 뿌리내리고 있어.

1980년대 이후 경제의 규모도 매우 커졌어. 1970년대부터 성장해 오던 자동차 산업과 반도체 산업은 정부의 적극적 지원에 힘을 얻어 세계에서 손꼽히는 기술력을 자랑하게 됐어. 1980년대 후반부터는 자유롭게 해외로 나갈 수 있게 되면서 해외여행도 늘어났지. 특히 1980년대 말이 되면 민주화 투쟁으로 독재 정권이 물러난 후였기 때문에 문화적, 정치적, 경제적 풍요를 누릴 수 있었단다.

김영삼(1927~2015)
26세의 젊은 나이에 처음 국회 의원이 된 뒤 무려 9번이나 국회 의원에 당선됐어. 박정희, 전두환 정부의 독재에 저항해 민주화 운동을 이끌기도 했어.

 영심이는 궁금해!

해외여행을 마음대로 못했던 거예요?

우리 정부는 해외로 나간 사람들이 북한 사람들과 만나거나 혹은 북한으로 넘어가는 것을 막기 위해서 1980년대까지 해외여행을 규제했어. 그래서 취업이나 유학, 출장이 아니면 외국에 아예 나갈 수 없었고, 출국 전에는 꼭 반공 교육을 받아야 했지. 해외여행의 기회가 많아진 것은 우리 사회가 민주화와 올림픽을 경험하면서 점차 개방된 덕분이야.

더 알려 줄게!

국제 통화 기금(IMF)
돈을 빌렸다가 갚지 못해
어려움이 생긴 나라에 자금
을 지원해 주는 기구이지.
우리나라도 외환이 급격하
게 줄어들어 외국의 빚을
갚지 못하게 되자 IMF에
지원을 요청했던 거야.

곽두기 사전

구조 조정 기업들이 수익
을 높이기 위해 회사를 더욱
효율적으로 바꾸는 작업을
말해. 수익성이 낮은 사업을
접고, 직원들을 해고하기도
하지.

1990년대 들어서는 컴퓨터와 인터넷 통신망 보급이 활발해지면서 IT 직종들이 새롭게 생겼어. 1980년대 말부터 이어진 경제적, 문화적 풍요가 절정에 이르렀지.

하지만 다른 한편으로는 급격한 경제 성장에 따른 문제점도 여기저기서 드러나기 시작했어. 도시화가 빠르게 이루어지면서 부실 공사가 많았는데, 이 때문에 대형 참사들이 일어났지. 1994년에는 한강 다리 가운데 하나인 **성수대교**가 무너졌고, 1995년에는 서울의 **삼풍 백화점**이 무너져 많은 사람이 죽고 다쳤어.

또 경제가 계속해서 빠르게 성장할 것이라고 생각해서 기업들은 무리하게 사업을 확장했어. 빚에 의존해 급격하게 기업의 규모를 늘렸지만, 안으로는 허약한 체질의 기업들이 많았어. 결국 1997년에는 외국에 진 빚을 감당하지 못해 **외환 위기**를 겪게 되었지.

우리 정부는 국제 통화 기금(IMF)에 긴급 자금을 요청했어. IMF는 돈을 빌려주는 대신 우리나라의 기업들이 **구조 조정**을 통해 건강해져야 한다는 조건을 내밀었지. 기업들이 건강해진다는 건 좋은 말처럼 보이지만, 그 과정은 몹시 고통스러운 일이었어. 수익이 나지 않는 사업은 회사 문을 닫아야 하는데, 그렇게 되면 그 회사에 다니던 사람들은 직장을 잃어버리게 되는 거야. 그렇게 구조 조정을 통해 실업자가 된 사람이 150만 명에 이르렀다고 해!

어려움 속에서도 정부와 기업, 국민은 힘을 모아 위기를 극복하려고 했어. 국민들은 나라의 빚을 갚자고 **금 모으기** 운동을 벌이기도 했지. 정부는 고도의 기술이 필요한 **정보 통신 산업** 등을 지원했어. 덕분에 우리나라는 전 세계에서도 손꼽히는 IT 강국이 될 수 있었지. IMF의 지원금도 예정보다 훨씬 일찍 갚을 수 있었어.

이제 우리 기업들은 새로운 산업 영역을 찾아 인공 지능 등 4차 산업 혁명에 동참하고 있어. 그 외에도 각종 문화 콘텐츠 산업과 관광, 금융 등 다양한 분야에서 세계적 수준으로 성장하고 있지. 우리나라의 무역 규모는 세계 10위권 안에 들고, 1인당 국민 총소득은 2017년에 3만 달러를 넘어섰지.

하지만 경제 성장에는 아픔도 있었어. 외환 위기 이후 기업은 직원들을 많이 뽑지 않으려 하고, **정규직**의 자리를 **비정규직**으로 채웠어. 비정규직은 정규직보다 해고하기도 쉽고, 한 회사에서 오래 일할 수 없거든. 이로 인해 좋은 일자리가 줄어들었고, **빈부격차**도 심해졌어. 경제 상황이 워낙 빠르게 변하다 보니 새로 생기는 직업과 사라지는 직업도 많아지고 있지. 우리 정부와 기업, 시민 사회는 이런 문제들을 개선하기 위해 계속 노력하고 있어.

더 알려 줄게!

4차 산업 혁명

산업 혁명이란 기술이 발달해서 사회 전체가 바뀌는 것을 말해. 인류의 역사에서 1차 산업 혁명은 증기 기관의 개발로 농업 사회가 공업 사회로 변화한 때를 말하지. 2차 산업 혁명은 전기 에너지와 컨베이어 벨트, 3차 산업 혁명은 인터넷의 개발이 시작된 때를 말한다고 해. 그리고 빅데이터, 인공 지능의 발달로 새로운 사회로 나아가는 것을 4차 산업 혁명이라고 부르고 있어.

곽두기 사전

정규직과 비정규직 정규직은 정년까지 고용이 보장되고 여러 권리가 보장되는 자리야. 그에 비해 비정규직은 이런 권리들을 보장받지 못하는 임시직, 계약직과 같은 자리를 말해.

용선생의 포인트

1990년대 이후로 정치가 안정되고 경제가 성장했지만, 그에 따른 문제들도 있음.

세계인과 문화를 나누다

경제가 성장하면서 국제 사회에서 우리나라의 위상도 높아졌지. 여기에는 세 번의 세계 대회 개최도 큰 몫을 했어. 1988년 서울 올림픽, 2002년 한일 월드컵 축구 대회, 그리고 2018년 **평창 동계 올림픽**까지 국제 대회를 성공적으로 마쳐 세계인들에게 큰 인상을 주었지.

나라의 위상이 높아지면서 많은 외국인들이 우리나라를 방문해 우리의 문화를 즐기고 돌아갔어. 그러면서 우리 문화에도 많은 관심을 갖게 되었지. 특히 **드라마**나 **대중가요**가 세계적으로 인기를 끌었는데, 이를 '**한류**'라고 해. 한국의 드라마는 일본과 중국 등 아시아 국가에서 큰 인기를 끌었지.

최근에는 인터넷의 발달과 함께 우리의 문화도 더욱 빨리 전파되고 있어. 대중가요의 경우 예전에는 주로 아시아권에서만 인기를 끌었지만, 아이돌 그룹인 BTS는 동영상 서비스를 통해 유럽이나 아메리카에서도 인기를 끌어모았지. 영국에서는 BTS를 전설적인 밴드 비틀즈와 비교하기도 했어.

한국의 대중가요뿐만 아니라 **식문화**도 세계 곳곳으로 전파되고 있어. 음식을 먹는 모습을 보여주는 영상은 '먹방(Mukbang)'이라는 독특한 문화가 되었고, 이를 통해 다양한 한국 음식들이 인기를 얻게

더 알려 줄게!

떡볶이의 외국 이름은?
그동안 우리나라는 우리 음식의 이름을 영어로 번역해서 해외에 소개했어. 떡볶이는 '라이스 케이크(Rice Cake)', 어묵은 '피시 케이크(Fish Cake)' 등으로 말이야. 그런데 생선 케이크라니 생각만 해도 이상한 맛일 것 같지? 그래서 우리나라 음식을 먹어보지도 않고 거부감을 갖는 외국인들이 많았대. 그런데 먹방이 유행하면서 떡볶이를 발음 그대로 부르는 사람들이 자연스럽게 늘어났어. 외국인들도 '떡볶이'의 이름을 '떡볶이'로 알고 받아들이게 된 거지.

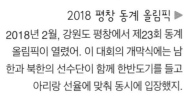

2018 평창 동계 올림픽 ▶
2018년 2월, 강원도 평창에서 제23회 동계 올림픽이 열렸어. 이 대회의 개막식에는 남한과 북한의 선수단이 함께 한반도기를 들고 아리랑 선율에 맞춰 동시에 입장했지.

됐지.

우리나라의 문화가 외국으로 전파되기도 하지만, 외국의 문화가 우리나라로 전파되기도 해. 한국 문화에 매력을 느끼고 이민을 오는 외국인들도 있고, 일하기 위해 오는 사람들도 많아. 우리나라 사람과 국제결혼을 하면서 가정을 꾸린 '**다문화 가정**'도 계속 늘고 있어.

통계에 따르면 최근 한 해에 태어나는 아이 20명 가운데 1명은 다문화 가정의 아이라고 해. 우리나라의 외국인들이 집중적으로 모여 사는 곳만 해도 열 군데 가까이 있지. 우리나라도 이제 다문화 국가라고 할 수 있어. 하지만 안타깝게도 아직 우리나라의 다문화 가정은 **편견** 때문에 차별을 받는 경우가 많아. 서로 다르기 때문에 더 많은 것을 주고받을 수 있는데 말이야.

우리는 대한민국이라는 나라에 살고 있지만 인터넷을 통해 세계 여러 곳과 교류할 수 있어. 마음만 먹으면 어디든 갈 수 있고, 어디서든 살 수 있지. 앞으로 국경은 점점 중요하지 않게 될 수도 있어. 그만큼 우리 주변의 세계와도 조화롭게 지내려는 노력이 필요한 거야.

곽두기 사전

편견 공정하지 못하고 한 쪽으로 치우친 생각이나 의견을 말해.

용선생의 포인트

세 번의 국제 대회 개최와 '한류' 등으로 외국과 문화 교류가 활발해지고, 국내에서도 다문화 가정이 늘어나고 있음.

한반도의 평화를 위한 걸음

세계와 조화롭게 살기 위해 우리가 노력해야 할 또 다른 과제는 **한반도에 평화를 정착시키는** 일이야. 남북한은 아직 휴전 상태로 완전히 평화로운 상태가 아니잖아? 한반도에 평화가 정착되면 어떤 점이 좋을까? 남북한의 왕래가 쉬워지면 우선 분단으로 헤어진 이산가족들이 가족을 만날 수 있게 되겠지. 고향을 잃은 사람들도 자신의 고향을 찾아갈 수 있을 거야.

또 경제적으로도 좋은 점이 있어. 북한의 노동력과 자원이 남한의 기술, 자본과 결합할 수 있지. 그리고 장기적으로 남북의 군사 관련 비용을 줄일 수도 있어. 남북의 병사 수를 합치면 150만 명이 훨씬 넘는데, 인구를 생각하면 지나치게 많은 병력이라고 해. 평화로운 시기라고 해서 군대를 없애거나 규모를 급격하게 줄일 수 있는 건 아니지만, 차츰 규모를 줄이고 그 힘을 다른 영역에 쏟을 수도 있을 거야.

우리의 생각도 많이 바뀌게 될 거야. 한반도는 대륙과 연결되어 있지만, 실제로는 북한이 가로막고 있어서 외국에 가려면 섬나라처럼 배나 비행기를 타는 수밖에 없지. 하지만 남북의 왕래가 자유로워지면 서울역에서 출발해서 시베리아 횡단 열차를 타고 러시아나 중국, 더 나아가 유럽까지 여행할 기회도 생길 거야.

☆ 시험에 꼭 나와!

이런 이유들 때문에 남과 북은 평화와 통일을 위해 계속 노력하고 있어. 남과 북의 관계가 달라지기 시작한 것은 1980년대 말부터였어. 소련과 동유럽 국가의 사회주의 체제가 무너지면서 국제 관계를 차갑게 얼렸던 **냉전이 막을 내렸거든.** 북한과 가장 가까이 있는 사회주의 국가인 **중국도 시장을 개방**했고, 사회주의와 자본주의로 분단되어 있던 **독일도 통일**하면서 남과 북도 영향을 받게 됐지.

1991년에는 남북의 총리가 만나 회담을 나누고, **남과 북이 나란히 유엔에 가입했어.** 유엔은 합법적인 국가만 가입할 수 있는데, 그동안 남북이 서로를 정식 국가로 인정하지 않고 자신들만 합법적인 국가라고 주장했거든. 남북한이 유엔에 동시에 가입했다는 것은 드디어 서로를 독립된 나라로 인정하게 되었다는 뜻이야.

▲ 북한을 향해 가는 소 떼
1998년 현대 그룹의 정주영 명예 회장은 두 차례에 걸쳐 소 1,001마리를 이끌고 북한을 방문했어. 정주영은 북한 황해도가 고향이었는데, 어린 시절 아버지가 소를 판 돈을 몰래 훔쳐 서울로 내려왔다가 전쟁으로 고향에 돌아가지 못하게 됐어. 그 기억 때문인지 소를 북한에 선물했다고 해. 그가 끌고 간 소는 남북 교류의 물꼬를 텄어.

남북 관계는 김대중 정부가 들어서면서 다시 급격한 변화를 맞았어. 김대중 정부는 북한에 **햇볕 정책**을 펼쳤거든. 해와 바람이 나그네의 옷을 벗기려고 내기를 했는데, 따뜻한 햇살이 이긴 이야기 알지? 그 이야기처럼 얼어붙은 남북 관계를 녹이기 위해서 북한을 햇살처럼 따뜻하게 대하는 정책이었어. 그 햇살의 역할을 하는 것은 경제적인 지원이었지. 1998년 대기업 경영자 정주영이 소 떼를 몰고 북한에 방문하면서부터 경제적 지원이 시작되었어. 같은 해에 **금강산 관광 사업**도 시작했지. 금강산 관광 사업이 시작되면서 민간인도 북한 지역에 처음 발을 디딜 수 있게 되었어.

여기가 말로만 듣던 금강산이구나!

저기 봉우리 좀 봐. 정말 아름답다.

죽기 전에 고향 땅을 다시 밟다니…!

금강산에는 아름답고 신비한 전설도 많이 있답니다.

 더 알려 줄게!

금강산 관광 사업

금강산 관광은 정주영의 오랜 노력과 김대중 정부의 햇볕 정책이 맞물린 결과였어. 2005년에는 총 관광객 수가 100만 명을 넘을 정도로 성공적이었지. 하지만 2008년에 한 관광객이 북한군의 총탄에 목숨을 잃는 사건이 발생하면서 중단되었어.

곽두기 사전

개성 공단 남북 경제 협력 사업의 하나로 북한의 개성 지역에 개발된 공업 단지야. 개성 공단은 2004년부터 본격적으로 가동되기 시작해 2012년에는 북한 측 근로자가 5만 명을 넘을 정도로 성장했어. 하지만 2016년 북한의 핵 실험과 미사일 발사로 남북 관계가 안 좋아지면서 가동이 중단되고 말았단다.

그리고 2000년에는 드디어 남한의 **김대중 대통령**과 북한의 **김정일 국방 위원장**이 만났어(제1차 남북 정상 회담). 두 나라의 국가 원수가 만난 건 분단 이후 처음 있는 역사적인 사건이었지! 이 만남에서 남북은 **6·15 남북 공동 선언**으로 통일을 위해 노력하기로 약속했어.

남북은 경제 협력을 위해 개성에 공업 단지를 조성했지. **개성 공단**은 남쪽에서 자본과 기술을 지원하고 북쪽에서는 토지와 노동력을 제공해 섬유, 화학, 식품 등 다양한 분야의 제품을 생산해 냈어. 같은 해 시드니 올림픽 개막식에 남북 선수단이 함께 입장하기도 하고, 2007년에 남북한의 두 번째 정상회담이 개최되면서 한반도의 평화 분위기는 무르익었어.

그 후 북한의 핵 개발과 장거리 미사일 발사 실험 등으로 남북 관계가 다시 얼어붙기도 했지만 2018년 남한의 **문재인 대통령**과 북한의 **김정은 국무 위원장**이 만나 평화를 약속했어.

"양 정상은 한반도에 더 이상 전쟁은 없을 것이며 새로운 평화의 시대가 열리었음을 8천만 우리 겨레와 전 세계에 엄숙히 천명하였다."

이 날의 **판문점 선언**은 처음으로 남북이 전쟁을 완전히 끝내는 데

▼ 제1차 남북 정상 회담
2000년 6월, 남북 정상의 역사적인 만남이 이뤄졌어. 김대중 대통령(오른쪽)과 김정일 국방 위원장(왼쪽)이 평양 순안 공항에서 손을 맞잡고 인사하고 있어.

뜻을 모았다는 큰 의미가 있어. 많은 국민들은 통일에 대한 기대감을 숨기지 못했지. 같은 해 6월에는 서울역에서 통일의 염원을 담아 평양행 기차표를 판매하기도 했어.

"통일이라는 건 서울역에 가서 '평양 가는 기차표를 다오'라고 소리치는 일이다."

통일 운동에 앞장섰던 문익환 목사가 쓴 시에 나오는 구절이야. 기차가 실제로 평양까지 가지는 못했지만 언젠가는 기차를 타고 평양에 가서 냉면 한 그릇 먹고 돌아올 날이 올 거야.

남과 북은 민간단체를 통해서도 많은 교류를 하고 있어. 남북의 역사학자들은 고려의 궁궐이 있던 개성 만월대 발굴 사업을 함께 했고, 국어학자들은 분단 후 서로 달라진 말을 통일하기 위해 『겨레말 큰 사전』을 만들고 있어.

남과 북이 평화를 위해 해결해야 할 문제는 여전히 많이 남아 있어. 처음부터 다른 이념에서 출발한 나라인 데다 수십 년의 세월이 흘러 서로 이질감이 크기도 해. 하지만 국력의 낭비와 불필요한 희생을 막기 위해서라도 우리가 꼭 가야 할 길이지. 언젠가 한반도에 영원히 평화가 자리잡는 그날을 위해 함께 응원하자.

▲ 2018년 남북 정상 회담
2018일 4월 27일 판문점 평화의 집에서 문재인 대통령(오른쪽)과 김정은 국무 위원장(왼쪽)이 만나 악수를 나누고 있어. 이날 남북 정상은 한반도의 평화를 다짐하는 '판문점 공동 선언'을 발표했지.

 더 알려 줄게!

북한의 핵 개발과 장거리 미사일

북한은 1980년대 이래로 지속해서 핵 개발을 추진했어. 핵무기가 있어야 북한 정권을 유지할 수 있다고 생각했던 거야. 특히 미국을 직접 공격할 수 있는 장거리 미사일 개발에 집중했지. 미국까지 도달할 수 있는 장거리 미사일에 핵폭탄이 결합되면 미국에도 큰 위협이 될 수 있거든. 우리나라는 여러 나라들과 힘을 모아 북한의 핵 개발을 막고 군사 도발을 멈추게 하려고 노력하고 있어.

용선생의 포인트
남북한이 한반도 평화 정착을 위해 노력하고 있음.

성숙한 시민 사회를 향하여

 곽두기 사전

탄핵 대통령, 국무위원, 법관 등을 국회에서 해임하거나 처벌하는 일을 말해.

우리나라는 1987년 이후 민주적인 선거를 통해 대통령과 국회 의원을 뽑고 있어. 제15대 김대중 대통령 이후에는 2003년 노무현 대통령, 2008년 이명박 대통령, 2013년 박근혜 대통령이 뽑혔지. 그런데, 박근혜 대통령은 헌법과 법률을 어겼다는 이유로 **탄핵**당했어. 이 과정에서 시민들의 역할은 매우 컸단다.

"어둠은 빛을 이길 수 없다. 거짓은 참을 이길 수 없다. 진실은 침몰하지 않는다. 우리는 포기하지 않는다."

시민들이 선택한 방법은 과거의 시위처럼 화염병과 돌멩이를 드는 게 아니었어. 시민들이 손에 든 것은 작은 촛불이었지. 하나의 촛불은 쉽게 꺼질 수 있는 약한 것이지만, 수십만 명이 든 촛불은 그 어떤 무기보다도 강력한 힘을 갖는 것이었어.

▲ 1인 시위

▲ 시민 단체 활동

▲ 공청회

시민들은 사회 공동의 문제를 해결하려고 다양한 방법으로 힘쓰고 있어. 촛불 집회뿐만 아니라 캠페인, 서명 운동, 1인 시위, 공청회 등을 통해 자신의 주장을 펴거나 다양한 의견을 수렴해 함께 더 큰 목소리를 내기도 하지.

시민 사회가 발전하면서 정치와 사회 문제에 대한 관심도 높아지고 있어. 시민들은 사회 문제에 대해 촛불을 들고 자신들의 목소리를 높이기 시작했지. 2000년대 초반부터 **촛불 집회**가 시작되었는데, 2016년에는 100만 명이 넘는 시민들이 광화문에 모여 박근혜 대통령의 탄핵을 외쳤어. 그 결과 박근혜는 대통령 자리에서 **파면**당하고 새로 대통령 선거를 치러 2017년에 문재인 후보가 대통령으로 당선된 거야.

대통령의 탄핵까지 이끌어 낸 촛불 집회는 세계적으로도 큰 주목을 받았어. 최고 권력자를 혁명으로 몰아낸 나라들은 여럿 있었지. 하지만 혁명에는 보통 폭력적인 방법이 따르게 마련이었거든. 그런데 촛불 집회는 **평화로운 방법**으로 대통령까지 물러나게 만든 사건이었던 거야. 이제 시민들은 촛불 집회 외에도 SNS와 **시민 단체 활동, 국민 청원** 등을 이용해 정치와 사회 문제에 자신들의 목소리를 내면서 민주주의를 계속 발전시키고 있어.

곽두기 사전

파면 잘못을 저지른 사람을 맡은 일에서 쫓아내는 것을 말해.

더 알려 줄게!

호주제 폐지

'호주'는 한 집안의 주인이라는 뜻이야. 호주제가 있을 때는 보통 아버지가 호주가 되고, 아버지가 돌아가실 경우 집안의 첫째 아들이 호주를 이어받았지. 호주제에 대한 비판이 계속되자 결국 2005년에 호주제가 폐지되었어. 이제 한 가정 안의 모든 가족 구성원은 성별과 관계없이 평등하단다.

더 알려 줄게!

장애인 차별 금지법의
시행

장애인 차별 금지법은
2007년에 제정됐어. 법이
제정되면서 장애인들의 사
회 참여가 이전보다 활발해
지기는 했지만 아직 일상적
인 부분에서 장애인들은 많
은 불편을 겪고 있어. 작은
부분에서까지 차별을 없애
기 위해 많은 단체들이 지
금도 노력하고 있지.

민주주의가 정착해가면서 사회 곳곳에는 자신들의 목소리를 내는 시민 단체들도 많이 생겼어. 여성, 장애인, 성 소수자, 비정규직 노동자 등 다양한 사람들이 각자의 단체를 만들고 활동을 하며 때로는 정부에 비판적인 목소리를 내고 있어. 여전히 우리 사회에는 해결해야 할 과제들이 많거든. 이제 우리들도 사회 문제에 좀 더 관심을 갖고 우리의 목소리를 내보는 게 어떨까?

용선생의 포인트

시민들이 촛불 집회, SNS, 시민 단체 활동 등으로 자신들의 목소리를 내고 있음.

250

왕수재의 **역사 노트**

1. 민주주의의 발전과 경제 성장

① 김영삼 정부 때 지방 자치제가 실시됨.

② 1997년 외환 위기를 겪었으나 극복함.

③ 대규모 국제 대회(1988년 서울 올림픽, 2002년 한일 월드컵 축구 대회, 2018년 평창 동계 올림픽)를 개최함.

2. 남북 평화를 위한 노력

노태우 정부	• 남북 유엔 동시 가입(1991년)

⇩

김대중 정부	• 햇볕 정책을 실시해 북한에 경제적인 지원을 함. • 금강산 관광 사업을 함. • 남북 정상 회담 개최(6·15 남북 공동 선언)

⇩

노무현 정부	• 제2차 남북 정상 회담 개최

⇩

문재인 정부	• 판문점에서 남북 정상 회담 개최(판문점 선언)

3. 성숙한 시민 사회

① 촛불 집회, SNS, 시민 단체 활동 등으로 정치와 사회 문제에 대해 목소리를 냄.

② 호주제 폐지: 가족 구성원이 법적으로 성별에 관계없이 평등해 짐.

③ 장애인 차별 금지법 제정.

남북이 평화를 이룩하기 위해 어떤 노력을 했는지 잘 기억해 둬!

나선애의 **실력 다지기**

/ 10점

7점 이상이야? 훌륭해!
6점 이하는 다시 읽어 보자!

01
한국사능력검정시험 40회 초급

(가)에 들어갈 내용으로 알맞은 것은 무엇일까?

> 지방 자치제가 전면 실시된
> 1990년대에는 어떤 일들이 있었을까?

> 전직 대통령인 전두환과
> 노태우를 구속했어요.

> (가)

① 경제 개발 5개년 계획이 처음 실시되었어.
② 경부 고속 국도를 개통했어.
③ 한일 월드컵 축구 대회를 개최했어.
④ 국제 통화 기금에 구제 금융을 요청했어.

02

빈칸에 들어갈 단어로 알맞은 것을 쓰세요.

> 우리나라의 문화가 전 세계적으로 인기를 끌
> 었어요. 특히 한국의 드라마 등이 아시아 국가
> 에서 큰 인기를 얻었지요. 이와 같이 우
> 리 문화가 세계에서 인기를 얻는 현상을
> ☐ 라 해요.

03
한국사능력검정시험 37회 초급

(가)에 들어갈 대회로 알맞은 것은 무엇일까?

> 이것은 1988년 개최된 ☐(가)☐ 의
> 마스코트인 호돌이와 대회 휘장입니다.

① 서울 올림픽 대회
② 인천 아시아 경기 대회
③ 한일 월드컵 축구 대회
④ 대구 세계 육상 선수권 대회

04

남북한의 통일을 위한 노력에 대한 설명으로 알맞지
않은 것은 무엇일까?

① 금강산 관광이 시작되었어요.
② 남북한이 유엔에 동시 가입했어요.
③ 정주영이 소 떼를 몰고 북한에 방문했어요.
④ 북한의 자본과 기술로 서울에 공업 단지를 조
성했어요.

05
한국사능력검정시험 43회 중급

밑줄 그은 이 정부 시기의 경제 상황으로 알맞은 것은 무엇일까?

분단 이후 처음으로 남북 정상 회담을 성사한 이 정부에 대해서 말해 보자.

여야 간의 평화적 정권 교체가 이루어졌어.

① 미국의 원조를 기반으로 경제를 회복했어요.

② 남북한이 개성 공단 조성에 합의했어요.

③ 경제 개발 5개년 계획이 처음으로 추진되었어요.

④ 서독에 광부와 간호사를 파견하여 외화를 벌었어요.

06

(가)~(다)를 일어난 순서대로 바르게 나열해 보자.

(가) 판문점 선언
(나) 남북한 유엔 동시 가입
(다) 6·15 남북 공동 선언 발표

(   )→(   )→(   )

07

㉠과 ㉡에 들어갈 제도로 알맞은 것을 각각 써 보자.

아들이 집안의 기둥이라는 인식을 심어주었던 ㉠ 를 폐지해야 한다는 비판이 계속되자 2005년도에 결국 폐지되었다. 한편 장애인에 대한 차별을 법적으로 금지하는 ㉡ 도 2007년도에 제정되었다. 법이 재정되면서 장애인들의 사회 참여가 활발해질 수 있었다.

(1) ㉠: _____

(2) ㉡: _____

08
서술형 문제

대한민국은 1997년에 있었던 외환 위기를 극복했지만, 이를 극복하는 과정에서 문제도 발생했어. 외환 위기 극복 과정과 이로 인해 생긴 문제를 써 보자. [3점]

_____

_____

_____

_____

_____

역사반 탐구 활동

수업 시간에 배운 역사 사건을 보기 쉽게 정리하고 싶은데, 방법을 모르겠어.

역사를 연표로 정리해 보는 건 어때?

오늘은 조별로 나누어서 역사 연표를 만들어 볼까?

드르륵

먼저 어떤 것을 역사 연표로 만들지 주제를 정해 봐.

민주화 과정에서 일어난 주요 사건을 연표로 만들어 볼까?

우리는 역사 속 여성 인물을 연표로 만들자.

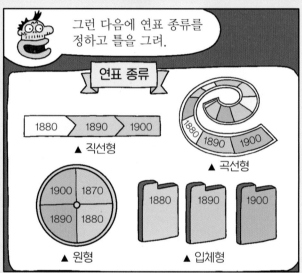

그런 다음에 연표 종류를 정하고 틀을 그려.

연표 종류

1880 → 1890 → 1900

▲ 직선형

1880 1890 1900

▲ 곡선형

| 1900 | 1870 |
| 1890 | 1880 |

▲ 원형

1880 1890 1900

▲ 입체형

시대별로 연표에 넣을 주요 사건과 인물, 문화유산 등을 적어 봐!

4·19 혁명, 5·18 민주화 운동, 6월 민주 항쟁

그리고 연표의 적절한 곳에 내용을 넣은 뒤, 제목만 붙이면 끝!

제목은 '우리 역사 속 여성'이 어때?

좋아!

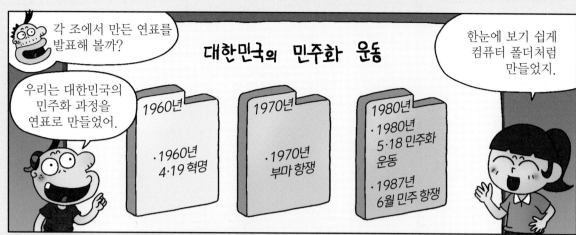

각 조에서 만든 연표를 발표해 볼까?

우리는 대한민국의 민주화 과정을 연표로 만들었어.

한눈에 보기 쉽게 컴퓨터 폴더처럼 만들었지.

대한민국의 민주화 운동

1960년
· 1960년 4·19 혁명

1970년
· 1970년 부마 항쟁

1980년
· 1980년 5·18 민주화 운동
· 1987년 6월 민주 항쟁

우리는 역사 속 여성 인물을 주제로 연표를 만들었어요.

연표로 만드니까 우리 역사에 어떤 여성 인물이 있는지 한눈에 보여요.

우리 역사 속 여성

삼국 시대 〉 고려 〉 조선 〉 일제 강점기

신라 최초의 여왕 선덕 여왕

반원 개혁을 함께한 노국 공주

굶주린 백성에게 쌀을 준 김만덕

일본군에 맞서 싸운 남자현

이야, 훌륭한걸? 모두 잘했으니 선생님이 짜장면 산다!

우아, 이왕에 사시는 거 탕수육도 시켜 주세요!

역사 연표로 배운 내용 정리하기

우리가 그동안 배웠던 중요한 사건을 쉽게 정리하고 싶다면 역사 연표를 만들면 돼. 연표를 보면 중요한 사건과 그 사건이 언제 일어났는지 알 수 있거든. 또 이 사건과 다른 사건이 서로 주고받은 영향도 알 수 있어.
이제부터 우리도 우리만의 연표를 만들어 볼까? 지금까지 책을 보면서 관심을 가졌던 시대나 사건 등을 모아 주제를 정해 연표를 만들어 보자. 연표를 어떤 모양으로 그리든 상관없어. 자신만의 연표가 완성된다면 한국사가 더욱 쉽게 정리가 될 거야.

한국사

1600년	1608년	경기도에서 대동법을 실시하다 [14쪽]
	1610년	『동의보감』이 완성되다 [36쪽]
1700년	1742년	영조가 탕평비를 건립하다 [31쪽]
	1796년	수원 화성이 완공되다 [36쪽]
1800년	1811년	홍경래가 난을 일으키다 [60쪽]
	1866년	프랑스 군대가 강화도에 쳐들어오다(병인양요) [65쪽]
	1871년	미국 군대가 강화도에 쳐들어오다(신미양요) [66쪽]
	1876년	일본과 강화도 조약을 맺다 [74쪽]
	1884년	급진 개화파가 갑신정변을 일으키다 [79쪽]
	1894년	전봉준을 중심으로 동학 농민 운동이 일어나다 [82쪽]
	1895년	일본의 자객들이 명성 황후를 시해하다(을미사변) [95쪽]
	1897년	고종이 '대한 제국'을 선포하다 [98쪽]
1900년	1905년	일제가 대한 제국의 외교권을 강제로 빼앗다(을사늑약) [102쪽]
	1907년	고종이 헤이그 특사를 파견하다 [104쪽]
	1909년	안중근이 이토 히로부미를 하얼빈 역에서 저격하다 [108쪽]
1910년	1910년	대한 제국이 국권을 일제에 빼앗기다 [115쪽]
	1919년	조선의 독립을 요구하는 3·1 운동이 일어나다 [122쪽]
	1919년	대한민국 임시 정부를 세우다 [126쪽]
1920년	1920년	독립군이 청산리에서 일본군을 크게 물리치다 [145쪽]
	1926년	6·10 만세 운동이 일어나다 [140쪽]
1930년	1932년	한인 애국단의 윤봉길이 상하이 훙커우 공원에서 폭탄을 던지다 [148쪽]
1940년	1940년	대한민국 임시 정부가 한국광복군을 조직하다 [165쪽]
	1945년	일제로부터 광복하다(8·15 광복) [177쪽]
	1948년	남한에서 총선거가 실시되다(5·10 총선거) [188쪽]
	1948년	대한민국 정부가 수립되다 [188쪽]
1950년	1950년	6·25 전쟁이 일어나다 [197쪽]
1960년	1960년	전국에서 이승만의 독재를 비판하는 시위가 일어나다(4·19 혁명) [218쪽]
	1961년	박정희가 이끄는 군인들이 군사 정변을 일으키다 [220쪽]
1970년	1972년	유신 체제가 시작되다 [222쪽]
1980년	1980년	광주에서 민주화 운동이 일어나다(5·18 민주화 운동) [229쪽]
	1987년	직선제 개헌을 요구하는 6월 민주 항쟁이 일어나다 [230쪽]
1990년	1991년	남북이 유엔에 동시 가입하다 [245쪽]
	1995년	지방 자치제가 실시되다 [239쪽]
2000년	2000년	남북 정상 회담이 개최되다 [246쪽]

1642년	영국에서 청교도를 중심으로 시민 혁명이 일어나다
1688년	영국 시민들이 제임스 2세를 왕위에서 몰아내다 (명예혁명)
1689년	영국에서 권리 장전이 승인되어 의회 정치가 확립되다
1701년	독일에서 프로이센 왕국이 성립하다
1776년	미국이 영국으로부터 독립을 선언하다
1789년	프랑스에서 시민 대혁명이 일어나다
1804년	나폴레옹이 프랑스 황제의 자리에 오르다
1840년	청나라와 영국 사이에 아편 전쟁이 일어나다
1858년	일본이 미국과 수호 통상 조약을 맺다
1861년	미국에서 남북 전쟁이 일어나다
1863년	미국 대통령 링컨이 노예 해방을 선언하다
1868년	일본에서 천황과 하급 무사들이 메이지 유신을 추진하다
1871년	독일이 프로이센 왕국을 중심으로 통일되다
1877년	영국이 인도를 식민지로 만들다
1894년	청나라와 일본이 조선을 두고 청일 전쟁을 벌이다
1905년	러시아와 일본이 조선과 만주를 두고 러일 전쟁을 벌이다
1905년	일본과 미국이 조선과 필리핀을 두고 밀약을 맺다 (가쓰라·테프트 밀약)
1912년	청나라가 망하고 쑨원이 아시아 최초의 공화국인 중화민국을 세우다
1914년	제1차 세계 대전이 시작되다
1917년	러시아에서 혁명이 일어나 농민과 노동자들이 황제를 몰아내다
1918년	미국 대통령 윌슨이 민족 자결주의를 포함한 「14개조 평화 원칙」을 발표하다
1922년	사회주의 국가들이 러시아를 중심으로 소비에트 연방 (소련)을 결성하다
1929년	뉴욕의 주식 시장이 붕괴하여 대공황이 시작되다
1939년	독일의 폴란드 침공으로 제2차 세계 대전이 시작되다 (~1945년)
1941년	일제의 미국 진주만 공습으로 태평양 전쟁이 시작되다
1945년	모스크바 3국 외상 회의가 열리다
1949년	중국에 사회주의 국가인 중화 인민 공화국이 세워지다
1950년	국제 연합이 6·25 전쟁에 국제 연합군을 파병하다
1964년	미국이 베트남 전쟁에 참여하다
1969년	미국이 아폴로 11호가 달 착륙에 성공하다
1978년	미국과 중국의 국교가 정상화되다
1986년	소련의 체르노빌에서 원전 사고가 나다
1989년	독일의 베를린 장벽이 붕괴되다
1990년	동독과 서독이 하나의 독일로 통일되다
1990년	소련이 해체되다
1990년	유럽 연합(EU)이 결성되다
2003년	이라크 전쟁이 일어나다

세계사

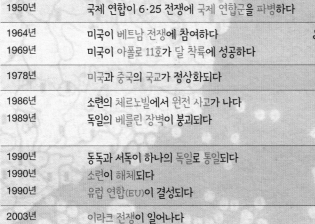

1-1 전란의 극복과 붕당 정치

정답

01 ④ 02 『동의보감』 03 (1) 모내기법 (2) 상품 작물 04 ④ 05 ④ 06 ④ 07 ③ 08 ① 상민들이 공명첩을 사는 등의 방법으로 양반이 되었다. ② 반면에 형편이 어려워진 양반들은 상민과 다름없는 생활을 했다. ①, ② 모두 쓰면 3점, 하나만 쓰면 2점.

해설

01 김육의 노력으로 실시된 법은 대동법이야. 대동법은 집집마다 특산물을 내는 대신 가지고 있는 토지 면적에 따라 쌀이나 돈으로 세금을 내게 하는 법이었어.

02 허준이 지은 의학서로, 우리 땅에서 나는 약재로 병을 치료할 수 있는 방법을 적어 놓은 책은 『동의보감』이야. 『동의보감』은 2009년에 유네스코 세계 기록유산으로 등재되었어.

03 ㉠ 싹이 자란 모판을 논에 옮겨 심는 농법은 모내기법이야. ㉡ 시장에 내다 팔기 위해 키우는 농작물은 상품 작물이야. 담배, 인삼 등이 있지.

04 『동의보감』으로 병을 치료하고, 담배와 고추를 시장에 내다팔며, 상민이 양반 가문의 족보를 사던 것은 모두 조선 시대의 일이야. 건원중보는 고려 시대에 쓰던 동전이란다.

05 임진왜란 이후 조선 조정은 돈을 받고 공명첩을 발급해 주었어. 공명첩은 이름 쓰는 칸이 비어 있는 관직 임명장이었는데, 공명첩을 받으면 비록 명예직이지만 벼슬을 할 수 있었지.

06 (가)에 들어갈 왕은 숙종이야. 숙종은 환국을 통해 집권 붕당을 직접 선택했어. 이조전랑 자리를 두고 동인과 서인이 다툰 것은 선조 때야.

07 예송 논쟁은 조선 현종 때 발생한 정치적 사건으로, 예를 둘러싼 논쟁이라는 뜻이야. 효종의 계모인 자의 대비가 상복을 입는 기간이 문제가 되어 서인과 남인이 다투었지. 조의제문으로 인해 발생한 사건은 연산군 때의 무오사화야.

08 조선 후기에는 양반을 중심으로 하는 신분제에 변화가 일어났어. 상민이 양반이 되기도 하고, 반면에 양반들 중에 상민과 다름없이 농사짓고 사는 사람도 생겨났지.

1-2 영조와 정조의 개혁 정치와 서민 문화의 발달

정답

01 ① 02 ② 03 ④ 04 ③ 05 ② 06 ④ 07 ① 08 ① 유형원은 국가에서 모든 토지를 갖고, 신분에 따라 차이를 둬 토지를 나눠 주자고 했다. ② 이익은 모든 백성이 생활하는 데 필요한 최소한의 땅인 영업전을 갖게 하고, 영업전만큼은 사거나 팔지 못하게 하자고 했다. ③ 정약용은 마을의 토지를 공동으로 가져 함께 일하고 세금을 제외한 나머지 생산물은 일한 만큼 나눠 갖자고 했다. ①, ②, ③ 가운데 2개 이상 쓰면 3점, 하나만 쓰면 2점.

해설

01 탕평비를 세운 왕은 영조야. 영조는 균역법을 실시해 백성들의 군포 부담을 줄여 주었어. 중립 외교를 실시한 왕은 광해군이야.

02 규장각을 통해 학문 연구를 장려한 왕은 정조야. 정조는 아버지 사도 세자의 무덤을 수원으로 옮기고 그 근처에 수원 화성을 건설했어. 북벌을 추진한 왕은 효종이야.

03 영조는 청계천 준천 공사를 벌이고 압슬형 등 잔혹한 형벌을 없앴어. 그 손자인 정조는 초계문신 제도를 시행해 신하들이 학문 연구에 몰두할 수 있게 했어. 그리고 시전 상인들에게 특혜를 주는 금난전권을 폐지했어.

04 왼쪽은 조선 후기의 대표적인 풍속화가인 김홍도의 「씨름」, 오른쪽은 한글 소설 『홍길동전』이야. 풍속화와 한글 소설은 조선 후기 서민 문화의 발달을 잘 보여 주지.

05 유득공은 발해의 역사와 문화를 연구한 『발해고』를 지어 발해가 고구려를 계승한 나라임을 밝혔어.

06 『북학의』를 지어 재물을 우물에 비유한 실학자는 박제가야. 그는 청나라의 발달된 기술을 받아들이자고 주장했어.

07 김정호가 만든 전국 지도는 『대동여지도』야. 『동국대지도』는 영조 때의 정상기라는 사람이 만든 지도라고 해.

08 조선 후기 실학자들 중에서 유형원, 이익, 정약용 등은 백성들에게 토지를 나눠 주어 그들의 생활을 안정시켜야 한다고 생각했어.

1-3 세도 정치와 외세의 침입

정답   68~69쪽

> **01** ④   **02** (1) 전세 (2) 군포 (3) 환곡   **03** ①   **04** ③   **05** ③   **06** ①   **07** ③   **08** ① 흥선 대원군은 척화비를 세웠다. ② 이 비석을 세운 까닭은 서양 세력과 절대 교류하지 않겠다는 생각을 밝히기 위해서였다. ①, ②를 모두 쓰면 3점, 하나만 쓰면 2점.

해설

01 순조에서 철종 때까지 약 60년간 몇몇 가문이 권력을 차지하고 정치를 좌지우지했는데, 이것을 세도 정치라고 해. 이 시기에는 관직을 사고파는 일이 많아졌단다.

02 삼정은 토지에서 나는 곡식에 대해 내는 세금인 '전세', 1년에 1필씩 옷감을 내는 '군포', 봄에 빌린 곡식을 가을에 갚는 '환곡'으로 이루어졌어.

03 조선 후기에는 모두가 평등하다고 주장하는 서학이 크게 유행했어. 서학에 반대하며 등장한 동학도 많은 인기를 얻었지. 한편 미륵불이 나타나 중생들을 구원할 것이라는 예언 사상도 유행했어. 의상의 화엄 사상이 유행했던 시기는 통일 신라 때야.

04 조선 후기에 평안도 지역에 대한 차별에 반대해 일어난 반란은 홍경래의 난이야. 홍경래는 세도 정치를 비판했어.

05 흥선 대원군은 붕당의 근거지인 서원을 47곳만 남기고 대폭 정리했어. 장용영을 설치한 사람은 정조야.

06 양헌수 장군이 강화도 정족산성에서 프랑스군을 물리친 사건은 병인양요야. 신미양요는 미군이 쳐들어온 사건이지.

07 미국은 제너럴셔먼호가 평양에서 불태워지자 그것에 대한 보복으로 강화도에 쳐들어와 신미양요를 일으켰어. 이때 미군은 어재연 장군의 '수(帥)'자기를 전리품으로 가져갔지.

08 흥선 대원군은 프랑스가 병인양요를, 미국이 신미양요를 일으키자 서양 세력과 교류하지 않기로 결심했어. 그리고 전국에 척화비를 세워 이러한 자신의 생각을 널리 알리려 했지.

1-4 근대 국가를 건설하려는 노력

정답   88~89쪽

> **01** ②   **02** ②   **03** ③   **04** ③   **05** ③   **06** ⓒ - ⓔ - ㉠ - ⓔ   **07** ④   **08** ① 갑신정변은 조선의 지배층 중 일부가 근대 국가를 세우려고 했다는 것에 의의가 있다. ② 하지만 백성들의 지지를 얻지 못했다는 한계가 있다. ①, ②를 모두 쓰면 3점, 하나만 쓰면 2점.

해설

01 강화도 조약은 조선과 일본이 맺은 조약으로, 운요호 사건이 계기가 되었어. 이 조약은 조선이 외국과 맺은 최초의 근대적 조약이자 불평등 조약이야.

02 강화도 조약의 결과로 조선은 인천, 부산, 원산의 세 항구를 개항하고 개항된 항구에서 일본인의 상업 활동을 허락했어. 또한 조선에 있는 일본인이 죄를 저질렀을 때 일본법에 따라 재판 받을 수 있는 치외법권을 보장해 주었지. 그 외에 일본이 조선의 연안을 자유롭게 측량할 수 있는 권리도 주었어.

03 청과의 관계를 유지하면서 서양 기술을 받아들이자는 것은 온건 개화파의 주장이야. 대표적인 인물로 김홍집이 있었고, 조선의 제도와 사상을 유지해야 한다고 했지. 갑신정변을 일으킨 사람들은 김옥균을 비롯한 급진 개화파였어.

04 구식 군인들이 차별 대우에 분노하여 선혜청을 습격한 사건은 임오군란이야.

05 김옥균, 박영효 등이 우정총국 개국 축하연을 틈타 일본의 지원을 받아 일으킨 사건은 갑신정변이야. 갑신정변은 임오군란과 갑오개혁 사이인 1884년에 일어났어.

06 동학 농민 운동은 고부에서 전봉준 등이 일으켰어(ⓒ). 농민군은 전주성을 점령하고 관군과 협상을 맺었지(ⓔ). 그러나 청일 전쟁이 일어나 일본이 내정에 간섭하자(㉠) 농민군이 다시 들고 일어났어. 하지만 결국 우금치에서 관군과 일본군에게 패하고 말았지(ⓔ).

07 녹두 장군이라고 불린 동학 농민군의 지도자는 전봉준이야.

08 갑신정변은 조선의 지배층 일부가 근대 국가를 세우기 위해 큰 변화를 일으키려 했다는 점에서 의의가 있어. 하지만 조선을 침탈하고 있던 일본과 손을 잡았기 때문에 백성들의 지지를 얻는 데 실패했어.

2-1 나라를 지키기 위한 노력

정답

110~111쪽

01 ③ 02 ② 03 ③ 04 ③ 05 ② 06 ① 07 ③
08 ① 을사늑약은 고종의 동의 없이 이루어졌고, ② 평화적인 절차가 아닌 일제의 위협과 강제에 의해 맺어졌으며, ③ 대한 제국의 법률을 무시했다는 점에서 정식 조약으로 인정할 수 없다. ①, ②, ③ 가운데 2개 이상 쓰면 3점, 하나만 쓰면 2점.

해설

01 고종은 을미사변으로 왕비가 살해되자 신변의 위협을 느끼고 러시아 공사관으로 거처를 옮겼지. 이 사건을 아관 파천이라고 해.

02 서재필 등이 1896년에 나라 안팎의 소식을 백성들에게 알리기 위해 만든 신문은 『독립신문』이야. 『독립신문』은 한글과 영문의 두 언어로 발행되었지.

03 환구단은 고종이 황제 즉위식을 가진 곳이야. 고종은 황제가 되어 나라 이름을 대한 제국으로 고쳤어. 고종은 광무라는 독자적인 연호를 사용하고, 대한국 국제라는 헌법을 반포했어. 대한제국은 을사늑약 이전인 1897년에 세워졌지.

04 을사년에 일본에 의해 강제로 맺어진 조약은 을사늑약이야. 대한 제국은 을사늑약으로 일본에 외교권을 빼앗겼어.

05 고종은 을사늑약의 부당함을 국제 사회에 알리기 위해 헤이그 만국 평화 회의에 특사를 파견했어.

06 일본에 진 빚을 백성들이 갚아 나라를 지키려고 했던 운동은 국채 보상 운동이야. 1907년에 대구에서 시작되어 전국으로 확산되었지.

07 중국 하얼빈 역에서 이토 히로부미를 사살한 항일 운동가는 안중근이야.

08 을사늑약은 고종의 동의 없이 이루어졌다는 점, 평화적인 절차가 아닌 일제의 위협과 강제에 의해 맺어졌다는 점, 대한 제국의 법률을 무시했다는 점에서 정식 조약으로 인정할 수 없어. 또한 을사늑약은 황제가 대표로 임명하지 않은 대신들에 의해 체결되었는데, 심지어 조약문에는 황제의 서명도 없었다고 해.

2-2 3·1 운동과 대한민국 임시 정부 수립

정답

130~131쪽

01 ④ 02 ② 03 ① 04 ④ 05 민족 자결주의 06 ①
07 ④ 08 ① 미국 대통령 윌슨이 발표한 민족 자결주의와 ② 도쿄 유학생들의 2·8 독립선언이 국내외 독립 운동의 자극제가 되었다. 한편 ③ 일제가 고종을 독살했다는 소문이 퍼지고, ④ 10년에 걸친 일제의 무단 통치에 대한 반감이 겹쳐져 사람들이 크게 분노하고 있었다. ①, ②를 쓰면 3점, ①이나 ② 중 하나만 쓰면 2점, ①, ②없이 ③이나 ④만 있으면 1점.

해설

01 일제는 토지 조사 사업을 실시해 조선 왕실 소유의 땅과 주인이 불분명한 땅을 일본인들에게 싼값으로 넘겼어.

02 일제는 1910년부터 1919년까지 무단 통치를 시행했어. 조선 태형령을 만들어 한국인들을 처벌했어. 그리고 학교의 교사들도 제복을 입고 칼을 찼어. 이 시기에 일제는 헌병 경찰제를 시행했는데, 헌병 경찰들은 한국인들을 재판 없이 마음대로 잡아 가둘 수도 있었지.

03 신민회는 안창호, 양기탁 등이 만든 비밀 단체로, 대성 학교와 오산 학교를 세워 인재를 키우고 민족의식을 기르고자 했던 단체야.

04 이회영은 독립운동가를 길러 내기 위해 만주에 신흥 강습소를 만들었어.

05 미국의 윌슨 대통령은 파리 강화 회의에서 '자기 민족의 일은 그 민족 스스로가 결정해야 한다'는 민족 자결주의를 발표했어.

06 중국 상하이에 본부를 두고 연통제를 이용했던 단체는 대한민국 임시 정부야. 대한민국 임시 정부는 비상 연락 체계로 교통국을 운영하고, 자금을 확보하기 위해 독립 공채를 발행했어.

07 민족 대표 33인이 작성한 독립 선언서는 3·1 운동에서 발표되었어. 3·1 운동은 대한민국 임시 정부 수립에 영향을 주었지.

08 3·1 운동은 국내외의 여러 상황이 배경이 되었어. 먼저 미국 대통령 윌슨이 발표한 민족 자결주의는 우리나라처럼 식민지 상황에 있었던 나라들에게 독립에 대한 희망을 주었어. 또한 도쿄 유학생들의 2·8 독립 선언은 국내의 민족 지도자들을 자극했지. 한편 국내에서는 일제가 고종을 독살했다는 소문이 퍼져 한국인들의 감정이 요동쳤고, 여기에 10년에 걸친 무단 통치에 대한 반감이 겹쳐져 대규모의 독립운동이 일어나기 좋은 상황이 마련되었단다.

2-3 식민 통치의 변화와 독립운동의 전개

정답

150~151쪽

01 ① **02** ③ **03** ② **04** ② **05** (1) 홍범도 (2) 김좌진
06 ② **07** ④ **08** ① 윤봉길의 의거로 인해 중국 국민당 정부는 대한민국 임시 정부를 적극 지원하게 되었고, ② 대한민국 임시 정부의 활동은 활기를 되찾았다. ①, ②를 모두 쓰면 3점, 하나만 쓰면 2점.

해설

01 일제는 3·1 운동을 통해 기존의 무단 통치 방식이 한계가 있다는 것을 깨닫고 문화 통치를 내세우기 시작했어. 헌병 경찰을 일반 경찰로 바꾸고, 언론·출판·집회의 자유도 일부 보장했지. 그러나 실제로는 한국인들에 대한 통제와 감시가 더욱 강화되었단다.

02 물산 장려 운동은 한국인 회사가 만든 물건을 사용하자는 운동으로 1920년에 평양에서 시작했어.

03 순종 황제의 인산일에 일어난 사건은 6·10 만세 운동이야. 6·10 만세 운동은 민족주의자와 사회주의자가 손을 잡고 신간회를 결성하는 배경이 되었어.

04 광주 학생 항일 운동은 신간회의 지원을 받아 전개되었어. 대한민국 임시 정부 수립의 배경이 된 사건은 3·1 운동이야.

05 (1) 봉오동에서 독립군을 이끌고 일본군과 싸워 큰 승리를 거둔 ㉠ 인물은 홍범도야. (2) 북로 군정서군을 이끌고 청산리에서 일본군에 크게 이긴 ㉡ 인물은 김좌진이야.

06 조선 총독부 청사에 폭탄을 던진 김익상이 속해 있던 단체는 의열단이야. 의열단은 김원봉을 중심으로 결성된 무장 독립운동 단체이지. 오산 학교와 대성 학교를 설립한 단체는 신민회야.

07 도쿄에서 일본 천황에게 폭탄을 던진 사람은 이봉창이야. 이봉창은 상하이에서 김구가 조직한 한인 애국단에 가입했어.

08 윤봉길의 거사로 일본군의 중요한 인물들이 죽거나 다쳤어. 중국 국민당을 이끌던 장제스는 윤봉길의 거사를 높이 평가하여 대한민국 임시 정부의 활동을 적극 지원하기로 결심했지. 그 결과 대한민국 임시 정부의 활동은 활기를 되찾았어.

2-4 민족 말살 정책과 일제의 패망

정답

170~171쪽

01 (1) 만주 사변 (2) 만주국 **02** ② **03** ② **04** (1) 조선 의용대 (2) 한국 독립군 **05** ② **06** ③ **07** ③ **08** ① 황국 신민 서사를 외우게 하고, ② 신사 참배를 강요했어. ③ 우리말도 쓰지 못하게 하고, ④ 이름도 일본식으로 바꾸는 창씨개명을 실시했지. ①~④ 중 2개 이상 쓰면 3점, 1개만 쓰면 2점.

해설

01 일제가 만주를 차지하기 위해 1931년에 일으킨 사건은 만주 사변이야. 만주 사변을 일으켜 만주 지역을 장악한 일제는 만주국이라는 허수아비 나라를 세우고 실질적으로 지배했지.

02 일제는 1930년대 말에 침략 전쟁을 확대하면서 한국인들에게 황국 신민이 되기를 강요했어. 또 신사 참배를 강요하고 이름을 일본식으로 바꾸는 창씨개명을 하도록 했지. 조선 태형령과 토지 조사 사업은 1910년대 무단 통치 시기에 시행된 정책들이야.

03 일제가 신사 참배를 강요하고 금속을 빼앗아간 것은 민족 말살 정책이 시행되던 때야. 이 시기에 한국인들은 학교, 은행, 공장 등 어디에서나 황국 신민 서사를 외워야 했어. 산미 증식 계획이 처음으로 실시된 것은 문화 통치가 시작되던 1920년이야.

04 김원봉은 조선 의용대를 조직하고 중국 국민당의 지원을 받아 활동했어. 지청천은 북만주에서 한국 독립군을 이끌었는데, 쌍성보 전투와 대전자령 전투에서 승리했어.

05 일제는 전쟁이 확대되자 한국인들을 전쟁에 동원했어. 한국인들을 일본의 공장이나 탄광에 끌고 가 고된 노동을 시켰지. 또한 한국인의 땅을 빼앗아 군수품 공장을 짓고 학생들에게 군사 훈련을 시키기도 했어.

06 일제는 국민 총동원법을 시행하면서 우리나라의 곡물을 강제로 공출해 갔어. 이 시기에는 우리나라의 많은 여성들이 일본군 '위안부'로 끌려가기도 했지.

07 미국 전략 정보국의 도움을 받아 국내로 진격하려던 독립군 부대는 한국광복군이야. 한국광복군은 대한민국 임시 정부의 정식 군대지.

08 전쟁이 확대되면서 일제는 더 많은 군인과 노동력이 필요했어. 그래서 한국인들을 전쟁에 동원하기 시작했지. 그러나 징용과 징병에 대한 반발을 줄이기 위해서는 한국인들이 천황을 위해 전쟁에 나가는 것을 스스로 자랑스럽게 생각해야만 했어. 그래서 내선일체를 주장하고 황국 신민 서사 낭독을 강요해 한국인들을 일본인처럼 만들려고 했던 거야.

3-1 8·15 광복과 대한민국 정부 수립

정답

192~193쪽

01 ④ **02** ④ **03** ④ **04** ㉠-㉡-㉢ **05** ② **06** 이승만 **07** ② **08** ① 좌익은 모스크바 3국 외상 회의의 결정을 지지했다. 그리고 임시 민주주의 정부 수립이 더욱 중요하다고 주장했다. ② 우익은 즉시 독립을 주장하면서 신탁 통치에 결사반대했다. ①, ② 모두 쓰면 3점, 하나만 쓰면 2점.

해설

01 조선 건국 준비 위원회를 조직한 인물은 여운형이야. 여운형은 김규식과 함께 좌우 합작 위원회를 만들기도 했어.

02 광복 이후에는 소련과 미국이 한반도를 북위 38도선을 기준으로 나누어 점령했어. 북한 지역을 점령한 소련군은 한국인들이 만들어 놓은 인민 위원회를 통치했지만, 미군은 대한민국 임시 정부와 조선 건국 준비 위원회의 활동을 모두 부정하고 미군정을 실시했지.

03 1945년 12월에 모스크바에서 미국, 영국, 소련의 외무 장관이 모인 회의는 모스크바 3국 외상 회의야. 이 회의에서 삼국의 외무 장관들은 한반도에 임시 민주주의 정부를 세우고 연합국 나라들이 한반도를 신탁 통치 하기로 결정했어.

04 영국, 소련, 미국의 외무 장관들은 모스크바 3국 외상 회의를 열고 한반도 문제를 논의했어. 미소 공동 위원회를 열어 임시 민주주의 정부를 어떻게 꾸릴지 논의했지만 양국의 의견이 좁혀지지 않자, 미국은 한반도 문제를 국제 연합에 넘겨 버렸어.

05 김규식은 파리 강화 회의에 참석해 독립 청원서를 제출하고, 김구와 함께 남북 협상에 참석했어. 또한 여운형과 함께 좌우 합작 운동에 앞장섰지.

06 제헌 국회는 나라 이름을 '대한민국'으로 정하고 이승만을 대통령으로 뽑았어.

07 피고인인 최린은 일본에 협력했다는 죄가 있다고 해. 일제 강점기에 일본에 협력했던 사람들을 처벌하려고 했던 법은 '반민족 행위 처벌법'이야. 이 법은 제헌 국회에서 제정되었어.

08 모스크바 3국 외상 회의의 결과가 실제와는 반대로, 미국이 한국의 즉시 독립을 주장하고 소련이 신탁 통치를 원하는 것처럼 보도되었어. 이에 우익은 대대적으로 신탁 통치 반대 운동을 벌였고 김구 등은 당장 임시정부를 승인하라고 주장했지. 좌익도 처음에는 신탁 통치에 반대했지만, 실제 결정 내용을 알게 되자 회의 결과를 지지하는 쪽으로 입장을 바꾸었어. 그리고 어차피 신탁 통치가 결정된 거라면 임시 민주주의 정부를 세우는 것이 더 중요하다고 주장했지.

3-2 민족의 상처 6·25 전쟁

정답

212~213쪽

01 ③ **02** ② **03** ③ **04** ④ **05** ① **06** ④ **07** ② **08** ① 북한군은 남쪽까지 내려오면서 많이 지쳐있었는데, 국제 연합군이 인천 상륙 작전을 펼쳐 북한군의 허리를 끊어 보급로를 차단하고, ② 서울을 되찾은 뒤 압록강까지 진격했다. ①, ② 모두 쓰면 3점, 하나만 쓰면 2점.

해설

01 북한군의 남침으로 시작된 전쟁은 6·25 전쟁이야. 6·25 전쟁에서는 맥아더의 지휘로 인천 상륙 작전이 시행되었어.

02 북한이 1950년 6월 25일에 공격을 감행한 이유는 남한을 무력으로 통일하기 위해서야. 북한은 그전부터 소련의 원조를 받아 전쟁을 철저히 준비해 왔지.

03 노래에서 말하는 '1·4'는 6·25 전쟁 도중 있었던 대규모 피란인 '1·4 후퇴'를 의미해. 이때 수만 명의 피란민들이 흥남 부두에서 국제 연합군의 배를 타고 남한으로 내려왔어.

04 중국은 국제 연합군이 38도선을 넘는 것을 반대했어. 한반도가 통일되어 미국의 영향을 받는 대한민국과 국경을 맞대게 되면 중국의 동북 지역이 위험해질 수 있다고 생각했기 때문이야.

05 6·25 전쟁 당시에는 학교 시설이 부족해서 천막으로 된 학교에서 수업을 했어. 신탁 통치 반대 운동은 해방 후, 대한민국 정부 수립 이전의 일이야.

06 6·25 전쟁의 결과로 전쟁고아가 많이 생겼고, 가족들이 뿔뿔이 흩어졌어. 또한 국토가 황폐화되고 많은 건물들이 파괴되어 복구하는 데 시간이 오래 걸렸어.

07 북한군의 남침으로 6·25 전쟁이 시작되었어. 국군은 인천 상륙 작전으로 전세를 역전시키고 압록강 부근까지 진격했지. 하지만 중국군의 개입으로 다시 후퇴했어. 이것을 '1·4 후퇴'라고 해. 이후 전쟁이 계속되다가 결국 1953년 7월에 정전 협정이 체결되었어.

08 국군과 국제 연합군은 적의 후방을 쳐서 보급로를 차단하고 단번에 전세를 역전시키기 위해 인천 상륙 작전을 실시했어. 맥아더가 이끄는 국제 연합군은 작전을 성공시키고 북한군이 무기와 식량을 배급하는 통로를 차단했어. 결국 국군과 국제 연합군은 서울을 되찾고 계속 북쪽으로 진격해 압록강에 이르렀어.

3-3 민주주의의 시련과 극복

234~235쪽

01 ② **02** ② **03** 유신 **04** ② **05** ③ **06** ④ **07** ④
08 ① 시민들은 전두환 정권에 저항하며 6월 민주 항쟁을 벌였다. ② 그 결과 대통령을 직선제로 뽑도록 헌법이 바뀌었다. ①, ② 모두 쓰면 3점, 하나만 쓰면 2점.

해설

01 3·15 부정 선거와 이승만 정부의 독재에 반대하여 4·19 혁명이 일어났어. 그 결과 이승만이 대통령 자리에서 물러났지.

02 1961년 5월 16일에 군사 정변으로 장면 정부를 무너뜨리고 권력을 차지한 인물은 박정희야. 전두환과 노태우는 박정희가 사망한 이후인 1979년 12월에 권력을 차지했지. 이들을 신군부라고 불러.

03 1971년 대통령 선거에서 위기감을 느낀 박정희는 그 이듬해인 1972년에 전국에 계엄령을 내리고 유신 헌법을 만들어 평생 권력을 유지하려 했어.

04 경부 고속 국도가 개통되고 전태일 분신 사건이 일어난 시기는 박정희 정부 때야. 박정희 정부는 '경제 개발 5개년 계획'을 적극적으로 추진하여 급속한 경제 성장을 이루었어.

05 신군부의 독재에 반대해 광주에서 일어난 시위는 5·18 민주화 운동이야. 신군부는 광주 시민들의 시위를 폭력적으로 진압했어.

06 6월 민주 항쟁이 대규모로 전개되자 대통령 후보였던 노태우는 '6·29 민주화 선언'을 통해 대통령 선거를 직선제로 바꾸기로 약속했어. 그리고 헌법이 개정되었지. 장면 내각이 출범한 것은 4·19 혁명의 결과야.

07 가장 먼저 일어난 사건은 4·19 혁명이야. 4·19 혁명으로 이승만이 대통령에서 물러났지. 이후 박정희 정권이 무너지고 새롭게 권력을 잡은 신군부는 민주화를 요구하는 광주 시민들의 시위를 폭력적으로 진압했는데, 이것이 5·18 민주화 운동이야. 1987년에는 직선제 개헌과 민주화를 요구하는 6월 민주 항쟁이 일어났어.

08 전두환의 독재 정치와 박종철, 이한열 등의 죽음으로 분노한 시민들은 시위를 벌었어. 그 결과 간선제로 헌법을 개정한 지 16년 만에 대통령 직선제로 헌법이 개정되었어.

3-4 남북의 평화와 대한민국의 발전

252~253쪽

01 ④ **02** 한류 **03** ① **04** ④ **05** ② **06** (나) - (다) - (가) **07** (1) 호주제 (2) 장애인 차별 금지법 **08** ① 외환 위기 이후 기업들은 직원을 뽑으려 하지 않고 정규직을 비정규직으로 채워 노동자들은 이전보다 더 불안정한 상황에 놓이게 되었다. ② 또한 좋은 일자리가 줄어들면서 빈부 격차가 심화되었다. ①, ② 모두 쓰면 3점, 하나만 쓰면 2점.

해설

01 1990년대에는 외국에 진 빚을 갚지 못해 국제 통화 기금(IMF)에 구제 금융을 요청했어. 한일 월드컵 축구 대회가 개최된 것은 2002년의 일이야.

02 우리나라의 위상이 높아지면서 우리 문화에 대한 세계인의 관심도 커졌어. 한류 드라마는 일본과 중국 등에서 인기가 많았고, 최근에는 유럽과 남미 등에서도 우리의 대중가요가 큰 인기를 끌었어.

03 호돌이는 1988년에 우리나라에서 열린 서울 올림픽 대회의 마스코트야.

04 남북 관계는 냉전 시대가 막을 내린 1980년대 후반부터 개선되기 시작했어. 1991년에는 남북한이 동시에 유엔에 가입했고, 1998년에는 대기업 경영자 정주영이 소 떼를 끌고 북한에 방문하면서 경제 지원과 금강산 관광이 시작되었어. 2000년대 초반에는 남한의 자본과 기술로 북한의 개성에 공업 단지를 조성했지.

05 처음으로 남북 정상 회담을 성사시킨 정부는 김대중 정부야. 김대중 대통령은 남북 정상 회담에서 6·15 공동 성명으로 통일을 위한 노력을 약속하고 개성 공단 조성에 합의했어.

06 남북한은 1991년에 함께 유엔에 가입했어. 2000년에는 남북 지도자가 처음으로 만나 6·15 남북 공동 선언을 발표했지. 2018년에는 남북의 지도자가 만나 판문점 선언을 발표하고 전쟁을 완전히 끝내는 것에 대한 뜻을 모았어.

07 (1) 아들이 집안의 기둥이라는 인식을 심어 주었던 ㉠ '호주제'는 2005년에 폐지되었어. (2) 장애인에 대한 차별을 금지하는 ㉡ '장애인 차별 금지법'은 2007년에 제정되었단다.

08 외환 위기를 극복한 후 기업들은 직원들을 뽑지 않으려 했고, 정규직의 자리를 비정규직으로 채웠어. 비정규직이 된 노동자들은 해고되기도 쉬웠고, 한 회사에서 오래 일할 수 없었기 때문에 여러 회사를 전전해야만 하는 상황이 되었어. 이로 인해 좋은 일자리가 줄어들었고 빈부 격차도 심해졌어.

찾아보기

ㄱ

갑신정변 11, 79~81, 84
갑오개혁 21, 80, 86, 95
강화도 조약 73~77
건국 동맹 167
경부 고속 국도 225
경인선 100
경제 개발 5개년 계획 224
공납 13~14
공명첩 20~21
관동 대지진 155
광주 학생 항일 운동 141
광해군 13~14, 16~17
국가 총동원법 160~161
국제 연합 184~185, 190, 198~201, 204~205
국채 보상 운동 107
군포 32, 56~57, 63
규장각 34~35
균역법 32
금 모으기 운동 241
금강산 관광 사업 245
금난전권 38~39
급진 개화파 79~81
김구 147~148, 167, 182, 186~187
김규식 121, 183, 186~187
김대중 175, 221, 239, 245~246, 248
김영삼 239
김원봉 146~147, 164
김육 15
김정호 48
김좌진 145
김주열 218

ㄴ

남북 협상 186~187
노태우 228, 232, 239

ㄷ

다문화 가정 243
단발령 95~96
당백전 64
대동법 13~15
『대동여지도』 48
대한 광복회 118~119
대한민국 임시 정부 93, 125~128, 143, 146~148, 154, 164~167, 174, 179~180, 182, 188
대한 제국 29, 92, 98~100, 102~106, 115, 118, 122, 126~127, 140
『독립신문』 96, 128
독립 협회 97~98
『동의보감』 10, 17
동학 농민 운동 11, 82~84, 86, 95

ㄹ

러일 전쟁 102~103, 105, 107

ㅁ

만민 공동회 97~98
만주 사변 156
명성 황후(왕비 민씨) 73, 78~79, 95~96
모내기법 18~20
모스크바 3국 외상 회의 180~183
무단 통치 115~117, 120, 122
문화 통치 135~138
물산 장려 운동 138~139
미소 공동 위원회 181, 183~184
민립 대학 설립 운동 139
민족 자결주의 120~121

ㅂ

박문국 76
박은식 143
박정희 220~224, 226, 228, 232, 239
박제가 35, 46, 48
박종철 231, 236
박지원 46, 48, 73
반민족 행위 특별 조사 위원회 189
방납 14~15
백남운 143
105인 사건 118
별기군 76~78
병인양요 65~66, 76
봉오동 144~145
부마 항쟁 223, 255
붕당 정치 22, 24, 31
비변사 62~63

ㅅ

사도 세자 33~34, 36
사창제 63
산미 증식 계획 137
삼국 간섭 95
3·1 운동 92, 123~127, 135~136, 140~141
삼정 56
상품 작물 19
새마을 운동 227
서민 문화 40~41
서원 62~63
서학 59
세도 정치 55, 57, 60
수원 화성 11, 30, 36~37, 52~53
신간회 140~141
신군부 175, 228~230, 232
신미양요 54, 66, 71, 76
신민회 118~119
신채호 118, 143, 152~153
신탁 통치 180~183
신흥 무관 학교 119, 133
실력 양성 운동 132, 138~139

실학 44~48, 73, 153
13도 창의군 서울 진공 작전 106

ⓞ

아관 파천 96~97, 113
안중근 108
양세봉 164
어재연 66, 71
여운형 167, 177, 183
영조 10, 31~34, 37~38, 65
예송 논쟁 22~23
5·16 군사 정변 220
5·18 민주화 운동 175, 229, 255
온건 개화파 79
외규장각 65
외환 위기 240~241
우정총국 76, 79, 81
유득공 35, 47~48
유형원 44, 48
6·10 만세 운동 140~141
6·15 공동 성명 246
6월 민주 항쟁 175, 232, 236, 255
6·25 전쟁 36, 197~201, 203~206,
208~210, 214~215, 224
6·29 민주화 선언 232
윤봉길 93, 148, 164
을미사변 95~97
을사늑약 92, 102~106, 112
의열단 146~148, 153
이봉창 147~148
이산가족 207~209, 214~215
이승만 128, 184, 187~188, 197~198,
210, 217~219, 221
이익 44, 48
이토 히로부미 102~103, 108
2·8 독립선언 121~122
이한열 231, 236

이회영 119, 132~133
인천 상륙 작전 198~199, 205
일본군 '위안부' 163, 172~173
1·4 후퇴 201
임술 농민 봉기 61~62
임오군란 78~79, 82, 84

ⓩ

장면 217, 220, 224
장용영 36
장준하 222~223
전두환 216, 228, 230~232, 239
전봉준 11, 82~83, 85~86
전태일 226
정약용 36, 44~45, 47~48, 153
정약전 47
정전 협상 204~205
정조 34~39, 45, 52~53, 55
제너럴셔먼호 66, 73
제헌 국회 188~190
조병갑 82~83
조봉암 217
조선 건국 준비 위원회 178~179
조선 민주주의 인민 공화국 190
『조선왕조실록』 16
조선 의용대 164
조선 총독부 115~118, 135~136, 147,
159, 177
조선 태형령 116
조선어 학회 142
좌우 합작 운동 182~183
지방 자치제 239
지청천 164

ⓩ

창씨개명 159

척화비 66
청산리 대첩 145
청일 전쟁 85, 95, 102
채제공 38
초계문신 35
촛불 집회 238, 249~250
최제우 59

ⓔ

탕평책 10, 31, 33~34
토지 조사 사업 117
통리기무아문 76

ⓟ

폐정 개혁안 84, 86, 91
풍속화 12, 42

ⓗ

하나회 228
한글 소설 40~41
한류 242~243
한인 애국단 147~148
한일 신협약(정미 7조약) 105
한일 협정 224~225
햇볕 정책 245
허준 17
헤이그 특사 104~105
호포제 63
홍경래의 난 60~61
홍범도 106, 144~145
환곡 56~57, 63
환국 정치 24, 31
황국 신민 서사 159, 177
흥선 대원군 62~66, 73, 78

사진 제공

표지 을사늑약 풍자화·윤봉길 의사(독립기념관), 동래부 순절도(육군박물관), 헤이그 특사(연합뉴스) | 10 탕평비(북앤포토), 화홍문(픽스타) | 11 이송되는 전봉준·갑신정변의 주역들(독립기념관) | 12 「누숙경직도」(국립중앙박물관) | 15 대동법 시행 기념비(북앤포토) | 20 공명첩(국립중앙박물관) | 28 독도의 코끼리 바위(변귀옥) | 28~29 독도(픽스타) | 29 대한 제국 칙령 제41호(서울대학교규장각한국학연구원) | 30 수원 화성 팔달문(북앤포토) | 31 탕평비(북앤포토) | 32 『어전준천제명첩』(국가유산청) | 36 『화성 성역 의궤』화성성역의궤(서울대학교규장각한국학연구원) | 37 거중기·녹로·유형거(서울대학교규장각한국학연구원) | 39 상평통보(국립민속박물관) | 40 『홍길동전』(국립중앙박물관) | 42 「서당」「씨름」「빨래터」(국립중앙박물관) | 43 「단오풍정」「월화정인도」「미인도」(간송미술문화재단) | 45 정약용(소장처: 한국은행/ 화가: 월전 장우성), 강진 정약용 유적(북앤포토) | 47 『규합총서』(국립중앙박물관) | 48 『대동여지도』(국가유산청), 『대동여지도』지도책(국립중앙박물관) | 52 화서문(수원시청), 서장대(북앤포토)·수원 화성행궁(북앤포토) | 53 장안문(북앤포토), 동북공심돈(북앤포토)·팔달문(북앤포토) | 54 강화 덕진진(북앤포토) | 65 외규장각 『의궤』(서울대학교규장각한국학연구원) | 66 수자기(U.S Naval Historical Foundation), 척화비(국립중앙박물관) | 70 강화 고려궁지·용흥궁(국가유산청) | 71 광성보(국가유산청) | 72 동학 농민군의 백산봉기 기록화(독립기념관) | 74 열무당(서울대학교규장각한국학연구원) | 79 우정총국(북앤포토) | 82 사발통문(북앤포토) | 93 한국광복군 결성식(독립기념관) | 94 덕수궁 석조전(픽스타) | 96 『독립신문』(국립중앙도서관) | 97 서울 독립문(게티이미지코리아) | 98 황궁우와 환구단(kt-collection/booknfoto) | 99 파리 만국 박람회 한국관 포스터(INTERFOTO/Alamy Stock Photo) | 104 이준, 이상설, 이위종(독립기념관) | 107 베델(kt-collection/booknfoto) | 112 덕수궁 석조전 내부(픽스타), 덕수궁 석조전(북앤포토) | 113 러시아 공사관(국가유산청) | 110 황궁우와 환구단(kt-collection/booknfoto) | 114 탑골 공원 팔각정(북앤포토) | 115 일장기가 걸린 경복궁 근정전(북앤포토) | 116 태형(북앤포토) | 121 28 독립선언 참여 학생들(독립기념관) | 122 31 독립 선언서(독립기념관) | 123 유관순(국사편찬위원회) | 124 덕수궁 앞을 가득 메운 만세 시위(독립기념관) | 125 불에 타 버린 제암리 교회·미국 필라델피아 동포들의 만세 시위(독립기념관) | 126 대한민국 임시 정부 청사(경기도박물관) | 128 독립 공채(독립기념관) | 132 안창호(독립기념관), 대성학교(kt-collection/booknfoto) | 134 손기정 시상식(ASSOCIATED PRESS/AP/연합뉴스) | 135 『개벽』 창간호(북앤포토), 『백조』 창간호(고려대학교도서관) | 136 검열 당한 신문(동아일보) | 140 순종 장례 행렬(독립기념관) | 142 조선어 학회(한글학회) | 143 신채호(연합뉴스), 박은식(독립기념관) | 144 홍범도(홍범도기념사업회) | 145 김좌진(김좌진 장군 기념사업회) | 146 김원봉(몽양여운형기념사업회) | 147 이봉창(독립기념관) | 148 윤봉길(독립기념관), 윤봉길과 김구의 시계(연합뉴스) | 158 내선일체 선전 엽서(민족문제연구소), 신사 참배(독립기념관) | 160 사기그릇(독립기념관) | 162 학도병(동아일보/뉴스뱅크) | 163 일본군 '위안부'(서울기록원) | 165 한국광복군 배지(독립기념관, 대한민국역사박물관), 한국 광복군 서명기(독립기념관) | 166 카이로 회담에 참석한 연합군의 수장들(NARA) | 167 김구와 도노반 소장(백범김구선생기념사업협회) | 168 원자 폭탄으로 폐허가 된 히로시마(연합뉴스) | 173 평화의 소녀상(연합뉴스) | 174 315 부정 선거((사)315의거기념사업회), 귀국을 앞둔 대한민국 임시 정부 인사들(독립기념관) 175 518 민주화 운동을 진압하는 계엄군(나경택, 518기념재단), 615 남북 공동 선언(연합뉴스) | 177 여운형(몽양여운형기념사업회) | 179 귀국을 앞둔 대한민국 임시 정부 인사들(독립기념관) | 181 동아일보 1945년 12월 27일자 오보(동아일보) | 182 우익의 신탁 통치 반대 시위(조선일보/뉴스뱅크) | 183 미소 공동 위원회(NARA) | 188 대한민국 정부 수립 선포식(연합뉴스) | 196 남쪽으로 향하는 피란민(NARA) | 197 38도선을 넘어오는 북한군(공군역사기록관리단) | 199 인천 상륙 작전(국가기록원) | 201 평양 대동강 철교를 타고 넘는 피란민들(NARA) | 205 정전 협정 체결(NARA) | 207 피란민으로 가득 찬 부산 국제 시장(경향신문/뉴스뱅크) | 208 인제 용대리 황태 덕장(Getty Images Bank) | 215 KBS 이산가족 기록물(KBS) | 216 1987년 명동 성당 앞 시위대(민주화운동기념사업회, 박용수 제공) | 217 조봉암(조선일보/뉴스뱅크) | 218 불에 탄 투표용지·김주열((사)315의거기념사업회) | 220 516 군사 정변(조선일보/뉴스뱅크) | 223 장준하(장준하기념사업회) | 227 새마을 운동(조선일보/뉴스뱅크) | 229 촬영 장비를 점검하는 외신 기자들(위르겐 힌츠페터 기증, 518기념재단 제공) | 231 이한열 추모식(ⓒ주립희, (사)이한열기념사업회) | 236 박종철 추모집회(경향포토), 쓰러지는 이한열(Reuters(Tony Chung)/News1) | 237 아느냐 독재야((사)이한열기념사업회 제공), 오늘은 기쁜날 찻값은 무료입니다(경향포토) | 238 촛불 집회(EPA/JUNG YEON-JE / POOL/연합뉴스) | 242 2018 평창 동계 올림픽(연합뉴스) | 245 북한을 향해 가는 소 떼(연합뉴스) | 246 제1차 남북 정상 회담(연합뉴스) | 247 2018년 남북 정상 회담(연합뉴스) | 249 1인 시위·시민 단체 활동·공청회(연합뉴스)

- 이 책에 쓴 사진은 해당 사진을 보유하고 있는 단체와 저작권자의 허락을 받아 게재한 것입니다.
- 저작권자를 찾지 못하여 게재 허락을 받지 못한 사진은 저작권자를 확인하는 대로 게재 허락을 받고, 출판사 통상 기준에 따라 사용료를 지불하겠습니다.

사회평론
문의 02-326-1182

종이 책이
생생한 역사 현장으로 바뀐다!

용선생의 시끌벅적 한국사

저자 현장 강의 **전면 개정판 출간!**

★ 용선생 저자들이 전국 방방곡곡 답사해 제작한 문화유산
현장 강의 영상을 QR코드로 제공!

★ 주요 문화유산에 문화재 전문가가 큐레이팅한 핵심 정보 추가!

★ 2천5백여 장의 사진과 2백여 컷의 지도, 5백여 컷의
일러스트까지 더해져 역사를 생생하게!

★ 최신 학계 연구 성과와 통계 자료 대폭 반영!

책 곳곳에 있는
QR코드를 스캔하면
역사 속으로, 출~발!

저자 현장 강의 영상 맛보기!

글 금현진 외 | 그림 이우일

전10권

1 우리 역사가 시작되다
2 세 나라가 성장하다
3 북쪽엔 발해, 남쪽엔 신라
4 고려의 기틀을 다지다
5 고려, 위기 속에서 길을 찾다
6 새 나라 조선이 세워지다
7 임진왜란과 병자호란을 극복하다
8 근대화를 향한 첫 걸음을 내딛다
9 일본의 지배에서 해방으로
10 우리가 사는, 우리가 만든
   대한민국

사회평론
문의 02-326-1182

방대한 세계사, 핵심만 뽑았다!
용선생의 본격 세계사 특강!

용선생 교과서 세계사

용선생과 함께 세계사의 흐름을 잡아보자!

글 사회평론 역사연구소 | 그림 뭉선생

1 문명의 탄생부터 신항로 개척까지   2 절대 왕정부터 현대 세계까지

 용선생 교과서 세계사 핵심 포인트!

 ★ 중학교 교과 과정에 딱 맞는 내용과 구성

 ★ 이해를 돕는 쉬운 서술과 다양한 지도

 ★ 한국사에 이어 세계사로 비문학 독서 확장